アリストテレス

生成と消滅について

西洋古典叢書

凡例

一、この翻訳の底本として *Aristotle, On Coming-to-be and Passing-away*, a revised text with introduction and commentary by Harold H. Joachim, Georg Olms Verlag, Hildesheim/ Zürich/ New York, 1982 を用いた。参考文献とその略称については「解説」の最後に記しておいた。

二、本文の上欄外の算用数字はベッカー版アリストテレス全集（*Aristotelis Opera*, ex recensione Immanuelis Bekkeri, edidit Academia Regia Borussica, Belolini, 1831-70）の頁数、aはその左欄、bは右欄、それらに伴なう算用数字はその欄の行数の大体の位置を示す。

三、ギリシア語をカタカナで表記するに当たっては、

(1) ϕ, θ, χ と π, τ, κ を区別しない。

(2) 固有名詞は原則として音引きを省いた。

(3) 地名人名等は慣用に従って表示した場合がある。

四、本文中の（　）およびその中の文はテクストにあるもの。——や「　」は文意をわかりやすくするために訳者のつけたもの。しかし、それらの中にある文や語句はテクストにあるもの。［　］およびその中の文や語句はテクストにはないが、文意をわかりやすくするために訳者がつけ、補ったもの。傍点も訳者がつけたものである。

五、本文中の(1)(2)……や(i)(ii)……、(a)(b)……、(イ)(ロ)……などは内容を整理するために訳者がつけたものである。

六、『　』は書名を示す。訳註や補註、解説、解説註で著者名を記さないで示したものはすべてアリストテレスの著作である。

七、本文の内容目次は訳者がつけたものであり、およその内容を表わす。

目次

本文の内容目次

第二巻

生成と消滅について

池田康男　訳

第一巻

第一章

314a

では次に[1]、自然的[2]に生成し、消滅するもののすべてに関して、同じように語られる生成と消滅[3]について、原因[4]および定義[5]を見分けなければならない。さらに、成長[6]や質的転化について、それぞれは何であるか、また、質的転化と生成の本性を同じものと解すべきか、それとも、名によっても区別されているように、それらの本性を別のものと解すべきなのか[7]、解明しなければならない。

ところで、初期の哲学者たちのうち、あるひとびとは、いわゆる端的な生成[8]は質的転化であるとしている

（1）『生成と消滅について』の冒頭は、περὶ δὲ γενέσεως καὶ φθορᾶς ..... で始められている。「では次に」と訳した δέ は、『天について』の結びの文 περὶ μὲν οὖν βαρέος καὶ κούφου καὶ τῶν περὶ αὐτὰ συμβεβηκότων ..... （三一三b二一）における μὲν οὖν に対応したものと解される。アリストテレスの自然学領域における学の体系的順序では、『生成と消滅について』は、『天について』の後にくる。

（2）「自然的に（φύσει）」ということで、技術や選択、あるいは偶運による生成や消滅を排除している。

（3）「同じように語られる生成と消滅」ということによって、われわれの考察は、諸々の気象現象や動物、植物などの特定の類の生成や消滅に関わるわけではないことを宣言している。

したがって、この考察は、自然的に生成し消滅するものすべての、生成と消滅に関わる、原理的な事柄のそれであることが意図されている。

(4) アリストテレスは一般に、転化の原因として四つを考える。形相因、目的因、質料因、始動因である。しかし、『生成と消滅について』では、考察は主として質料因と始動因に限られている。生成消滅するものの質料因については、本巻第一章―第二巻第八章で語られ、始動因については第二巻第九―十章で語られる。

(5) 原語は *λόγος* の複数形。これはウィリアムズによって accounts (理由、根拠、説明) と訳され、ピロポノス (p. 8) は個別的な始動因による説明の意味に解している。

(6) 原語は *αὔξησις*. この語は一般に、ものの量の増大の意味に用いられるが、アリストテレスはこの書では、有魂なものの成長 (反対は萎縮 *φθίσις*) の意味にのみ用いている。本巻第五章は成長と萎縮の考察に充てられている。

(7) アリストテレス以前の哲学者のうちには、両者を同一視する者もいたから、このように言われているのである。

(8) 質的転化はある種の生成であるのに対して、それとの対比で端的な生成 (*ἁπλῆ γένεσις*) と言われている。『自然学』第三巻第一章二〇〇b三三―三四、第五巻第一章二二五b五―一六、第二章二二六a二三―三三などを参考にすると、アリストテレスは転化 (*μεταβολή*) を次のように分けている。

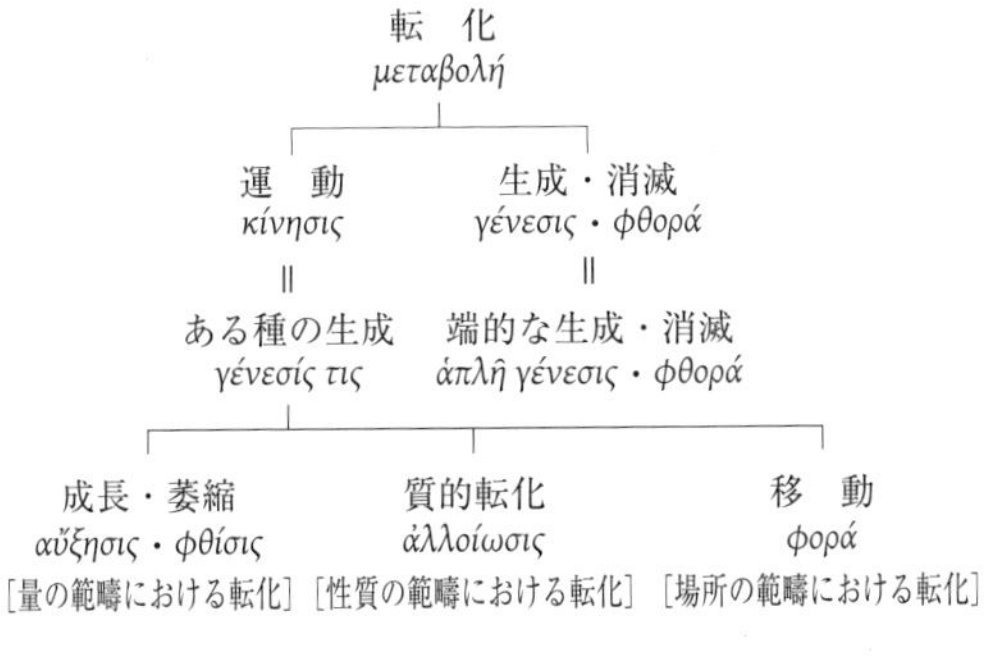

なお、アリストテレスはときとして、生成あるいは消滅という表現を類比的に、実体以外の範疇における転化についても用いる。たとえば、本巻第三章三一九a一四―一七参照。

(314a)

が、ある者たちは質的転化と生成とは異なると主張している。なぜなら、万有は或る一つのものであると語るひとびと[1]、すなわち、すべてのものをその一つのものから生じさせているひとびとにとっては、生成とは質的転化であり[2]、すぐれた意味で[3]生成するものは質的転化をしているのだと言わざるをえないからである。しかし、エンペドクレスやアナクサゴラス、レウキッポスのように、質料[4]を一つより多くあるとするひとびとにとっては、生成と質的転化とは別だとするのが必然である。もっとも、アナクサゴラスは自分の言っていることをよく理解できなかったのであるが——ともかく彼は、生成と消滅は質的転化と同じだとしているものの、しかし、他のひとびとと同じように、元素[5]は多くあると言っているのである[6]。なぜなら、エンペドクレスは、一方では物体的な元素は四つであるとし、他方では、動かすものたち[7]を併せると、数の上では、

(1) タレスは水を、アナクシメネスとディオゲネスは空気を、アナクシマンドロスは空気と水との中間の無限定的なものを、ヘラクレイトスは火をその一つのものとしている。（ピロポノス p. 11）

(2) 彼らは、生成とは質的転化だと言うことになる。なぜなら、すべて転化は唯一の根源的な元素（後註（5）参照）の変化にすぎないと言わざるをえないからである。それと反対に、元素を多くあるとするひとびとは、生成と質的転化とを区別する。なぜなら、生成とは多くの元素の結合であり、消滅はそれらの分離だとするからである。（トリコ p. 2, n. 3）

(3)「すぐれた意味で」とは、先に、端的な（生成）と言われたものの言い換えである。（ピロポノス p. 10）

(4) 原素材すなわち、元素（次註参照）を指す。

(5) 原語は *στοιχεῖον*. 要素、元素、構成要素、根本原理などの意味をもつ。『形而上学』Δ巻第三章にこの語の意味がいくつか与えられているが、自然的物体との関連では、それに内在する第一の構成要素であって、形相（種）の点でもはや他のものへと分けられない終極的なものを指す。たとえば、ソ

クラテス以前の自然哲学者たちのうち、タレスは水、ヘラクレイトスは火、エンペドクレスは土と水と空気と火を*στοιχεῖον*と考えていた、とアリストテレスは言う。この語によって、アリストテレスはそれらのものを指していると考えられる場合には元素と訳しておく。

(6)元素は一つだけであるとする一元論者は、生成と質的転化とを同一視することになるが、多元論者は生成と質的転化とを別のものとすることになる。しかし、アナクサゴラスは、一方では生成と質的転化とを同一視しながら、他方では、元素を多くあるとしている。この矛盾点をアリストテレスは突いている。

アリストテレスがアナクサゴラスの説にこのような矛盾を見るのは、次の事態に基づくことをジョウアキム(p. 64)は指摘している。

アナクサゴラス「断片」一七(DK)では次のように言われている。「生成と消滅ということについて、ギリシア人たちは正しい考え方をしていない。なぜなら、いかなる事物も生成することもなければ、消滅することもないのであり、現に存在する諸事物がもとになって、一つに混合したり分解したりしているからである。したがって、「生成する」というところを「一つに混合する」と言い、「消滅する」というところを「分解する」と言えば、正しい呼び方となるであろう」(『ソクラテス以前哲学者断片集』別冊、一三五頁、内山勝利編、岩波書店、一九九八年)。アナクサゴラスは、この断片では、生成と消滅のそれぞれを混合および分離(分解)と同一視しているゆえに、エンペドクレスやレウキッポスと同様、生成を質的転化とは別であるとする多元論者の立場にある。しかし他方、「断片」一や四、一〇、一二(DK)、さらに『自然学』第一巻第四章一八七a二六—三〇におけるように、「すべては一緒であった(*ἦν ὁμοῦ πάντα*)」という渾然一体説を採るかぎり、アナクサゴラスは一元論的立場にあることになり、したがって生成と質的転化とを同一視することになる。

なお、アナクサゴラスの矛盾を突くのに、アリストテレスは断片一七に依拠しているとするジョウアキムの見解に対して、ブランシュビック(pp. 44-48)は異議を唱えている。

(7)エンペドクレスは、世界の物体を構成する元素を土、水、空気、火の四つであるとした。これらは相互から生成したり、一つのものに由来したり還元されたりはせず、それぞれの元素は不滅である。それら四元素を結合、分離して世界を構成する動因は愛(*φιλότης, φιλία*)と争い(*νεῖκος*)である。エンペドクレスはこれら愛と争いも物体的なものであると考えていた(バーネット p. 232 参照)。なお、エンペドクレス「断片」一六、一七、二〇(DK)参照。

全部で六つあるとしており、アナクサゴラスやレウキッポス、デモクリトスは［物体としての元素は］無数あるとしているからである（というのは、アナクサゴラスは、たとえば、骨や肉、髄、およびその他のもののうち、それらの各々とそれの部分とが同名同義のもの[1]であるような同質体[2]を元素だとしているからである。しかし、デモクリトスとレウキッポスは、他の物体は不可分な物体から合成されていて、不可分な物体は数においても形においても無限に多くあり、合成された物体は、それらを構成している物体［の形］や位置、また、配列の点で互いに異なるとしている[3]）。

しかし[4]、アナクサゴラスの徒は、エンペドクレスの徒とは明らかに反対のことを言っている[5]。なぜなら、エンペドクレスは火や水、空気、土は四つの元素であり、肉や骨およびこれらに類した同質体よりも単純なものだと言っているからである。しかし、アナクサゴラスの徒は、肉や骨などが単純なものであり元素であるが、土や火、水、空気は合成体である、なぜなら、それら土や火などは、同質体を構成するあらゆる種子[6]の混合だと言うからである。

314b
ところで、すべてのものを一つのものから成り立っているとするひとびとは、生成と消滅とを質的転化だと主張せざるをえない。なぜなら、基体[7]は同じ一つのものとしてつねに留まっていなければならないからである。（そして、そのようなこと[8]を質的転化とわれわれは言う[9]。）しかし、諸類[10]を多くあるとするひとびとの場合、質的転化と生成とは異なるのでなければならない。彼らにとっては、諸類が結合したり分離したりすることで、生成と消滅が起きるからである。それゆえ、エンペドクレスも次のような仕方で述べている。

「いかなるものの生成[11]もなく……ただ、混合と、混合されたものの分離があるのみ[12]」。

(1) 骨や肉などの例からわかるように、そのものの全体とそれの諸部分とが名と本性とにおいて同じものを指す。なお、同名同義のもの（συνώνυμον）に関しては『範疇論』一a六参照。

(2) 原語は ὁμοιομερές. 同質部分的なもの、すなわち同質体。前註参照。なお、本書を貫く根本的な主題は、同質体の生成を解明することにある。解説の四を参照。

(3) 『形而上学』A巻第四章九八五b一五—一九参照。そこでは、AとNとは形で異なり、ΗとHとは位置で、また、ANとNAとは配列で異なるという例が挙げられている。さらに、本巻次章三一五b六—一五、三三—三一六a二参照。

(4) 三一四a二四の γάρ の代わりに、ミュグレル、フォースターとともに δέ を読む。

(5) 『天について』第三巻第三章三〇二a二八—b五参照。

(6) πανσπερμία. あらゆる種子の混合物、諸要素の混合物という意味をもつ。この語に関してバーネット（p. 265, n. 2）は、デモクリトスの術語だと思われるが（アリストテレス『魂について』第一巻第二章四〇四a四参照）、しかし、アナクサゴラスがこの語を用いたであろうことは十分推察できるとしている。というのは、アナクサゴラスは σπέρματα という語を用いているから、とバーネットは言う。

(7) ὑποκείμενον. 諸々の性質や量、関係、その他の属性の基にあるもの。

(8) 基体が同じ一つのものとして留まっていて、（質的）転化すること。（ピロポノス p. 14）

(9) アリストテレスは第一質料（πρώτη ὕλη）の存在を認めているのか否かについて、近年論争がなされている。三一四b一—四は、その論争の中で従来引用されてきた諸文章のうちの一つであることをブランシュビック（p. 39）は指摘している。

なお、第一質料をめぐる問題については、解説の五を参照。

(10) γένη. 物体を構成する諸元素を指す。（ピロポノス p. 14）

(11) ここに「生成」と訳した語は φύσις. エンペドクレスはこの語で生成（γένεσις）を意味している。あるいは、すくなくとも、アリストテレスはそのように解している。なお φύσις を生成と解することについては、『自然学』第二巻第一章一九三b一二—一三参照。

(12) エンペドクレス「断片」八（DK）。

(314b) ところで、このように語る彼らの説[1]は、彼らの基礎定立[2]に相応しいものであること、また、彼らはそのような仕方で語っていることは明らかである。しかし、(イ)彼らにとっても、質的転化は生成とは別の何らかのものであると主張せざるをえないのであるが[3]、(ロ)彼らによって語られている事柄からすると、それは不可能である[4]。そして、われわれのこの批判が正しいことを理解するのは容易である。というのは、実体[5]がそのまま留まっていても、実体のうちに、いわゆる成長や萎縮[6]という、大きさでの転化をわれわれは見るのであるが、そのようにまた、質的転化をも見るからである[7]。しかし、それにもかかわらず、元となるもの[8]が一つより多くあるとするひとびとの語っているところからすると、質的転化は不可能である。なぜなら、エンペドクレスも「太陽［火］はあらゆる点で、見た目に明るく、また熱い。しかし雨［水］はどこにおいても暗く冷たい[9]」と言っているように、それによって質的転化が生じるとわれわれの言う諸々の受動的性質[10]、たとえば熱や冷、白や黒、乾や湿、軟や硬、およびその他のそれぞれは諸元素の違い[11]だからである。（エンペドクレスは他のものたち[12]についても同じように規定している。）したがって、もし火から水が、また、水から土が生じることができないとしたら[13]、白いものから黒いものが、また、軟らかいものから硬いものが何ひとつ生じえないであろうが（他のものたちについても同じ理屈である）、しかし、これ[14]が質的転化なのである[15]。

そのようなわけで、場所的に転化するのであろうと、成長や萎縮に即して、あるいは質に即して転化する

（1）生成と消滅とを元素たちの結合や分離として説くこと。

（2）複数の元素があるという定立を指す。

(3) ちょうど、アリストテレス自身が生成と質的転化とは別であると主張するように。

(4) 多元論者は生成を結合によって成立すると考えている。したがって、生成と質的転化とは異なると考えるのであるが、しかし、彼らの説くところからすると、質的転化は存在しないことになる。アリストテレスはこのことを、生成を結合によって成立するとするすべてのひとびとについて見るのではなく、以下では、ただエンペドクレスについてだけ見ていく。（ピロポノス p. 15, ブランシュビック p. 56）

(5) 形相と質料から成るものとしての個別的実体＝感覚されうる実体。

(6) 量的転化としての成長と萎縮については、本巻第五章で考察される。

(7) 「というのは……」以下、この一文は多元論者にとって、質的転化を生成とは別のものとして認めざるをえないという、(イ)のことの根拠づけとなっている。

(8) 原語は *ἀρχή* の複数形 *ἀρχαί*. ここでは元素と同じ意味。

(9) エンペドクレス「断片」二一（DK）。

(10) 原語は *πάθος* の複数形 *πάθη*. これは『範疇論』九a二八の *παθητικαὶ ποιότητες*, つまり受動することによって成立する諸性質を指す。本書で質的転化と言われるときには、つねに、受動的性質における転化のことである。

(11) つまり、エンペドクレスによると、諸元素は互いに他の元素へと転化しないのと同様に、白や黒、その他も転化せず、したがって質的転化はないことになる。われわれは普段、熱や冷、白や黒を実体の性質と考えているが、エンペドクレスは或る実体を他の実体から区別するところの形相と考えていることを、アリストテレスは指摘しているのである。性質であれば可変的であるが、形相であれば恒常的なものとして存続し、したがって質的転化はないことになる。（ピロポノス p. 17）

(12) 三一四b二二の *τῶν λοιπῶν* は何を指すのか不明である。諸元素とも、諸々の受動的性質とも解せる。ピロポノス（p. 17）は後者を指すとし、トリコ（p. 6, n. 4）は前者を指すと解しているが、しかし、後者を指すとも解せるとしている。ジョウアキム（p. 67）の解釈もトリコと同様である。

(13) 七頁註（7）参照。

(14) 「これ」とは、白いものから黒いものが、また、軟らかいものから硬いものが生じること。

(15) 三一四b一五の「しかし、それにもかかわらず……」以下ここまでが、先に(ロ)として語られたことの根拠となっている。

315a のであろうと、反対のものたちにとって、つねに、一つの質料(1)を基に措定すべきことは明らかである。さらに、その質料が存在することと、質的転化の存在することとは、同じように必然的なことである。なぜなら、(a)もし質的転化があるならば、基体は一つの要素であり、相互への転化をもつすべてのものの質料は一つだからである。また、(b)もし基体が一つであるならば、質的転化があるからだ(2)。

ところが、エンペドクレスは諸々の現象に対しても、また、自らが自らに対しても反対のことを言っているように見える。なぜなら、元素たちのどれ一つとして一方から他方が生じるのではないが、しかし、他のすべてのものは元素たちから生じると主張すると同時に、今度、争い以外のすべての実在（φύσις）を彼が一つにまとめるときには、逆に、一つのものから個々のものが生じると主張しているからである(3)。したがって、ある種の差異や受動的性質でもって［一つのものから］分離されると、あるものは水となり、あるものは火となったのである(4)。ちょうど、エンペドクレスが太陽を明るく熱いと言い、土を重く硬いと言っているように(5)。

そこで、これらの差異が取り去られると（それらは生じてきたものであるかぎりにおいて、取り去られう

(1) 質料はここでは、三一四b一四で実体と言われていたものを指す。形相と質料との合成体として、諸転化の基に留まっている基体、感覚されうる実体を指す。なお、一一頁註(5)参照。

(2) (a)は真実であるとしても、(b)はそうではない。したがって、三一四b二八―三一五a三は主たるテクストに脚註として付加されたものではあるまいか、とブランシュビック(pp. 33-34)は言う。

しかし、ジョウアキム(p. 68)は(a)および(b)の部分を次の意味に解釈している。「もしAがBへと質的転化をするならば、AとBは一つの基体における変化(modifications)でなければならない。逆にもし、AとBとが一つの基体におけ

る変化であるならば、AからBへの転化は質的転化である」。
(3) 三一五a三の「ところが、エンペドクレスは……」からここまでの、あるいは、さらにそれ以下のことを理解するためには、エンペドクレスの宇宙周期に関することを知っておかなければならない。

エンペドクレスの場合、物体的な一切の生成と消滅とは、それぞれが永遠的な存在である四元素の結合と分離で説明される。四元素のほかに、動因としての愛と争いとがあり、両動因の支配によって、宇宙周期が想定されている。(a)愛の完全支配により、四元素をはじめ、四元素から成る諸物一切が一つに結集して球体(*σφαῖρα*)をなす時期。(b)争いの介入が始まって、球体の解体が次第に進行する時期。(c)争いによる完全支配の時期。この期には四元素はそれぞれ同種のもの同士が集まり、内側から同心円状に土、水、空気、火の順で層をなす。(d)愛の介入が始まり、同心状の層の解体が次第に進行する時期。

ところで、三一五a三以下によると、アリストテレスは愛の完全支配期における球体を、一切のものが一つに融合して、四元素も自己同一性を失い、(b)の段階が始まると、一つとしての融合体から、四元素などが徐々に生じてくると解している。

しかし、(a)の段階において、すべてのものが一緒にあるとしても四元素はそのまま存続し、他のものには還元されないのである(バーネット p. 235, n. 4)。それゆえ、エンペドクレスに対するアリストテレスの批判は、アリストテレスの誤解に基づくことになる。なお、ジョウアキム(p. 68)参照。
(4) 愛の完全支配下にある球体においては、すべてのものは一つのものへと融合しているという想定のもとに、アリストテレスはこのように言う。
(5) 愛による完全支配の末期には、球体の周辺部へと追いやられていた、争いに与する諸々の差異が入り込んできて、一つのまとまりをなしていた球体から、それぞれ異なったものを分け出すと考えられている。なお、ジョウアキム(pp. 68–69)、ミュグレル(p. 3, n. 2)参照。

(315a)

るものである[1]、受動的性質の点で転化して、かの時[2]ばかりでなく、今[3]も、水から土が、土から水が、また個々の他のものたちも必然的に生じてくることは明らかである。また、エンペドクレスの主張によれば、諸々の受動的性質は付け加わることもできるし、逆に、分離されることもできるのである。いまだ争いと愛とが戦っているときには、とりわけそうである。そのときには元素たちが生じたからである。なぜなら、すくなくとも、火や土や水などは存在していなくて、万有[4]は一つだったからである。

また、エンペドクレスの場合、元となるものは一つなのか多くのものなのか不明である。ここに私が多くのものと言うのは、火や土、およびこれらと同列のものである。なぜなら、運動[5]のゆえに転化して、土や火がそこから生じてくるところのものが質料として基にあるかぎり、一つのものが要素〔元となるもの〕だからである。しかし、かの元素たちが集まることによって、それらの合成から一つのものが生じるのであり、また、一つのものの分解によってかの元素たちが生じるのであるかぎり、それらがより要素的なものであり、本性上先のものである[6]。

第二章

それでは、端的な生成と消滅について、それらが存在するか、また、どのような仕方で存在するかを語らなければならない。また、その他の運動についても、たとえば成長や質的転化についても語らなければならない。ところで、プラトンは生成と消滅についてだけ、それらが諸事物にどのような仕方であるのかを考察した。しかも、すべての生成について考察したわけではなくて、諸元素の生成について考察しただけであって、肉や骨およびこれらに類する他のものは、どのようにして生じるかを何ら述べてはいない。また、質的

(7) 同質体を指す。『生成と消滅について』の早い段階で、すでに同質体の生成ということが、アリストテレスの意識のうちにあることに注意すべきであろう。

(1) これは、「生じたものは必ず終わりをもつ」(『自然学』第三巻第四章二〇三b八)という、アリストテレス哲学の原理的命題の異形。
(2) 愛による完全支配が終わり、争いが介入して球体の一性を破壊しつつある時期。
(3) トリコ(p. 8, n. 3)は争いが完全支配している時期と解しているが、しかし、その時期は今(νῦν 現在)ではない。というのは、現在、四元素は層をなして存在していないからである。とすると、第四期の、愛が介入して、四元素が次第に一つの球体を成しつつある段階とすべきではないか。しかし、ジョウアキム(p. 69)はかの時(τότε. 前註参照)ばかりではなく、今も第二期を指すと考えている。この場合、かの時は、争の介入の初期段階、今は争いの支配が強力になりつつある段階と考えられていることになる。
(4) 愛の完全支配期の球体を指す。(ピロポノス p. 20)
(5) 争いの介入によって始まる、一つの球体の分解を指す。
(6) 補註A参照。

転化や成長についても、それらが諸事物についてどのようにあるのか、彼は述べていない[1]。

また、一般的に言って、以上のことのいずれについても、表面的なことを除いて、デモクリトス以外誰一人として注意を払わなかった。しかし、デモクリトスはそれらすべてについて思いをめぐらせたようである。
315b また、それらがどのように生じるかの説明において、彼はすでに傑出していたように見える。というのは、われわれの主張では、似たものが似たものに付け加わって成長するというような、誰もが言いそうなこと以外、誰一人として成長について何も規定しなかったからである。（しかし、その付加がいかにして起きるかについては、もはや述べていない。）また、混合についても誰一人として何も規定しなかったし、他の事柄、たとえば作用することあるいは作用を受けることについても、自然的な作用の場合、一方はどのように作用し、他方はどのように作用を受けるのか、何も規定しなかった[2]。

しかし、デモクリトスとレウキッポスは、諸々の形［すなわち、アトム］[3]が存在するとしたうえで、質的転化と生成とをそれら形に起因するとしている。つまり、それらの分離と結合とによって生成と消滅を説明し、配列と位置でもって質的転化を説明している。真実は現象のうちにあるが[4]、しかし、諸現象は反対のものであったり無限に多くあったりすると彼らは考えたので、諸々の形［すなわち、アトム］も無限に多くあるとした[5]。したがって、合成されたもののさまざまな転化に応じて、同一のものもひとそれぞれによって相反した

（1）三一五a二九以下、プラトンは諸転化のうち、諸元素の生成についてだけ考察したと言われている。ここで言及されていることは、プラトンの『ティマイオス』五三C以下に言われていることを指しているのであろう。そこでは、プラトン

は直角二等辺三角形と不等辺の直角三角形の二種類を要素として、一方では正方形を、他方では正三角形を構成している。正方形からは正六面体を構成し、それは土に相当するとしている。他方、正三角形からはそれぞれ正四面体、正八面体、正二十面体を構成し、順次、火、空気、水に相当するとしている。

　しかしまた、プラトンは同書七三B以下で、人間の肉や骨の生成を、髄から構成されたものとして説き、さらに、髄はいま述べられた基本的な三角形から成るものとして説いている。プラトンがこのように骨や髄の生成についても論じているのに、アリストテレスがそのことに言及していない理由は、次のことにあるとミュグレル（p. XIV）は言う。アリストテレスは『生成と消滅について』の執筆時には、プラトンの教えから解放されて、その結果、プラトンの作品を十分注意を払っては読んでいなかったのである。

(2) 混合、混合が成立するために前提とされる作用と受作用、さらに、それらのために前提とされる接触についての、アリストテレスの自説は、本巻第六―十章で順次展開される。

(3) アトミストたちは、不可分なものとしてのアトムを、ピュタゴラス派に由来すると考えられる呼び方で、*σχήματα*（形、*σχῆμα* の複数形）あるいは *ἰδέαι*（形・相、*ἰδέα* の複数形）と呼んでいたようである。（バーネット p. 336）

(4) こういう主張は、デモクリトス「断片」九や一二五における有名な命題に対して矛盾するように見える。その命題によると、ものの感覚されうる諸性質は、われわれによる習慣上の事柄にすぎず、真に存在するのはアトムと空虚なのである。しかし、アトミストの説についてアリストテレスが言おうとしていることは、すぐ後の「したがって、合成されたものの……」という一文が示しているように、可感的な諸性質の無限な多様性を、レウキッポスやデモクリトスは、真実な存在であるアトムの無限な差違で説明しようとしたということである。（ミュグレル p. 5, n. 5）

　なお、『魂について』第一巻第二章四〇四a二八―二九、『形而上学』Γ巻第五章一〇〇九b一三―一五参照。

(5) 前章三一四a二二―二三では、不可分な物体は数と形において無限に多くあると言われていた。

(315b) ものに見えるとした[1]。そして、ほんの小さなものが混入されても転換をもたらされ、また、一つが転換されても、まったく別のものとして現われる——なぜなら、悲劇も喜劇も同じ文字から生じるのだから——としている。

しかし、元素を多くあると主張するほとんどすべてのひとにとって[2]、生成と質的転化とは別であり、生成や消滅はそれぞれ［元素の］結合や分離によってであり、質的転化は受動的性質の転化によると考えられているので、われわれはそれらを注意深く考察してみなければならない。なぜなら、これらのことには多くの、しかも理に適った困難が伴うからである。というのは、(a)もし[3]生成が元素の結合であるとすれば、多くの不可能なことが生じてくるからである。しかし、それにもかかわらず、生成は結合であることを強制するさらなる議論がある。そして、生成は結合以外の別のものではない、ということを解除するための策はないのである。また、(b)もし[4]生成が結合でないとすれば、生成はまったく存在しないことになるか、あるいは生成は質的転化であることになるか、それともまた、たとえ困難であるとしても、われわれとしてはこの問題を解くよう試みるべきかである。

これら[5]すべての問題の根本をなすのは、存在するものたちが生成したり質的に転化したり成長したり、あるいはこれらと反対のことを被るのは、第一の不可分な大きさというものが存在することによってなのか、それとも、不可分な大きさなど存在しないのか、ということである。というのは、この相違は重大だからである。さらにまた、第一のものが不可分な大きさのものだとするならば、それはデモクリトスやレウキッポスの主張するように、物体であるのか、あるいは『ティマイオス』におけるように[6]、面であるのか。ところで、すでにわれわれが他の所[7]で述べたように、物体を面にまで分解し、そこで止めるということ自体不合理である。[8]それゆえ、不可分な物体があるとする方がまだ理に適っている。しかし、不可分な物体にしてもまた、多くの不合理をもっている。

しかし、それにもかかわらず、すでに言われているように、不可分な物体によって生成や質的転化をなさ

(1) たとえば、鳩の首は光線を受けると、さまざまな異なった色に見える。見る者の目の位置の違いで青や金色や黒く見える。形にしても四角いものは遠くからでは丸く見え、円盤も縁の方からは直線状に見え、蜜も黄疸のひとには苦く、健康人には甘い。Zも見るひととの関係でZにもNにも見える。(ピロポノス p. 23)

(2) ピロポノス (p. 24) は、デモクリトス、レウキッポス、アナクサゴラス、エンペドクレスの名を挙げている。

(3) 第一の困難。

(4) 第二の困難。この第二の困難は、生成は元素の結合でなければならないことを、帰謬法によって証明していることになる。すなわち、もし生成が結合でないならば、ディレンマが帰結する。そして、そのいずれの角《つの》も多元論者たちの最初の定立——生成は質的転化とは別である——に反する。というのは、生成はまったくないことになるか、生成は質的転化と同じだということになるからである。それゆえ、もしわれわれが生成は結合ではないことを主張するのであれば、このディレンマを解決しなければならない。(ジョウアキム p. 73)

(5) 多元論者は(イ)生成と質的転化とは別であること、(ロ)生成は元素の結合(消滅は分離)であることを主張するが、不可分な物体についての以下の考察は、(ロ)との関係で、しかも多元論者たちのうち、とくにアトミストとの関連でおこなわれる。

(6) プラトン『ティマイオス』五三C以下、および一七頁註(1)参照。

(7)『天について』第三巻第一章二九九a六—一一参照。

(8) 物体を面へ分解するのであれば、同じ理屈で、面は線へ、線は点へ還元されるからである。すると、物体は点から成ることになる。

316a しめることは可能である。つまり、デモクリトスのやっているように、同じものを位置や配列[1]、形のさまざまな相違による転換でもって生成や質的転化をなさしめるのである（それゆえ、色は存在しないと彼は言う。なぜなら、色づけは位置で異なるからである[2]）。しかし、物体を面へ分解するひとびとの場合、もはや生成や質的転化は不可能である。なぜなら、面が組み合わされても、立体以外の何も生じないからだ。というのも、彼らは面からはいかなる受動的性質をも生じさせようとはしていないからである[3]。

一般に認められている事柄を総観することにおいて、非力であるということの原因は、経験不足にある。それゆえ、自然的な事柄に精通しているひとびとはその分だけ、より多くの事に関連する諸原理を立てうるけれども、しかし、長い年月、抽象的な議論に明け暮れているゆえに、事実を観察していないひとびと[4]は、わずかな観察によってさえ、安易に独断的な主張をするものである。また、ひとはこれらのことから、自然学的に考察するひとびとと、抽象的に考察するひとびととは、いかに異なるかを見てとることができよう[5]。なぜなら、不可分な大きさが存在するということに関しても、あるひとびとは、「さもなければ三角形それ

(1) 前章三一四a二四や本章三一五b九で不可分なるものの位置と配列を指すのに充てられた語は、それぞれ θέσις, τάξις である。しかし、ここ三一五b三五では θέσις の代わりに τροπή が、また τάξις の代わりに διαθιγή が用いられている。ピロポノス（p. 26）によると、デモクリトスの生地アブデラでは位置は τροπή, 配列は διαθιγή, また、形（σχῆμα）は ῥυσμός と言われたとのことである。なお、『形而上学』A巻第四章九八五b一六—一七参照。そこでは σχῆμα = ῥυσμός, τάξις = διαθιγή, θέσις = τροπή と明言されている。

(2) アトミストたちの場合、真実在はアトムである。それは無限に多くあり、小さいがため知覚されない。形と大きさにおいて相互に異なり、空虚の中を動いている。互いに適合する

形のものが寄り集まると可感的物体が成立する。しかし、より強い別の物体によって衝突されると解体する。

アトム論には、可感的物体における第二次性質、たとえば、色、音、香り、温度などに関して曖昧な点がある。したがって、質的転化に関する彼らの説も曖昧である。これら第二次性質は実在ではなくて、習わし上のものであるが、真実の基礎をアトムの形や配列、位置に依存している。

(3) しかし、プラトンは『ティマイオス』の中で、要素的三角形を介入させる仕方で色彩論を展開している。六七C以下によると、異なった色に対する感覚は、視覚器官を構成する微粒子との関係で、色づけられた物体から流出する焔によって運ばれる、火の四面体の大きさで決定される。それら四面体の大きさと、目の微粒子への結合と分離の力とによって、四面体の衝撃が白あるいは黒として感覚されるのである。それゆえ、プラトンの面アトムは、火の四面体を介して色の感覚を生み、その結果、アリストテレスがここで働きをそれへと制限しているところの、立体という純粋に幾何学的な存在を越えて、諸々の現実を造り出しているのである。(ミュグレル p. 6, n. 5)

(4) プラトンや、アカデメイアの三代目の学頭クセノクラテスを指すと考えられる。

(5) 三一六a五の「一般に……」以下ここまでは、考察対象の本性(自然)に即して考察することと、論理的・抽象的に考察することとの対比がなされている。前者は考察される対象について、自体的・恒常的に存在する事柄の考察であり、自然学をはじめ、それぞれの特定領域のものを考察する個別的な学の手法である。後者は、アリストテレスの目から見て、プラトンとその派のひとびとの用いるものであり、アリストテレスがしばしば非難めいた仕方で言及する手法である。

(316a)

自体も多くのものであることになろうから[1]」と言っているが、しかし、デモクリトスは当の問題に相応しい、すなわち、自然学的な議論でもって、己の結論に達しているように見えるからである。われわれの語っていることは、もっと先へ進むにつれて明らかになるであろう。

　何らかの物体があり、[2]しかもそれの大きさがあらゆる点で[3]分割されうるものであり、かつ、そのことが可能だと[4]主張するならば、たしかにひとは窮地[5]に陥ることになる。なぜなら、分割を免かれる何が存在することになるのだろうか。というのは、あらゆる点で分割されうるものであり、しかもそのことが可能であるならば、たとえその物体の全体が同時に分割されてしまわないとしても、同時に分割されてしまった状態にあることになろうからだ。そして、このことが起きたとしても、何ら不可能なことも帰結しないだろう。ところで、本来、あらゆる点で分割されうるものであるならば、中間において［現実に］分割されようと[6]、また一般に別の仕方でなされようと同じように、何ら不可能なことも帰結しないであろう。というのは、たとえ、

（1）ピロポノス（p. 27）によると、ここに約められている内容は次のものである。

　大きさをもった不可分なものが存在することを示すために、プラトンはその論を用いたのである。彼は言う。もし大きさをもつものがすべて可分的であるならば、三角形そのもの（三角形のイデア）も可分的であろう。すると、三角形そのものよりも先に、三角形そのものがそれらへと分解されるところのものが存在することになるが、これは不可能である。それゆえ、三角形そのものが可分的でないとするならば、大きさをもつすべてのものが可分的であることにはならず、したがって、大きさをもちながら不可分であるものが存在することになる。

　しかし、大きさをもった不可分なものが存在することを、プラトンが主張しているとして知られている箇所はどこにも

ない。したがって、アリストテレスはこのことを、プラトンの書かれざる教説から得て報告しているか、あるいは、そのような論は、プラトニストであることを標榜する他のひとびとによって表明されたものであろう。というのは、与えられたいかなる直線も二分されうるということを知っている程度までに経験家であるプラトンが、大きさをもった不可分なものがあるなどと主張したはずがないからである。もし、プラトンが三角形について不可分な大きさということを言ったとすれば、「三角形は他の形に変えられたり分解されたりはしない、という仕方で不可分なのだ」という意味においてである。というのは、すべて直線図形は三角形へと分解されるが、三角形は他の形へは分けられないで、直線へと分けられるだけだからである。

(2) 多元論者の一人としてのデモクリトスは、生成を質的転化とは別であるとし、元素であるアトム、すなわち不可分な物体の結合によって説明する。では、その不可分な物体(=不可分な大きさ)は存在するのか否か。そのことの考察がここ三一六a一四から始まる。以下、章末近くまで展開される論の大まかな仕分けについてはセドリ(pp. 65-77)の説が妥当と考えられるが、それによると次のようである。

(a) 三一六a一四—b一六　アトム擁護論Ⅰ

この部分は、歴史上のデモクリトスが、アトムは存在するという自説を確立する筋道を把握することを目的とする。歴史上のデモクリトス説の再構成。

(b) 三一六b一六—三四　アトム擁護論Ⅱ

この部分は、デモクリトスが、アリストテレス哲学に固有の概念である可能態と現実態という区別さえ取り込んで、自説を擁護するというように、アリストテレスによって仮に想定された論。

(c) 三一六b三四—三一七a一七

アリストテレスによるアトム論への批判。

(3) 「あらゆる点で」の原語は *πάντῃ*. 「徹底的に」とか「完全に」などの意味がある。以後、この語は頻用される。

(4) 「可能だ(*δυνατόν*)」ということの定義は『形而上学』Θ巻第三章一〇四七a二四—二六に与えられている。それは、「そのことの能力をもつと言われるところのそのことが実現された場合、そこからいかなる不可能なことも帰結しないとき、可能だと言われる」というものである。

(5) その窮地とは、後に三一六a二七以下に見るように、物体があらゆる点で分割された場合、点か無に帰し、したがって、物体は点か無から成ると主張せざるをえなくなることを指す。

(6) 分割ごとに分け出される小部分を同じように二分割していくこと。用いられる分割方法がいかなる仕方であろうと、推理は同様に妥当することを主張したいのである。

無数の部分へと無数回分割されてしまっているとしても、(1)何ら不可能なことは帰結しないからである。——もっとも、誰もそのような分割をおそらくなしえないだろうけれども。

さて、その物体はあらゆる点で分割されうるものなので、すでに分割されてしまっているものとせよ。すると、何が残るのであろうか。大きさか。それは不可能である。なぜなら、まだ分割されてしまっていないものがあることになろうから。だが、あらゆる点で分割されうるものであった。しかし、何らの物体も大きさも残らず、しかし分割がなされるとするならば、その物体の構成要素は点であって、大きさのないものであることになるか、あるいは、まったく何ものでもないことになろう。したがって、もしその物体が何ものでもないものから生じ、構成されているのだとすれば、その物体全体も、ただ見かけだけのものであって、何ものでもないことになる。同様にまた、もし点から成っているのだとすれば、その物体は或る量のものではないことになる。なぜなら、点たちが接触し合い、一つの大きさを作るべく一緒にあったとしても、全体を何ら大きくはしないからだ。というのは、ある物体が二つあるいはそれ以上の部分に分割されていた場合、［それら諸部分を一緒にした］総体は分割以前より、何ら大きくも小さくもならないからである。したがって、すべての点(2)が一緒にされても、何らの大きさも作らない(3)。

316b しかしまた、物体が分割されるとき、挽き屑のごときものが生じ、このようにして元の大きさから何らかの物体が出て行くからだとしてみても、(4)同じ理屈が当てはまる。すなわち、［物体はあらゆる点で分割されると前提されている以上］当の何らかの物体はどのようにして分割されうるものなのか。

また、出て行ったのは物体ではなくて、［諸々の点あるいは接触から］分離されうる何らかの形相か受動的性

西洋古典叢書

月報 96

2012＊第5回配本

アカデメイア

【公共体育場跡。プラトンの学園はここに開設された】

目次

2012年11月
京都大学学術出版会

アリストテレース生誕の地 スタゲイラ

高野　義郎

アリストテレース生誕の地スタゲイラ、あるいは、スタゲイロスは、現代マケドニアの中心都市テッサロニキ、古代のテッサロニーケーから東へ一〇〇キロメートルばかり、カルキディキ半島の東岸、葡萄酒の色をしたとホメーロスに詠われているエーゲ海に影を映す、緑濃い岬の上に建てられていた。

　カルキディキ半島、古代のカルキディケーには、その名の由来するように、エウボイア島の都市カルキスからの移住者が多く、スタゲイラもその例外ではなかった。しかし、最初は、紀元前六五五年、アンドロス島の、やはりイオーニアー系の人々によって建設された都市であった。

　この都市スタゲイラゲイラの名は、ヘーロドトスの『歴史』にも一度現われる。クセルクセース王の率いるペルシア軍は、スタゲイラを通って南下し、古代都市アカントスにしばらく駐留したのであった。

　さて、一九九五年六月七日、このスタゲイラ、現代の発音では、スタギラの遺跡を、発掘に関係している方々に案内していただける機会に恵まれたのは、テッサロニキ考古学博物館のシスマニデス博士の御厚意によるもので、博士は一九九〇年に始まった発掘の監督も務めておられる。

　古代都市スタゲイラの遺跡が横たわっている岬は、リオトピと呼ばれていて、現在は、オリンピアダという新しく美しい村の一部になっている。テッサロニキからは、古代ローマのエグナティア街道に並行して走る道を行き、海岸に沿って南へ下ればよい。

オリンピアダの通りには、ギリシア語と英語とで、「古代のスタゲイラ、アリストテレースの生地」と記し、その道筋を示す大きな道路標識が立てられていて、土地の人々の誇らしい気持が感じ取られる。実際、本格的な発掘が行なわれるようになったのも、この村の人々の熱心な働き掛けによるものであった。

ちなみに、この村の住人の大部分は、近代ギリシアの独立に伴い、アナトリアー（現トルコ）から、しかも、哲学発祥の地ミーレートスの辺りから、故国へ帰ってきた人々だという。

ここで、博物館から運転して来て下さったGさんに、その友人で英語の上手なMさん、村会議員のBさんが加わり、合わせて三人の方々が筆者と同行してくださることになった。

道路標識に従って海岸へ出ると、白い砂浜の向こうに、樹木に覆われた岬が見える。村の南に連なる丘は東北へ延びて、その先端の二つの丘が岬を形造っているのだ。

海岸に沿う道は、これら二つの丘の間へ通じている。その鞍部、北の丘の麓に、古典期の柱廊があり、基壇は間口二六メートル、奥行六メートル、柱の下部や入口の階段も残っている。また、柱廊の向かい、南の丘の麓には、貯水槽が置かれている。

この辺り、二つの丘の鞍部が町の中心で、アゴラーがあり、この柱廊も市民が会合する公共の建物であったと推定されている。

なお、二〇〇三年に、筆者が再訪した時には、柱廊は、柱以外は、すっかり復原されていた。

残っている敷石の道を通り、北の丘の中腹、東南斜面を進めば、南に眺望が開け、崖や砂浜に縁取られた、実に美しい海が広がっている。若いアリストテレースもきっとこの海で泳いだり、魚や貝を採ったりして楽しんだに違いない。

住居跡もところどころで発掘されており、土地の傾斜が急なため、部屋ごとに床の高さも違えてあるのは面白い。

とりわけ印象的な遺構は、岬の東北端、海に望む崖の上に建てられた小さな神殿の跡であろう。これは前六世紀のもので、どなたか女神に捧げられたと、考えられている。神域には、青く硬そうな石の祭壇や、四角い炉の跡も残っている。神殿の辺りは地肌が露出していて、その茶がかった明るい白と、紺碧の海との対照が美しい。

この神殿から西南少し上がったところに、円形の建物の礎石だけが残っている。これは女神デーメーテールに捧げられた神殿、テスモポリオンであろうと推定されている。

岬の海岸はほとんど崖になっているのに、さらにその上に古典期の市壁が築かれている。それに、先に記した神域の北側には、町の他の区域と切り離すかのように、丘の上へ向かって、折れ曲がりながら、一〇〇メートルほど続く石の壁がある。これは古典後期のもので、マケドニアのピリッポス二世によって造られたと考えられている。オリュントスを中心とするカルキディケー同盟に加わっていたスタゲイラは、前二四九年、ピリッポス二世に破壊されたが、その王子、後のアレクサンドロス大王の教師を務めたアリストテレースの願いにより、再建されたのであった。しかし、ピリッポス二世による破壊は致命的な痛手であったらしく、再建されはしたが、前一世紀、『地誌』で有名なストラボーンの訪れたころには、すでに廃墟となっていたのであった。なお、オリュントスは、そのヒッポダモス方式の、碁盤目の街路でも知られていて、すでに復原されたものを観ることができる。

さて、南の丘にも、その西南斜面に市壁が築かれている。これも前五〇〇年ころのもので、頂上の近くを通り、ほぼ真直ぐに、約五〇〇メートル、海岸に沿う東南、西北の市壁と繋がって、町全体を完全に取り囲んでいた。市壁は幅約二メートル、高さは高いところで約四メートル、控えの壁も付いている。そして、ところどころに円形や四角形の櫓の跡が見られ、小さな二つの門の跡もある。石材は多孔質のポロス、石灰石、あるいは、大理石が使われ、石の積み方にもいろいろな手法があって、象形文字のように見えるエジプト形、大小の石が奇妙に混じるレスボス形などが使われている。

丘の頂上にあるアクロポリスは、敷地が三角形をしていて、その西南側の一辺は先の市壁で、他の二辺も二重の石の壁で囲まれている。演壇に使ったのであろう、白い大理石の大きな岩があるのも、いかにも民主制の都市国家を想わせる。貯水槽の備えもある。

最後に、丘の斜面を東北の方向へ降りれば、古代の水道を観ることができる。長さ数十センチメートル、直径十数センチメートルの土管が、雌雄を合わせて接続され、アゴラーに置かれた貯水槽まで水を導いていたのであろう。

なお、見落としてはならないのは、東北沖合いにある小さな島だ。今はカフカナス島と呼ばれているが、昔はその形からカプロス［猪］島と呼ばれていて、アレクサンドロス大王の母オリュンピアスは、カッサンドロスによって、この島へ流されたともいわれている。オリンピアダの村の名も、オリュンピアスに由来するのだそうだ。

ちなみに、スタゲイラから算出する金銀は、マケドニアの大きな財源の一つであり、その銀貨には猪のデザインが使われていた。

それに、この島は、古代都市スタゲイラの位置を特定するのにも役に立った。ストラボーンは、スタゲイラがアカントスから四〇〇スタディア（七二キロメートル）の距離にあり、その港と同じ名前、カプロスという名の島のあることを記しているのだ。

オリンピアダのタヴェルナでは、村会議員のAさんも加わり、さまざまな魚介類が並んで、実に美味しい昼食だった。アリストテレースと同じ料理を食べていると想えばなおさら楽しい。

一般に、ギリシアの風土は乾燥していて、草木はまばらで、岩石の露出しているところも多い。雨は降っても冬の間がほとんどで、植物の生育に役立たず、土壌を流してしまうのである。とりわけ、アッティカ地方は、荒涼とした風景に出会うことも少なくない。

それに比べ、アリストテレースは医者の家に生まれたばかりではなく、スタゲイラの豊かな自然に囲まれて育ったのであって、自然、とくに、生物の研究に向かう恵まれた環境が整えられていたのである。そして、彼の哲学が、プラトーンのイデアーの思想を継承しながらも、より経験的な方向へ進んだこともうなずかれる。

アリストテレースは、若いころばかりではなく、のちにペラの宮廷に招致されアレクサンドロスの教育に当たった数年間にもしばしばスタゲイラを訪れ、荒廃した故国の復興に力を尽くしつつ、リュケイオン開校の準備を整えたのだった。

（理論物理学・横浜国立大学名誉教授）

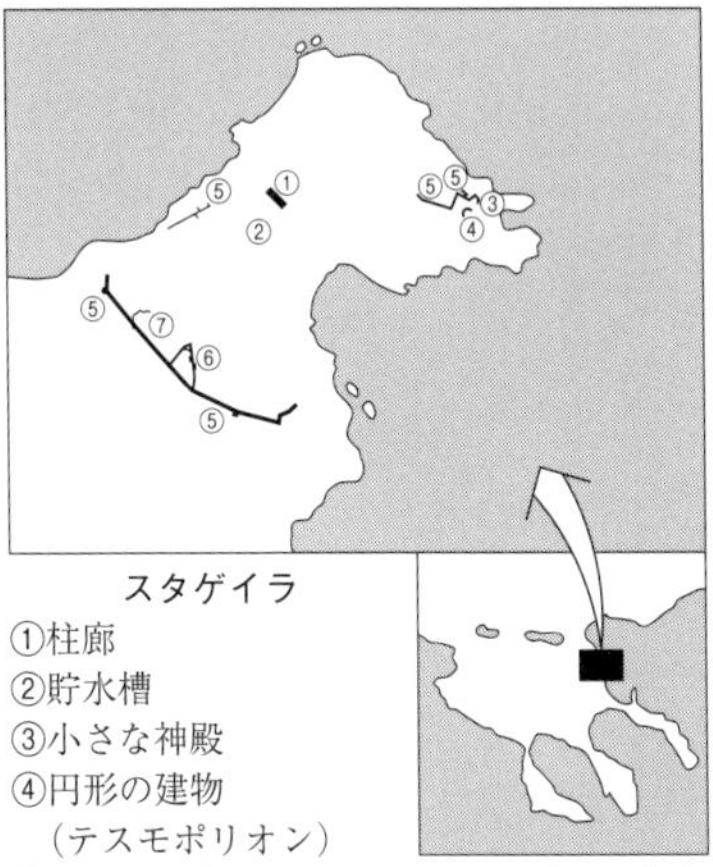

スタゲイラ

①柱廊
②貯水槽
③小さな神殿
④円形の建物
（テスモポリオン）
⑤古典期の市壁
⑥アクロポリス
⑦古代の水道

連載

西洋古典名言集 ⑿

女性の素質は男性に少しも劣らない

いまではあたりまえの話だが、古代ギリシアでは（そして、過去の多くの社会において）、女性は自然本性において男性に劣ると考えられていた。右の引用は、クセノポン『酒宴』（第二章九）において、哲学者ソクラテスが語った言葉である。続いて「ただ、知力と体力に欠けるだけだ」とあるから、これではさすがに女性は喜ばないだろう。しかし、プラトンの『国家』でも同様に、女性にも男性と同じ教育があたえられるべきだと主張するソクラテスの論は、女性は家の女部屋に籠もって家政に専念するものだと考えられていた当時の社会においては、革新的というよりもむしろ珍妙な説と受けとめられたのである。さらに、文学と哲学を問わず、概してギリシア人が女嫌いであったことはよく知られている。ヘシオドスの「女を信用する者は詐欺師をも信用する」（『仕事と日』三七五行）を皮切りに、セモニデス、アリストパネス、エウリピデスと枚挙にいとまがなく、哲学者のほうも「女にではなく男に生まれたことで運命の神に感謝したい」（ディオゲネス・ラエルティオス『哲学者列伝』第一巻三三）という最初の哲学者タレスをはじめ、これに少しも負けてはいない。女嫌いこれをギリシア語で「ミーソギュネース」という。女嫌いの意味である。プラトンは『ティマイオス』（九一A）の中で、人間（男）が堕落すると、次には女になって転生すると言っているから、フェミニストからはほど遠いと思われるが、ソクラテスの言葉にあるように、男性も女性もその素質においては変わるところがないと考えていたことは間違いない。プラトンの弟子には二人の女性が含まれていた。マンティネイアのラステネイアとプレイウスのアクシオテアであり、後者は男装して師の講義に列席したと言われている。プラトンの学校は女性にも門戸を開いていたのである。

気むずかしさの有無は、心の善悪の重要な要因である

女性嫌いに似た言葉に人間嫌いがある。これはギリシア語で「ミーサントローポス」という。プラトンは『パイドン』（八九D）において、人間嫌いが心の中に忍び込んでくるのは、他人を過度に信用して、正直な人間と思いこんでしまい、後になってその人物が劣悪な奴で信用できないことに気づくようなときで、こんな

ことが何度も繰り返されると、ひとは人間嫌いに陥ると説明している。ギリシア人で人間嫌いを探すと、前五世紀のペリクレスが活躍した時代にいたアテナイ人ティモンが最も有名である。プルタルコス『英雄伝』のうち「アルキビアデス伝」（一六）や「アントニウス伝」（七〇）、ルキアノス『ティモン、あるいは人間嫌い』、ほかにはアリストパネス『女の平和』（八〇八以下）と同古注などに散見される。ティモンはもともと裕福であったが、友人らの裏切りによって財産を蕩尽して、以来他人との交渉を絶ってしまう。同じく厭人家の哲学者アペマントスとだけはつきあいがあったが、コエースの祭り（アンテステーリア祭二日目）にふたりで飲んでいると、「酒盛りは楽しいものだな」と言う哲学者に、「君がいなければね」と答えたという。ティモンにまつわる話は同時代の喜劇作家たちに恰好の題材を提供したが、われわれはこれらの断片資料を拾い読みするよりも、むしろシェイクスピアの『アセンズのタイモン』で面白く読むことができる。この作品は全部がシェイクスピアのものかどうか昔から疑われており、アテネに元老院があったなど史実としてもいろいろ問題があるが、まとまった物語として読むことができるところが楽しい。失意のうちにあったティモンに元老院が礼をもって復帰を懇願するが、これを罵りしりぞけて、ついにのたれ死にする。そして最後に彼の墓碑が発見されるくだりで劇が終わる。「ここに浅ましき霊魂《たましひ》に離れて、浅ましき遺骸《しかばね》横たはる。わが姓名を知らんとする勿《なか》れ。あはれ、悪疫、汝ら生き残れる人非人共を滅盡《めつじん》せよ！」（逍遥訳）。

　さて、右に挙げた言葉であるが、心が気むずかしく（デュスコロス）になると、ひとは人間嫌いになると言われる。これはプラトンの『法律』の言葉である。この言葉はより正確には「心の内で気むずかしくないか、気むずかしいかは、善い心と悪しき心の小さからぬ部分である」（七九一Ｃ）と書かれている。生まれて間もない幼児を過度に甘やかせるならば、些細なことでも腹を立てる子供になり、極端に押さえつければ気むずかしく、人間嫌いになって、どちらも社会に適さない子供にしてしまう。したがって、子供を楽しい気持ちにさせてかわいがるだけだと、子供にとっては最大の破滅となりうると言われている。最大の破滅はいつも幼児教育の最初の段階で起きるからである（七九二C）。プラトンが『法律』において心をくだいたのは、子供の感情教育の重要性である。理想国家を説く『国家』とは違って、『法律』の教育に関する事細かな記述はこの作品を読む人を驚かせる。

（文／國方栄二）

西洋古典叢書

［2012］全８冊

★印既刊　☆印次回配本

●ギリシア古典篇

アイスキネス　弁論集★　木曽明子 訳

アリストテレス　生成と消滅について★　池田康男 訳

エウリピデス　悲劇全集　１★　丹下和彦 訳

プルタルコス　モラリア　８★　松本仁助 訳

ポリュビオス　歴史　４　城江良和 訳

ルキアノス　偽預言者アレクサンドロス ― 全集　４　内田次信他 訳

●ラテン古典篇

クインティリアヌス　弁論家の教育　３☆　森谷宇一他 訳

リウィウス　ローマ建国以来の歴史　９★　吉村忠典・小池和子 訳

●月報表紙写真 ― アカデメイアは、アテナイのケラメイコスの門から城壁外に出て、北西方向およそ二キロメートルほどの郊外に位置する。ほとんど新石器時代にも遡る古い聖域で、名の由来となった土地の英雄神ヘカデモスの祭祀の場に発祥する。前六世紀にヒッパルコスが、また前五世紀にはキモンが大々的に整備してからは、広大な敷地に一二本の聖なるオリーヴとプラタナスの繁る緑豊かな場所となり、アテナイの主要な公共体育場の一つとして栄えた。その一郭に前四世紀（三八七年頃）プラトンが哲学教育の学園を開設し、以来アカデメイアの名はもっぱらそれを意味するようになる。今日では住宅地の下に埋もれている部分も多いが、貴重なヘカデモスの祭祀跡と体育場の遺構がともに確認・発掘されている。（一九九三年三月撮影　高野義郎氏提供）

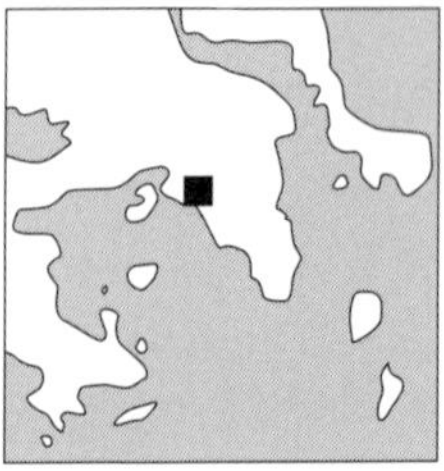

質であって、大きさのあるものとは、それらによって限定されている諸々の点あるいは接触[5]なのだとしてみても、大きさのないものから大きさのあるものが成り立っているという、ばかげた結果になる。[6]そのうえま

(1) フォースター、ミュグレルに従って、三一六a二二の〈διαιρεθ〉ῇ の代わりに ῇ を読む。

(2) すなわち、物体をあらゆる点で分割し尽くすことで到達したすべての点。

(3) 三一六a二三以下ここまで、アリストテレスの再現によるアトミスト（デモクリトス）の言い分は次のものである。

もし物体があらゆる点で分割されるという前提に立てば、最後には、(イ)点か、(ロ)何ものでもないものしか残らないことになる。ところで今度、物体をそれらから再構成することを考えた場合、(ロ)もし、物体が何ものでもないものから成っているとするならば、物体は無からの構成物であり、幻影であることになる。しかし、(イ)もし物体が点から成っているとするならば、点は大きさをもたないゆえ、物体は大きさをもたず、或る量のものであることはできない。したがって、(イ)も(ロ)も不可能であり、そもそも、「物体はあらゆる点で分割し尽くされる」という前提そのものが誤りなのである。それゆえ、不可分なもの、すなわちアトムが存在しなければならない。

(4) したがって、そういう挽き屑から物体が構成されているのであって、点や無から構成されているわけではないと想定してみても。

(5)「諸々の点あるいは接触」と言われているが、ここでは、接触は接触点であり、点と同じものと考えられてよい。

(6) 三一六b二の「また、出て行ったのは……」以下、ここまでの一文について、ピロポノス（p. 31）の註釈は次のようである。

もし、大きさをもったものが、大きさをもったものから構成されるのではなくて、構成の過程において、何らかの形相か属性を自分たちへ取り込む諸々の点から構成されるのであり、分割においては、当の形相や属性は諸々の点を後に残すような仕方で分離されるのだとひとが想定するとしても、同じばかげたことが帰結することになる。つまり大きさをもつものがもたないものから成っていることになる。

(316b)

た、(a)諸々の点はどこにあるのか。また、それらの点は不動なのであろうか、それとも動くものなのか。また、(b)一つの接触はつねに一対のものの間で存在し、接触や点、分割とは別に何らかのものが存在するということを意味している。[1]

ひとがもし、いかなる物体であれ、また、どれだけの大きさの物体であれ、あらゆる点で分割されると措定するならば、以上のことが帰結する。〈そのうえ、[2]木材なり他の何らかのものを分割した後で、今度はくっつけるとすれば元のものと等しい一つのものが再び生じてくる。その場合、どの点で分割しても、そういうことになるのは明らかである。それゆえ、木材は可能的にはあらゆる点で分割されているのである。すると［木材のうちには］分割［すなわち点］のほかに何があるというのか。というのは、何らかの受動的性質もあるとしても、しかし、どうして木材が分割と受動的性質へ分割され、また逆に、それらから構成されるのか。あるいは、それら分割と受動的性質とは、どのようにして［互いに離れてあるようにと］分離されるのか。〉したがって、大きさが接触や点から成り立つことは不可能だとすれば、不可分な物体、すなわち不可分な大きさがあることになる。[3]

しかし、それにもかかわらず、不可分な大きさがあるとするひとびとにも、上述の場合に劣らず、不可能なことが生じてくるのである。それらについては、すでに別の所で考察されている。[4] しかしながら、それらの困難[5]を解くよう試みなければならない。それゆえ、はじめからもう一度、問題点について語らなければならない。

さて、感覚されうる物体はすべてどの点においても分割されうるものでもあり、不可分なものでもあると

(1)三一六b五の「そのうえまた……」以下ここまでに関して――土や水、空気、火といった四元素の本来占める場所や、四元素の運動についてのアリストテレス説を援用することによって、ピロポノスやジョウアキム、トリコはこの(a)の部分を解釈しているが、それは間違いであることをセドリ(pp. 71–72)は指摘している。アリストテレスの助力を俟つまでもなく、大きさがそれらへと分割されたところの点たちはどこにあるのか、また、動くのか否かを、デモクリトスは単独で問いうるではないか、というのがセドリの主張である。(b)の部分についても同様に、ピロポノスやジョウアキム、ウィリアムズは、接触についてのアリストテレスの説を援用して解釈しているが、これも間違いである。なぜなら、大きさを諸々の接触へと分割するとしても、当の接触は、すでに一対のものの存在を前提することを、デモクリトスは単独で主張しうるではないか、というのがセドリの言い分である。

(2)ウィリアムズは三一六b九―一四のこの〈 〉の部分が省かれたならば、三一六b八―一九の内容が明確になるとして、その部分を括弧に入れている。

この部分がここにあると文意を妨げるとして、セドリ(pp. 72–73)は三一六b二七の「そして、このことがどうして可能であろうか(καὶ τοῦτο πῶς δυνατόν;)」の後へ移すべきだとしている。その理由として、(イ)その部分は三一六a三四―b五の「しかしまた……ばかげた結果になる」ですでに語られたことをおよそ繰り返していること、また、(ロ)その部分は二三頁註(2)に挙げたアトム擁護論の(b)の部分に入れられるのが相応しいことを主張している。

(3)ピロポノスやジョウアキム、ウィリアムズなどによって、歴史上のデモクリトス説の再構成はここ三一六b一六で終わり、次の段階から、アリストテレスによるアトム説批判が始まると解釈されてきた。しかし、セドリ(pp. 65–77)はこの解釈を斥ける。アトム擁護論は少し形態を変えて、三一六b三四まで続くのであり、アリストテレスによるアトム説批判が始まるのは、それ以後であるとする。なお、二三頁註(2)参照。

(4)『自然学』第六巻第一章二三一a二一以下参照。そこでは、連続的なものは不可分なものからは構成されないこと、したがってまた、線は不可分な点からは構成されないことが論じられている。

(5)大きさはあらゆる点で分割し尽くされるとすることによっても、また、不可分な大きさが存在するとすることによっても起きてくる困難。

いうことは、何らおかしなことではない。なぜなら、その物体にとって可分性は可能的にあることであり、分割されていないことは現実にあることだからである。しかし、物体があらゆる点において同時に分割されうるものであるということは、たとえ可能的にであるにせよ、ありえないことだと思われる。なぜなら、分割可能だとしたら[1]、そのことは現実に生じることになるだろうからである（この意味は、「分割されえないもの」と「分割されているもの」との両方が同時的に現実に生じるということではなくて、いかなる点においても分割されてしまっていることが現実に生じるということである）。すると、何も残ることなく、物体は物体ならざるものへと解消されてしまい、そして、この場合にもまた、物体は諸々の点から、あるいは、まったく何ものでもないものから成っていることになる。そして、このことがどうして可能であろうか[2]。しかし実際、物体は分割のたびごとに、次第に小さくなっていくところの、別々に分離される大きさへ、つまり、お互いから隔てられ、現実に分離されている大きさへと分けられることは明らかである。それゆえ、次第に分割していくとしても、細分化は無限にはいかないであろうし、あらゆる点で同時に分割されることもできなくて（なぜなら、それはありえないから）、むしろ、ある所まででであろう。それゆえ、見えないけれども、不可分な大きさが物体に内在しているのでなければならない[3]。生成と消滅があり、それぞれは結合と分離によってあるのだとすれば、とりわけそうでなければならない。

317a　さて、不可分な大きさが存在することを必然だとするように思われる説は以上のごとくである。しかし、このような説は気づかないままに誤りを犯していること、また、どこにその誤りが潜んでいるかを次に語ることとしよう[4]。すなわち、いかなる点も別の点には接続していないので[5]、「あらゆる点で分割されうるものだ」ということは、大きさについて、ある意味では成立するが、ある意味では成立しないのである。しかし、このこと［大きさがあらゆる点で分割されるということ］が措定されると、大きさのどこにおいても点があるばかりでなく、また、あらゆる所に点があり、その結果、大きさは何ものでもないものへと分割されなければならない、と考えられるようになる。なぜなら、あらゆる所に点があり、したがって、大きさは諸々の接触

(1)「可能だ」ということについて、一二三頁註（4）参照。

(2) 以前に〈 〉で示しておいた部分、三一六b九—一四をこの後へ移すのが適当であることをセドリは指摘している。二七頁註（2）参照。

(3) 窓から光線が差し込んで照らし出すまでは、塵は空中にあるように見えないが、しかし、存在するのと同様に。（ピロポノス p. 39）

(4) ジョウアキム（p. 84）は次のように指摘している。アリストテレスによると、アトミストたちはアトムが存在しなければならないと主張する。なぜなら、もしアトムが存在しなければ、物体はあらゆる点で（πάντῃ）分割され、その結果おかしなことになるからである。というのは、

B: あらゆる点で（πάντῃ）分割されうるものは　A: 点もしくは無に帰する

C: 物体は　（仮説により）　B: あらゆる点で分割されうるものである

∴ C: 物体は　A: 点もしくは無に帰する

からである。しかし、この推論は誤りである。というのは、Bで表わされる中項、「あらゆる点で分割されうるもの（πάντῃ διαιρετόν）」が曖昧だからである。それが「あらゆる点で同時に分割されうるもの」を意味するかぎり、大前提は真であるが、しかし、その意味では小前提は成立しない。しかし、それが、どこであろうと「あなたの欲するところのあらゆる点で次々と分割されうるもの」を意味するかぎり、小前提は真であるが、その意味では大前提は成立しない。

(5) 点と点の間には大きさがあるから。

(317a) あるいは点から成っていることになるからだ。しかし、あらゆる所に点があるということは、ある意味においてなのである。すなわち、［大きさの］どこにでも一つの点があり、一つ一つ別々に取っていけば、そのすべてが大きさのうちにある、という意味においてである。しかし、点たちは、大きさのどこにも、一つより多くは存在しない（なぜなら、点たちは接続していないからである）。したがって、大きさはあらゆる点で［同時に］(1)分割されるわけではない。さもなければ、もし中心の点で分割されうるならば、それに接続する点でも［同時に］分割されるであろうから。しかし、そのようなことはありえない。なぜなら、［幾何学上の］点は点に、あるいは［物体に関わる］点は点に接続していないからである(2)。そして、点は分割あるいは接合でもある(3)。

したがって、結合も分離もあるが(4)、しかし、不可分なものへの、あるいは、不可分なものからの分離や結合があるのでもなく（なぜなら、ありえないことが多く生じてくるから）、また、あらゆる点で［同時に］分割がなされるというのでもなくて（というのは、もし点が点に接続していたら、それも可能であっただろうが）、分割は次第に小さなものへとなされ、結合も、より小さなものからなされるのである(5)。

あるひとびとの主張では、端的で完全な生成［と消滅］は結合と分離で規定され、また、質的転化とは連続体のうちにある転化であるが、しかし、そういうことはない。すべての誤りが生じるのはそこにおいてで

(1) ピロポノス（p. 40）は「同時に（ἅμα）」を補うとよいとしている。

(2) 原文は οὐ γάρ ἐστιν ἐχόμενον σημεῖον σημείου ἢ στιγμὴ στιγμῆς. ジョウアキム（p. 86）は、σημεῖον と στιγμή の違いがもしこ

こで意図されていたのであれば、σημεῖον は空間や場所的な点と同様、時間的な今（τὸ νῦν）をも含む広義で用いられているとする（『自然学』第八巻第八章二六二b二一、二五、『天について』第一巻第十二章二八三a一一、一三）。ウィリアムズ（p. 74）は、両語は同義であり、この一文は冗長な言いまわしになっているとしているが、σημεῖον を position, στιγμή を point と訳している。セドリ（p. 78, n. 27）は両語を同義として ᾗ 以下の三語を訳出しないでおく。ミュグレル（p. 10, n. 1）は次のことを指摘している。アリストテレスは数学に関する諸言及においては、両語をほとんど同義として用いているが、しかし、目下の箇所では両語の意味は異なる。σημεῖον は幾何学的な点を意味するが、στιγμή の方は物体を物理的に分けるために、尖った器具で正確な印づけをする当の箇所のことである。

（3）分割も接合（接触）も分割点や接合点でなされる。したがって、その意味では点も分割も接合も同義である（三一六b七—八参照）。それゆえ、この一文は「点は点に接続していないのと同様、分割は分割に、あるいは、接合は接合に接続していないのだ」という意味。

（4）アトミストを含めて、多元論者は生成と消滅を結合と分離で説明したことへの言及。

（5）したがって、絶対的に不可分なものを想定する必要はない。

アリストテレスの観点からすれば、不可分な物体（アトム）の存在を措定するアトミストの根本的な誤りは、点が点に接続していると考えることにある。すなわち、(a) 点は点に接続している。(b) 大きさ（＝物体）はあらゆる点で同時に分割可能である。(c) したがって、あらゆる点での同時的分割で、大きさは諸々の点か無へ還元される。(d) しかし、大きさは点や無から成るはずがない。(e) したがって、大きさを構成するための終極的要素として不可分な物体がある。

これに対して、アリストテレスは(a)と(b)のもつ問題点を突くことで、アトムの存在を否定する。すなわち、(a′) 点は点に接続していない。したがって、点と点との間にはつねに或る大きさがある。(b′) あらゆる点で（πάντῃ）の分割はありうるとしても、アトミストの言うように、同時にではなく、次第に小さなものへと、順次継続的になされうるだけである。

ある。なぜなら、端的な生成や消滅は結合や分離によってあるのではなくて、むしろ、全体としてこのものからあのものへと転化するときにあるからだ[1]。これらのひとびとは、連続体における転化はすべて質的転化だと考えている[2]。しかし、違いがある。というのは、基体[3]のうちには、定義に相当するもの[4]と質料に相当するものがあるからだ。そこで、これらのものにおいて転化がある場合には、それは生成あるいは消滅であろう。しかし、転化が諸々の受動的性質においてあるならば、つまり、付帯的な仕方[5]であるならば、それは質的転化であろう[6]。

事物は分離されたり結合されたりすると、消滅しやすいものとなるのである。なぜなら、水はより小さい部分へ分けられると、より速く空気となり、結合されると、よりゆっくりと空気になるからである。しかし、そのことはわれわれの後の論[7]でもっと明らかにされるだろう。しかし、いまのところこれだけのことは規定されたとしよう。すなわち、生成とは、あるひとびとが主張しているような結合ではありえない。

第三章

これらのことが規定されたので[8]、まず第一に考察すべきは、端的に生成し、消滅するものがあるのか、それとも、厳密な意味で生成し消滅するものなど何もなくて、つねに、或るものが或るものから生じるのか——たとえば、病人から健康な者が、あるいは大きいものから小さいものが、また、小さいものから大きい
317b ものが、そして他のすべてのものもこのような仕方で生じるのか——ということである。なぜなら、端的な

生成があるとすれば、或るものがあらぬものから端的に生じることになり、したがって、或るものたちにつ

（1）生成は新たな実体の出現なのであって、アトミストの主張するような、不可分な物体の結合なのではない。しかし、アリストテレスの場合、生成は新たな実体の出現であるとしても、このことは、無からの生成を意味しない。新たな実体の出現には、第一質料の存続ということが前提されている。なお、第一質料については、二三頁註（5）および解説の五を参照。

（2）連続体、つまり物体における転化と対比されているのは、これまでに批判されてきたアトミストとの関連では、接合点や分割点でなされる転化、つまり、結合と分離による転化＝生成と消滅である。したがって、アトミストの場合、転化を次のように考えていることが指摘されている。

転化
- (a) 接合点・分割点でなされる転化＝結合と分離＝生成・消滅
- (b) 連続体（物体）においてなされる転化＝質的転化

（3）ここで基体とは連続体、物体、実体と見なされているもの。

（4）それの何であるかが問われた場合、その本質を表わす陳述に対応する要素、すなわち、形相。

（5）付帯的なものとは、事物にとって、そうあることもあらぬことも可能なもののこと（『トピカ』第一巻第五章一〇二b六―七参照）。したがって、事物にとってそのようなものに関して転化がある場合には、付帯的な仕方であることになる。

（6）三一七a二三の「というのは、基体の……」以下、ここまでで述べられている、生成と消滅、質的転化についてのアリストテレスの考え方は、前註（2）で挙げられた図式のうち、(a)を否定し、(b)の再分割で生成と消滅、質的転化の違いを説明するものである。

連続体における転化
- (イ) 基体の構成要素における転化＝形相と質料における転化＝生成・消滅＝全体としての転化
- (ロ) 基体の受動的な性質における転化＝質的転化

（7）本巻第十章三二八a二三―b二二。

（8）前章三一七a二三―二六で生成と消滅、質的転化について、名目上の定義が与えられたことを指す。

(317b)

いては、「あらぬものである」と語ることが真であることになるだろうからである。というのは、ある種の生成であれば、たとえば、白くないものから、あるいは、美しくないものから〔白いもの、あるいは、美しいものが生じる〕というように、ある種のあらぬものからであるが、端的な生成は「端的にあらぬもの」からであることになるからだ。

ところで、〔「端的にあらぬもの」からと言われる場合の〕「端的に」とは、(a) あるということのそれぞれの範疇において第一のもの[1]を指しているか、あるいは、(b) 普遍的なもの、つまり、すべてを包括しているものを指しているかである。そこでもし、(a)「端的に」ということが第一のものを指しているとするならば、〔端的な生成を認めるときには〕実体の生成は実体ではあらぬものからなされることになろう[2]。しかし、実体とか「このもの[3]」ということが帰属していないところのものには、諸他の範疇のうちのどれ一つとして帰属していないことは明らかである。たとえば、そのものには性質も量も場所も帰属していないことになる[4]（さもなければ、諸属性は実体を離れて存在するものだということになろう）。しかし他方、(b)〔端的にあらぬということが〕まったくあらぬものを指しているとするならば、一切のものについて普遍的な否定があることになり、生じるものは無から生じることになる[5]。

ところで、これらのことについては、他の議論の中で[6]もっと長々と問題とされもし、規定もされたけれども、しかし、いままた簡潔に述べられなければならない。すなわち、事物はある意味では端的にあらぬものから生じるのであるが、別の意味ではあるものからつねに生じるのである。なぜなら、可能的には存在するが、しかし、現実的には存在していないものが〔あるとあらぬの〕両方の仕方で語られるものとして、前もっ

(1) あるということのそれぞれの範疇とは、実体、量、性質以下、一〇の範疇である（『範疇論』第四章、『トピカ』第一巻第九章参照）。それぞれの範疇における第一のものとは、それぞれの範疇において最も普遍的なもの、つまり最高類を指している。たとえば、実体の範疇の場合であれば、個人―人間―動物―生物……実体というように、最高類は実体であり、性質の範疇の場合であれば、最高類は性質である。他の範疇におけるあるについても同様である。したがって、それぞれの範疇における第一のものは、一〇に分けられた範疇と名の点で一致する。

　実体範疇以外の範疇において存在するものは、すべての自らの存在を実体範疇における存在に依存している。

(2) アリストテレスは、端的な生成が実体についてあるのか否かを問題としている。もし実体が端的にあらぬものから生じるとすれば、端的にあらぬもの＝実体範疇における第一のものではあらぬもの＝実体ではあらぬものなので、実体は実体ではあらぬものから生じることになる。

(3) τόδε（アリストテレスにおいて一般に τόδε τι と言われるもの）。それにおいて、実体以外の範疇における諸属性が具体的に現実化しているところの当の個別的実体を指す。アリストテレスが『範疇論』で第一実体と呼ぶものであり、諸属性の基にあるものという意味で基体と呼ばれたり、形相（本質）と質料という要素から成るものという意味では合成体（σύνολον）と呼ばれたりする。

(4) 実体の生成が実体ではあらぬものからなされるとした場合、実体ではあらぬもの＝それについて、この特定のものとか実体とかと言われないもの＝それについては、もはや何らかの性質や量や場所その他もあらぬものであり、したがって、実体の生成は何でもないものから、すなわち、あらぬものからなされることになる。

(5)「端的にあらぬもの」が実体であらぬものを指すのではなくて、実体範疇をも含めて、一切の範疇における存在を否定したものを指しているとするならば、(a)の場合と同様、端的な生成は無からなされることになる。しかし、これは不可能である。

　なお、無からの生成はありえないことについては、『自然学』第一巻第四章一八七a二八―二九、第八章一九一b一三―一四参照。

(6) ピロポノス（p. 48）は『自然学』第一巻とし、また、多くの研究者は同書第一巻第六―九章としているが、アルグラ（p. 111）のように、同書第一巻第八章とするのがよいと考えられる。

て存在していなければならないからである[1]。

しかし、これらの区別がなされたとしても、途方もなく困難な問題があるので、もう一度調べてみなければならない。すなわち、たとえ可能的にあるものからであるにせよ、あるいは他のどんな仕方によってであるにせよ、そもそも端的な生成はどのようにしてあるのかというものである。というのは、性質や量や場所における生成ではなくて、実体の、つまりこの特定のものの生成はそもそもあるのかということを、ひとは問題とするだろうからである（消滅についても同様の仕方で問題とするであろう）。なぜなら、もし或るものが生じるとするならば、生成がそれからなされ、また、消滅するものがそれへと転化していくはずの或る種の実体が、現実的にではないが、可能的に存在するということは明らかだからである。その場合、諸他の範疇のうちの或るものが、可能的に存在するその実体に帰属しているのであろうか。私が言いたいのは、たとえば、可能的にのみこの特定のものとして存在しているのだが、しかし、端的にはこの特定のものでもなく、存在してもいないものが、そもそも、或る量や性質のものであったり、或る所にあったりすることができるのだろうかということである。というのは、(a)それら諸属性のどれ一つをも現実的にはもっていなくて、すべてを可能的にもっているのだとすれば、このような限定されていないものは、［諸属性を］離れて存在するものだということになるし、そのうえ、初期の哲学者たちが最も恐れ続けたこと、すなわち、生成するものは、あらかじめ存在するものが何もないのに、生じてきたことになるからである。また、(b)それが「特定のこのもの」、あるいは実体ではないのに、これまでに語られた諸属性のうちの或るものがそれについて存在するとすれば、すでに語られたように[2]、諸属性は実体を離れて存在するものであるという、おかしな結果になろう。
われわれはこれらの問題の解明にできるだけ努めなければならないが、また、(3)端的な生成にせよ部分的なそれ(4)にせよ、およそ、生成がつねにあるということの原因は何なのか、そのことの解明にも努めなければな
318a らない。原因のうちの一つは、運動の始源がそれからであるとわれわれの言うそれ(5)であり、一つは質料なので、この質料としての原因について語らなければならない。なぜなら、始動因については、以前に、運動に

---

(1) 無からは何も生じない。しかしまた、或るものが現実的に存在するならば、当の現実的にあるものは生成しようがない。というのは、すでに存在するのだから。

アリストテレスの場合、あるとあらぬとは、可能的にある、可能的にあらぬ、現実的にある、現実的にあらぬ、を意味する。したがって、いまの場合も、現実的にはあらぬが、しかし可能的にあるものから、現実的にあるものが生じるという仕方で、アリストテレスは問題を解決する。

『自然学』での論のこの簡潔な再論はしかし、実体の生成について前提されている基礎（basis）は、厳密には何であるか、不明のままであるとジョウアキム（p. 92）は言う。そして彼は次のことを指摘する。生成に関して前提されているその基礎（つまり、可能的には存在するが、現実的には存在しないもの）は、生成するものにとっての最近の質料についてか、あるいは、第一質料について妥当する。両方の解釈はこれまでのところ可能である。そして、もしアリストテレスの記述が『自然学』の適切な要約であるかぎり、両方の解釈は相互の補足において要請される。

ジョウアキムは端的な生成において前提される可能的存在を、生成するものにとっての最近の質料もしくは第一質料であることの可能性をここに明言している。なお、第一質料に関するジョウアキムの見解については、解説の五を参照されたい。

(2) 三一七b一〇—一一。

(3) 本章の冒頭で、第一に問題とすべきことが語られたが、以下で提出されるのが第二番目の問題。

(4) 実体の生成以外の、性質や量、場所における生成を指す。

(5) 始動因。

(318a) ついての議論の中で[1]次のように語られたからである。あるものは全時間にわたって不動なるもの［神］であり、あるものはつねに動いているもの［恒星天］である。これらのうち、不動なる始源について規定することは［自然学とは］別の、もっと先なる哲学のする仕事であるが[2]、連続的に動いているゆえに他のものを動かすもの[3]については、個別的に語られる諸原因[4]のうちのいずれがそのような原因であるか、後に[5]説かねばならない。しかし、いまのところ、質料の種[6]のうちに措かれたものとしての原因――自然［界］において、生成と消滅とがつねに絶えることがないのは質料のゆえである[7]――を語ることとしよう。なぜなら、そのこと[8]が明らかになるにつれて、当面の問題である端的な生成と消滅についても、いったいどのように語るべきかが同時に明らかになるだろうからである。

　消滅するものはあらぬものへと至るのであり、しかし、あらぬものは何ものでもないのだとすると（というのは、あらぬものは実体でもなければ、どのようなとか、どれだけのとか、どこにあるとも言えないものであるから）、生成が絶えないことの原因はいったい何なのかという問題は、十分むずかしいものである。そこでもし、存在するもののうちの或るものはあらぬものへと、つねに消え去るのだすれば、個々の生じるものの源が有限だとするかぎり、いったい何ゆえに、これまでに万有はなくなってしまわないのか[9]。なぜなら、生じてくるところの源が無尽蔵であるということのゆえに、生成が絶えないというわけではないからだ。それは不可能なことだからである。というのは、何ものも現実的に無限なのではなくて、分割において可能的に無限なのだから[10]。したがって、つねに、より小さいものが生じるという仕方によってのみ、そういう絶えることのない生成があるのでなければならないが、しかし、それは現にわれわれの観察しないところであ

(1)『自然学』第八巻第三章以下。とくに第六章二五八b一〇以下。
(2)『天について』第三巻第一章二九八b一九―二〇、『形而上学』E巻第一章一〇二六a一〇―三三参照。
(3)諸天球。
(4)ウィリアムズ(p. 82)の言うように五五個の天球(『形而上学』Λ巻第八章参照)を指す。
(5)第二巻第十章。
(6)質料一般を類として想定したうえで、実体の基にある質料を質料一般の種として捉えている。(ピロポノス p. 50)
(7)質料は可能的な存在なので、あるときには反対なものの一方を受容し、あるときは別の方を受容して、自然のうちにおいては尽きることのない生成と消滅の原因をなしている。(ピロポノス p. 50)
(8)自然界において、生成と消滅がつねに絶えることがないのはどうしてかということ。
(9)補註B参照。
(10)次の註はジョウアキム(p. 96)によるものである。
　アリストテレスは『自然学』第三巻第五章以下で、現実的な無限が存在しないことを示している。無限はつねに(物体や数、時間の)述語となるものである。無限は、与えられた有限な物体の分割の可能性とか、与えられた有限数への無限な付加の可能性においてである。しかし、この可能性は完全に実現されることはない。無限に多くの部分なり単位というものは現実には決してないのである。本文における「分割において可能的に無限なのだから」ということについては『自然学』第三巻第六章二〇六a九―b三三参照。アリストテレスはそこで、二つの補い合う意味で「可能的な無限」を認めている。「分割による無限」と「付加による無限」とである。両方の意味のうちには同じ原理が含まれている。あなたは与えられた有限な大きさを無限に分割していくことができる。というのは、不可分な大きさというものは存在しないからだ。たとえばもし所与の大きさを次々と二分していくならば、次々と半分を得ることになり、とどまるところなく小さくなっていく一連の切片($\frac{1}{2}$、$\frac{1}{4}$、$\frac{1}{8}$……)を得るであろうが、そのような分割は決して元の大きさを取り尽くしてしまうことはない。逆にまた、それらの小片のうちの一つから始めて、次々と分けられた一連のものを付加していっても、全体を構成することはできない。というのは、$1=\frac{1}{2}+\frac{1}{4}+\frac{1}{8}+\cdots\cdots$と無限に続くからである。

る。

それでは、このものの消滅は他のものの生成であり、このものの生成は他のものの消滅であるということのゆえに、転化は必然的に止むことがないのであろうか[1]。

ところで、存在する個々のものには、生成も消滅も同じようにあるということについては、上述のもの[2]が、すべてにとって十分な原因だと考えるべきである。しかし[3]、同じ一つの過程が、一方ではこのものの生成であるが、他方ではかのものの消滅であり、また、このものの消滅ではあるが、かのものの生成であるとするならば、いったい何ゆえに、或るものたちは端的に生成するとか消滅すると言われるのに、或るものたちは端的にはそう言われないのか、再度考察しなければならない。というのは、この問題は何らかの説明を求めているからである。

なぜなら、われわれは、(i)「このもの［が消滅し、他のものが生成する］」とのみ言わないで[4]、「或るものがいま消滅する」と、端的に言うからである。また、われわれは、［この転化は或るものの生成であり、別のものの消滅だとは言わないで］、「この転化は生成である」と端的に言い、また、［この転化は或るものの消滅であり、別のものの生成だとは言わないで］「この転化は消滅である」と端的に言う[5]。また、(ii)このものは或るものになるのであるが、端的に生成するわけではない。なぜなら、学習している者は知識ある者になる、とわれわれは言うが、端的に生成するとは言わないからである[6]。

---

(1) 一方の消滅は他方の生成である（逆も可）と言われている。　これは、アリストテレスによれば、絶えることのない生成に

ついて、差し当たり与えられうる根拠であると同時に、この章のはじめから提出されている難問、つまり、無からの生成や無への消滅ということを回避しつつ、端的な生成や消滅について解決を与える根拠となっている。たとえば、空気の生成は、可能的には空気であるところの水の消滅によってなされ、逆もまた可である。

しかし、問題は残る。というのは、一方の消滅は他方の生成であるとしても、両者に共通して存続する何ものかがなければ、他方の生成は無からなされたことになるからである。その存続する何ものかについては、第二巻第一章で、四元素をさらに根源的な要素に還元するときに、いわゆる第一質料として暗示されている。

(2)三一八a一以下で語られている質料因を指す。Aが消滅してBが生じる(たとえば水が消滅して空気が生じる)場合、AがBにとっての質料因と考えられている。しかし、前註に記したように、ものの究極的な質料は第一質料にまで還元されなければならない。

(3)本章はじめからの、端的な生成についての問題は三一八a二五までに差し当たり解決を見たのであるが、しかし、ここでまた新たな問題が提出される。それについての考察は三一九a一七まで続く。

(4)三一八a三二の *καὶ οὐ μόνον τοδί* をトリコ(p. 30, n. 1)に従って *καὶ οὐ μόνον* 〈*φθείρεται μέν*〉 *τοδί*, 〈*γίνεται δὲ τοδί*〉 の意味に解する。

(5)この一文の[ ]の中はトリコ(p. 30, n. 1)によって、意味上補う。なお、生成と消滅をめぐる事実と表現上の不一致に関して、(i)では主として実体に関して問題を指摘しているとトリコは言う。たとえば、ひとが死ぬ場合、「この者が亡くなって、このもの(屍)が生じた」と言うべきところを、「ひとが亡くなった」と端的に言う場合のごとく。

(6)ひとが知識ある者になる場合には、「そのひとは知識ある者になる」とわれわれは言うのに、ひとが生まれたのであれば「彼は端的に生成した」と言う。両方の場合、事態は同じなのであって、一方の生成を端的にと言うべきではない。というのは、ひとの生成は種子の消滅であり、知識ある者の生成は無知なるものの消滅なのだから。(トリコ p. 30, n. 2)

なお、トリコはこの(ii)の場合を、実体以外の範疇における生成の場合の、表現上の不一致と捉えているが、ピロポノス(p. 54)は、付加的限定のある実体の生成の場合の、表現上の不一致と捉えている。ジョウアキム(p. 98)は実体以外の範疇における生成をも含めた広義の生成への言及と解している。トリコのように、この(ii)を、はっきりと、実体以外の範疇における生成への言及と解しておく。

318b 〔i〕に関して[1]（a）あるものは「特定のこのもの（τόδε τι）」を指しているが、あるものはこのものを指してはいない[2]と言って、われわれはしばしば区別するが、この区別のゆえに、いま問い求められているようなことが生じてきているのである。なぜなら、転化するものが、それらへと転化していく当のそれらが異なるからである[3]。たとえば、おそらく、火への過程は端的な生成であるが、しかし、或るものの消滅[4]、たとえば土の消滅である。ところが、パルメニデスがあるものとあらぬもののそれぞれを火と土であると言いながら、二つのものについて語っているように[5]、土の生成は端的な生成ではなくて、ある種の生成であるが、しかし、端的な消滅、たとえば、火の消滅である。実のところ、火や土を想定するのであろうと、それらに類した他のものを想定するのであろうと、何ら異ならない。なぜなら、われわれの求めているのは生成と消滅の仕方であって、基体ではないからだ。そこで、端的にあらぬものへの過程は端的な消滅であり、端的にあるものへの過程は端的な生成である。転化していく先のものがそれらで規定されている当のものたちが、火や土であろうと、他のものであろうと、それらのうちの一方はあるものであり、他方はあらぬものである[6]。

一つの仕方では、端的な生成と消滅は、こういうことで端的でない生成や消滅と異なるのである。しかし、〔b〕他の仕方では転化するものの質料の点で、つまり、どのような質料であるかによって異なる。というのは、質料の諸々の差異がいっそう「特定のこのもの」を示すならば、より実体であり、欠如を示すならば、

（1）アリストテレスは以下三一九a三まで〔i〕における場合の表現上の不一致を説明する。その説明根拠は三つある。そして、それら三つの場合、端的な生成とある種の生成との間の区別は、転化における最近の質料の違いによる。（トリコ p.

30, n. 3)

(2)「このもの」とは、肯定的・積極的なものを指す。したがって、「このものを指していない」とは、否定的・消極的なものを指していることを意味する。ここの記述の背後には、ピュタゴラス派の双欄表（συστοιχία.『形而上学』A巻第五章九八六a二二以下参照）が想定されている。

(3) 端的な生成とある種の生成の最初の区別。実体的転化が肯定的・積極的なものへとなされるならば、端的な生成（および、ある種の消滅＝否定的・消極的なものの消滅）とわれわれは言う。もし、転化が否定的・消極的なものへなされるならば、ある種の生成（および、端的な消滅＝肯定的・積極的なものの消滅）とわれわれは言う。

(4) すなわち、ある種の消滅。

(5) 死すべき人間の思惑について述べる「断片」八（DK）の五一行目以下で、パルメニデスは天空の軽い火（光）と暗く重い夜について語っている。アリストテレス自らが、形相的で実在度の高いものとして捉える火と、質料的で実在度の低いものとして捉える土とをそれぞれ、パルメニデスの言う二つに重ねているのであろう。

(6) 以上の(a)に関して、次の要点で示されうる内容のことをピロポノス（p. 53）は述べている。

端的な生成と消滅、およびある種の生成と消滅との区別は、より形相的な実体と、より質料的な実体との区別を基準にしてなされている。

実体
- より形相的な実体の
  - 生成＝端的な生成
  - 消滅＝端的な消滅
- より質料的な実体の
  - 生成＝ある種の生成
  - 消滅＝ある種の消滅

その基準をパルメニデスの述べるところに適用すると、火はあるもの＝形相的なもの、土はあらぬもの＝質料的なものである。したがって、

- 火の
  - 生成＝端的な生成
  - 消滅＝端的な消滅
- 土の
  - 生成＝ある種の生成
  - 消滅＝ある種の消滅

また、その基準を単純物体と合成物体に適用すると、

- 合成物体の
  - 生成＝端的な生成
  - 消滅＝端的な消滅
- 単純物体の
  - 生成＝ある種の生成
  - 消滅＝ある種の消滅

あらぬものだからである。たとえば、熱は一種の肯定的なものであり形相であるが、冷たさは欠如である。土と火はこれらによって異なるのである[1]。

しかし、(c) 多くのひとびとには、その区別[2]はむしろ、感覚されるものとそうでないものとの違いによると思われている。なぜなら、事物が感覚されうる質料へと転化するときには、生成すると彼らは言い、明らかでない質料へと転化するときには、消滅すると言うからである。というのは、知られうるものはあるものであり、知られえないものはあらぬものであるのと同じように（なぜなら、感覚は知識の力をもっているから）、あるものとあらぬものとを、感覚されるか否かということで彼らは定めているからだ。そこで、感覚している、あるいは感覚することができるということでもって、自分たちは生きているとか存在していると彼らは考えるように、諸事物も感覚される、あるいは感覚されうることで存在していると考えているのである[3]。彼らにしても真実を追求しているのであるが、しかし、語っていることは真実ではない。

端的に生成すること、および端的に消滅することは、一般の見解による場合と真実による場合[4]とでは異なっている。なぜなら、感覚による場合には風や空気は実在度は低いが（それゆえ、端的に消滅するものは、それらへの転化でもって消滅するのだと彼らは言い、触れられうるもの、すなわち土へ転化するときには［端的に］生成すると言う）、しかし、真実には、風や空気の方が土よりもいっそう「特定のこのもの」であり、形相だからである。

さて、一方では[5]、端的な生成（ただし、それは或るものの消滅なのであるが）や消滅（ただし、それは或るものの生成なのであるが）があるのはどうしてなのか、その根拠はすでに述べられている（なぜなら、そ

319a の根拠は、転化がそれからなされ、また、それへと至るところの質料が実体であるか否か、あるいは、一方の質料はより実体であるが、他方はそうではないか、あるいは、一方の質料はより感覚されうるものであるが、他方はそうではないかということで異なるからである)。

〔ii に関して〕他方、あるものは端的に生成するが、あるものは単に或るものになる――しかも、われわれがいま述べたような仕方での相互からの生成によってではないのであるが――と言われることの根拠は(6)(な

(1) (b)では、端的な生成と消滅、ある種の生成と消滅に関する第二番目の区別が述べられている。ピロポノス(p. 53)によると、この区別は四三頁註(6)で記された「より質料的な実体、すなわち、単純物体そのものたちに適用される区別である。

区別の基準は単純物体を限定している性質(形相)が、肯定的なものか欠如的なものかということである。第二巻第三章三三〇b三―五で言われているように、火は熱と乾、土は冷と乾で限定され、冷は熱の欠如である。したがって、火の生成と消滅は端的な生成と消滅であり、土の生成と消滅はある種の生成と消滅である。

(2) 端的な生成や消滅とある種の生成や消滅との区別。

(3) ジョウアキム(p. 102)の言うように、彼らは、動物や人間が「存在することは感覚することである」という真実から、事物が「存在することは感覚されうることである」という誤った推理をしている。

(4) 先に三一八b一四―一八で(b)として挙げられた基準を示す。

(5) 次註参照。

(6)「他方、……ことの根拠は」は、三一八b三三―三五の「一方では、……その根拠がすでに述べられている」に対応している。したがって、ここの文章は、「他方、……ことの根拠は……である」という仕方で結ばれることが予想されるが、しかし、三一九a五以下一一まで、括弧内の長文が挿入されたので、文章の結びつきが崩れ、括弧の閉じられた段階で、括弧内で指摘された区別を指して、「それらの区別」(三一九a一一)が後続文の主語として措かれている。

(319a) ぜなら、いまこれだけのことは区別されているからである。すなわち、生成はすべて別のものの消滅であり、また、消滅はすべてある別のものの生成であるのに、生成および消滅はそもそも何ゆえに、互いに転化するものたちに同じように言われないのかということである。しかし、後で語られたこと[1]はそのことを難問として取り挙げないで、学習している者は端的に生成するとは言われずに、知識ある者になると言われるのに、生まれる者は生成すると言われるのはそもそも何ゆえなのかを問うているのである）、それらの区別は諸範疇でもって規定されているのである。なぜなら、あるものは「特定のこのもの［実体］」を指し、あるものは性質を、またあるものは何らかの量を指しているからである。そこで、実体を指していないものは端的に生成するとは言われないで、或るものになると言われるのである[2]。

しかし、それにもかかわらず、どの範疇における転化においても、同様に、［端的な］生成は一方の欄[3]に即して言われる。たとえば、実体の範疇において、火が生じるのであれば端的な生成と言われ、土が生じるのであればそうは言われない。しかし、性質の範疇における場合、知識ある者になるのであれば、端的な生成と言われるが、無知なる者になるのであれば、そうは言われない[4]。

あるものは端的に生成するが、あるものはそうではないということが、一般的な場合についても、実体そのもののうちにおける場合についても語られた。また、基体が、絶え間ない生成があることの、質料としての原因であることが語られた。なぜなら、質料は反対のものへと転化しうるものであり、実体に関しては、一方のものの生成はつねに他方のものの消滅であり、一方のものの消滅は別のものの生成だからである[5]。

事物は絶えず消滅していくのに、何ゆえに生成があるのかということを、たしかに問題とすべきではない。

なぜなら、感覚されえないものへ、すなわち、あらぬものへと消滅するときには、端的に消滅するとひとびとが言うように、感覚されえないものから生じてくるときには、あらぬものから生じるとひとびとは言うからである。[6] そこで、基体が何らかのものであろうとなかろうと、事物はあらぬもの[7]から生成するものである。したがって、事物はあらぬものから生成するのと同様、あらぬものへと消滅していくのである。それゆえ、もちろん、生成は絶えることがない。なぜなら、生成はあらぬもの[8]の消滅であり、消滅はあらぬものの生成

---

(1) 三一八a三三―三五で(ii)として言われたものを指す。

(2) つまり、実体に関する転化であれば、端的な生成、端的な消滅と言われるが、性質や量、場所のごとく、実体以外の範疇に属する転化であれば、ある種の生成、ある種の消滅と言われる。

(3) 肯定的・積極的なものを示す欄（συστοιχία）に入るものを指す。それに対立する仕方で分けられるものは、否定的・消極的なものである。アリストテレスはピュタゴラス派の双欄表（四三頁註（2）参照）に相当する、彼独自の双欄表を暗に認めていたものと考えられる。その場合、肯定欄に入るものは、たとえば一や存在、実体、善や美などであろう。なお、『形而上学』Γ巻第二章一〇〇四b二七、Λ巻第七章一〇七二a三一以下参照。

(4) この段階では、(i)で実体範疇における転化についてのみ言われる「端的な生成と消滅、ある種の生成と消滅」という二種を、他の範疇における転化すべてについて、類比的に語られることを指摘している。

(5) 『自然学』第三巻第八章二〇八a九―一〇参照。

(6) 三一八a一三―二三に対する答え。そこでの困難は、絶対的なあらぬから出発しては、生成の絶えないことを説明することは不可能であることに依っていた。実際、もしあらぬということが感覚されえないことを意味しているとしたら、困難は解消する。つまり、無からの生成も無への消滅もないのである。（トリコ p. 35, n. 4）

(7) 感覚されえないもの。

(8) 感覚されえないもの。

だからである。

しかし[1]、この端的にあらぬもの[2]は、反対のものたちの一方なのであろうか。たとえば、土、すなわち重いものはあらぬものであり、しかし、火、すなわち軽いものはあるものなのか。それとも、そうではなくて、土もあるものであって、あらぬものとは、土の場合にせよ火の場合にせよ同じように、それらの質料のことであるか。さらにまた、それらそれぞれの質料は異なっているのか。それとも、［異なったものである場合に
319b は］相互からの、あるいは反対のものからの生成はありえないのか（なぜなら、火土水空気にはそれぞれ反対のものたちが帰属しているからである）。あるいはむしろ[3]、質料はある意味では同じであるが、ある意味では異なるのか。なぜなら、反対のものたちの基にあるものとしては――それが何であるにせよ――同じであるが、あり方において異なる[4]からである。

それでは、以上の問題についてはこれだけにしておこう。

第四章

では次に、生成と質的転化について、それらがどのように異なるかを述べるとしよう[5]。なぜなら、われわれの主張では、これらの転化は異なるからである。ところで、ある基体が存在し、また、本来その基体について述べられる受動的性質が別のものとしてあり、しかも、基体と受動的性質のそれぞれについて転化があるので、基体が感覚されうるもの[6]として存続していて、その基体のうちにある諸々の受動的性質――それら

が反対のものであれ、〔反対のものたちの〕中間のものであれ――において転化する場合、質的転化があるのだ（たとえば、身体は健康であったり、また反対に、病気であったりするが、すくなくとも同じ身体として存続しているとか、青銅はときには丸く、ときには角張っていたりするが、(7)同じ青銅として存続するような場合である）。しかし、ある感覚されうるものが同じ基体として存続せずに、たとえば、精液がまるごと血

(1) ここから、三一九b四の「……異なるからである」まで、アリストテレスは第一質料の存在を認めていたのか否か、をめぐる問題との関連でいろいろ問題にされる箇所である。ここで言われている質料を、ジョウアキム（p. 104）、トリコ（p. 36, nn. 3–5）、ウィリアムズ（pp. 211–212）は第一質料を指すとしているが、まさにそのとおりであると考えられる。なお、解説の五を参照。

(2) 三一七b一五参照。一般のひとびとの見解では「感覚されえないもの」であるが、アリストテレスの見解では、実体の範疇において、現実的にはあらぬものであるが、しかし、可能的にはあるもの。

(3) チャールズ（pp. 151–169）は、「あるいはむしろ……」以下、「……異なるからである」まで（三一九b二―四）について考察し、アリストテレスにおける第一質料の意味を解明している。このことについては、解説の五を参照。

(4)「あり方」と訳した語は、τὸ εἶναι. 火の質料であることと、土の質料であることとは、思考の上で、あるいは、論理上異なるということ。

(5) 本巻第二章三一七a二〇―二七で述べられた質的転化と生成との区別が、この章ではもっと正確に述べられる。

(6)「基体が感覚されうるもの」であるとは、基体が質料と形相から成る合成体、つまり、具体的個物であり、実体であることを意味する。

(7)『範疇論』第八章八b二五―一〇a二六では性質について四つの分類がなされている。それらの一つに形状がある。したがっていまここでのように、形状の転化を質的転化とすることは可能であるが、これはむしろ例外であって、本書において質的転化と言われる場合、基本的には受動的性質における転化を指す。一一頁註（10）参照。

(319b)

液になるとか、水がまるごと空気になる、あるいは、空気がまるごと水になるように、全体として転化する場合には、このような転化はもはや生成であり、他方のものの消滅である。[1] たとえば、水が［空気から］生じたり、あるいは空気へと消滅していく場合のように、触覚によってにせよ、他のすべての感覚によってにせよ、転化が感覚されえないものから感覚されうるものへである場合には、とりわけそうである。なぜなら、空気は当然感覚されえないものだからである。

しかし、これらの転化において、反対対立をなすもののうちの或る受動的性質が、生じてくるものにとっても、消滅するものにとっても、同じものとして存続しているとしても（たとえば、空気から水が生じるとき、両者とも透明もしくは冷たい[2]とした場合）、転化していく先の別のものは、同一に存続しているものの受動的性質であると解してはならない。さもなければ、この転化は質的転化だということになろうからだ。

（1）三一九b一〇の「基体が感覚されうるものとして……」からここ（三一九b一八）までは、質的転化と生成との根本的な区別、および第一質料についての考えが表明されているとして注目される箇所である。論の骨子は次のものである。「基体が感覚されうるものとして存続していて、その基体のうちにある諸々の受動的性質（中略）において転化する場合、質的転化があるのだ。（中略）しかし、ある感覚されうるものが同じ基体として存続せずに（中略）全体として転化する場合には、このような転化はもはや生成であり、他方のものの消滅である」。

アリストテレスはここで、(a)「感覚されうるものが基体として存続する」質的転化を、(b)「感覚されうるものが同じ基体として存続しない」生成と対照させている。

そこで、ブランシュビック（pp. 41-42）は問う。(a)が容認された場合、(b)の本当の意味は(イ)「感覚されうるものは何も存続しない。だが、何らかの感覚されえないものは存続する」であろうか、それとも、(ロ)「基体の働きをするものはまったく何も存続しない」であろうか。これに対して彼は答える。(ロ)は排除されえないであろう。しかしそれならば、(イ)で言われているように、「何らかの感覚されえないものが存続する」とすれば、それは何かをわれわれはさらに問いうる。そして、その問いの延長上で、われわれはアリストテレスにおける第一質料に出合うであろうことを、ブランシュビックは指摘する。

なお、ピロポノス(p. 66)も(b)に関して(イ)の解釈を採り、生成を通じて感覚されえないものとして存続するものを質料、すなわち第一質料と解している。

(2)通例、アリストテレスでは、空気は熱と湿、水は冷と湿で規定される。したがって、空気から水への転化において、ここでのように、両者にとって同一に留まるものとは「透明」と「湿」でなければならない。

ピロポノス(p. 68)は *ἢ ψυχρά* の代わりに *ᾗ ψυχρά* と読んで、括弧の中の文を「……両者とも冷たいかぎりにおいて透明であるとするような場合」と解している。しかし、それにしても、正しくは *ἢ ὑγρά* とすべきであり、*ἢ ψυχρά* はおかしいので、アリストテレスは転化の例を土と水との関係で捉えることを予測したうえで、両者に共通の「冷」を挙げているのかも知れないとピロポノスは言う。転化が土と水との関係で捉えられるならば、同一に留まるのは「冷」である。

ウィリアムズ(p. 14)は *ἢ ψυχρά* の代わりに *ἢ* 〈*ὑγρά, ἀλλ' οὐ*〉 *ψυχρά* と読んでいる。

たとえば[1]、「音楽好きの人間」が消滅して「音楽好きでない人間」が生じてきたが、しかし、「人間」が同じものとして存続している場合をとりあげてみよう。そこでもし、「音楽好き」と「音楽好きでない」とが、基体である「人間」の自体的な属性ではないとするならば、「音楽好きでない」の生成と「音楽好き」の消滅があったであろう。しかし実際、これ〔すなわち、「音楽好き」と「音楽好きでない」〕は、基に存続しているもの〔すなわち「人間」〕の属性であるから（それゆえ、人間については、これらの転化は質的転化[2]であるが、他方、「音楽好きの人間」や「音楽好きでない人間」については生成と消滅があるのだ）、それゆえ、これらの転化は質的転化である。

そこで、反対対立をなしているものの間の転化が、量の点でおこなわれるならば、その転化は増大と減少であり、場所の点でならば移動、受動的性質すなわち質の点でおこなわれるならば質的転化であるが、しかし、対立する一方のものを、あるいは一般的に言って付帯的なものを、自らの受動的性質としているその当
320a のものが何も存続していない場合には[3]、その転化の一方は生成であり、他方は消滅である。

質料は、その最も優れた意味では、生成と消滅を受け容れる基体であるが、他の意味では、その他諸々の転化にとっての基体である。なぜなら、基体はすべて、ある種の反対なものたちを受け容れうるものだからである。

さて、生成について、また、質的転化についても、それらが存在するか否か、また、どのような仕方で存在するか、以上で規定されたとしよう。

(1) 以下、三一九b三一の「……質的転化である」までは理解しにくい箇所であるが、次のことを意味しているのであろう。

（対応）

空気→水 ……音楽好きの人間→音楽好きでない人間
透明　透明…… 人　間　　　人　間
熱→冷 ……音　楽　好　き→音楽好きでない

空気から水への転化においては、空気は消滅し、水は生成する。この場合、熱から冷への転化がなされ、その基に存続しているものは透明性である。したがって、質的転化は、存続しているものについて、それの属性が転ずるのだとすると、透明性について、熱から冷への転化は質的転化ではない。なぜなら、熱や冷は存続している透明性の自体的属性ではないからである。というのは、存続している透明性も、転化する熱と冷も、ともに、基体である空気や水の属性であり、したがって、熱や冷は透明性の自体的属性ではなくて、付帯的属性だからである。

しかし、「音楽好きの人間」から「音楽好きでない人間」への転化においてはどうか。この場合には、「音楽好き」から「音楽好きでない」への転化は、存続している人間について——前の例のごとく、透明性に対する熱や冷のごとき付帯的関係ではなくて——自体的な関係にあるものの転化であり、したがって質的転化である。

ここで、「音楽好き」や「音楽好きでない」が「人間」の自体的な属性と解されているのは、もっぱら、透明性に対して熱や冷は付帯的に関係することとの対比においてである。

(2) ジョウアキムは三一九b二九の πάθη を、『形而上学』Δ巻第二十一章一〇二二b一八に依って ἀλλοιώσεις の意味に解している。これに従う。

(3) すなわち、感覚されうる基体が何も存続していない場合には。

第五章

(320a) 成長[1]に関しては、生成や質的転化とはどのように異なるのか、また、個々の成長するものはどのような仕方で成長し、萎縮するものは何であれ、どのように萎縮するのかについて語ることが残っている。

そこで[2]、まず考察すべきは、生成と質的転化および成長が相互に異なるのは、ただ、転化の関わる領域の違いによるのか（たとえば、このものからあのものへの転化――つまり、可能的に存在する実体から現実的に存在する実体へというごとき――は生成であり、大きさに関わる転化は成長であり、受動的性質に関わる転化は質的転化であるというように。しかし、大きさと受動的性質に関わる二つの転化も、可能的に存在するものから現実態への転化である）、それとも、転化の仕方も異なるのかということである。

なぜなら、質的に転化するものは必ずしも場所の転化をするわけではないし、生成するものにしてもそうであるが、成長するものや萎縮するものは、移動するものとは異なった仕方においてではあるが、必ず場所的に転化するのは明らかだからである。なぜなら、移動するものは、全体として場所を換えるが、成長するものは、ちょうど、打ち延ばされる金属のようなものだからである[3]。というのは成長するものは［全体としては］留まっていて、部分が場所的に転化するのであるが、［固定された位置で回転している］球の部分のような仕方で場所的に転化するわけではないからだ。なぜなら、球の場合には全体が等量の場所のうちに留まっていて、部分が場所を換えるのであるが、成長するものの部分は、いつも、より大きい場所へ、また、萎縮するものの部分は、より小さい場所へと転化するからである。そこで、生成するものや質的転化をするもの、成長するものの転化は、それらの関わる領域の点で異なるばかりでなく、どのように転化するかということにおいても異なることは明らかである。

　成長および萎縮という転化が関わるところのもの[4]（成長することと萎縮することとは、大きさに関わると思われている）[5]について、どのように理解すべきなのであろうか。[6] (1)可能的には大きさであり物体であるが、現実的には非物体であり、大きさのないものから、物体や大きさが生じてくると解すべきなのか。しか

（1）五頁註（6）参照。

（2）以下、三二〇b三四までを、内容的に見て、本章を形成する第一部、それ以下を第二部と見なすことができる。

（3）成長や萎縮するものは三つの次元のすべてにおいて拡大あるいは縮小するが、打ち延ばされる金属は二つの次元での拡大なので、この比喩は不正確であろう。

　なお、『自然学』第四巻第四章二一一a一二―一七、第六章二一三b五では、移動は場所的運動の一種であり、成長と萎縮も、もう一つの種だと言われている。

（4）成長の場合、成長するものと、それによって成長する当の栄養分との両者が存在する。それゆえ、以下三二〇b三四まで、成長に関してアリストテレスが質料と言うとき、いずれの質料をも指すのであるが、ときにより、成長するものの質料を指したり、栄養分におけるそれを指したりして、強調点が異なる。（ジョウアキム p. 113, コウド p. 174）

（5）このことはすでに、三二〇a一四で言われている。

（6）言い換えれば、どのようにして成長はもたらされるのか。これは、この章のはじめから提出されている問題である。それゆえ、アリストテレスは三二〇b三四まで、成長するものの本性について考察しようとする。成長するものは現実的に存在している大きさである。それによって成長するところのそれも現実的に存在する大きさである。しかし、一方も他方も、ある仕方では同様に、可能的に存在しているものである。（トリコ p. 42, n. 2）

も、このものは二様の意味で解されるので、いずれの仕方で成長は生じるのであろうか。それから成長が生 320b じてくるところのその質料は(a)［物体や大きさを］離れたものであって、それ自体で存在しているのか、それとも、(b)他の物体に内在しているのか。あるいは、これらいずれのあり方も不可能なのだろうか。なぜなら、(a)もしその質料が離れたものであるとすると、それは(イ)いかなる場所も占めていないか（たとえば、点のように）、あるいは、(ロ)それは空虚[1]であって、感覚されえない物体であることになろうからである。これらのうち、(イ)の方は不可能であるし、(ロ)だとすると［空虚で感覚されえない］その質料は、当然、他の物体のうちに含まれていることになる。なぜなら、その質料から生じるものは、つねに、ある所に存在していることになるであろうが、したがって、その質料も自体的にせよ付帯的にせよ、ある所に存在することになるからである。しかしまた、(b)他の物体に内在しているとしても、もし、それを内在せしめているものに、自体的にせよ付帯的にせよ、属さないというような仕方で離存的にあるならば[2]、この場合にも多くの不可能なことが生じてくるであろう。私の言うのは、たとえば、水から空気が生じる場合、水が転化して、そこから空気が生じたのではなくて、ちょうど器の中にあるように、水の中に空気の質料が入っているがためであるとするような場合である。［しかしそれは不可能である。］というのは、空気の質料が無限に多く水の中にあることは何の妨げもないことになるし[3]、したがってまた、無限量の空気が現実的に生じてくることになるからである。さらにまた、水から空気が生じる場合、明らかに水がそのまま留まっていて、そこから空気が出ていくのではないからである。

そこで、(2)すべての場合にわたって[4]、［それから成長が生じてくるその］質料は、［それを含んでいる物体と］数的に[5]は同じ一つのものとして分離されえないが、定義の上では一つではない[6]とするのがよりすぐれている。しかしまた、点も線も、同じ理由によって、物体の質料であるとすべきではない[7]。これら点や線がそれの極端であるところのその当のものが［成長するものの］質料なのであって質料は受動的性質や形なしでは存在しえないのである。

そこで、すでに別の所で規定されたように[8]、あるものが別の［現実態にある］ものから端的に[9]生じうる。

（1）空虚については『自然学』第四巻第六章二一三a二七—三一、二一三b三一—二一四a一一参照。なお、アリストテレスは空虚の存在を認めない。

（2）その質料が、その質料を内在せしめている当のものにとって、それの部分でもなく、それの何ものでもないものとしてあるならば、ということ。

（3）なぜなら、水の中に含まれている空気の質料は非物体で大きさのない独立したものとして想定されているので、空気の質料の量を限定するものは何もないからである。

（4）ジョウアキム（p. 117）は「生成のあらゆる場合において」の意味だとし、トリコ（p. 44, n. 3）は「成長のあらゆる場合において」の意味だとしている。いずれとも解することができる。

（5）「基体の点で」の意味。三一九b三—四参照。

（6）たとえば、水から空気が生じるような場合、水は空気の質料であり、その場合、水であることと空気の質料であることとは定義の上で異なるように。（ピロポノス p. 81）

（7）アリストテレスがこのように言う背景には、物体を面から成るとするひとびとに対する批判がある。『天について』第三巻第一章二九九a六以下では、物体を面から成るとすることも、面を線から、線を点から成るとすることも同じ理屈だと言われている。

（8）『形而上学』Z巻第七章はじめ、および『自然学』第一巻第七章参照。

（9）「端的に」とは、「適切な意味で」あるいは「一般的に」の意味である。（ピロポノス p. 83）

そして、同類のものによってにせよ同種のものによってにせよ、現実的に存在する或るもの[1]によってか（たとえば、火は火によって、あるいは人間は人間によって）、あるいは現実態[2]によって生じるのである[3]。

物体的実体を構成している質料が存在し、その質料はすでに、これこれの、として限定された物体の質料であり（なぜなら、共通的な物体というものは存在しないから）、その同じ質料が大きさや受動的性質の［基にある］質料でもあるので、諸属性が自分たちだけで［その質料を］離れて存在するのではないかぎり、その質料は定義の上で分離されうるだけであって、場所的に分離されているわけではない[4]。

以上問題にされたさまざまなこと[5]から、成長とは、可能的には大きさであるが、現実的には何らの大きさももたないものからの転化ではないことは明らかである。さもなければ、空虚なるものが離れたものとして存在することになろうが[6]、しかし、これが不可能であることは、別の議論の中で[7]先に述べられた。さらに、この種の転化は成長に固有なのではなく、むしろ端的な生成に固有の転化である。なぜなら、成長はすでに実在している大きさの増進であり、萎縮はそれの減退だからである（それゆえ、成長するものはすでに何らかの大きさをもっているのでなければならない）。したがって、成長は大きさのない質料から、現実的な大きさへとなされるのであってはならない。さもなければ、物体の生成であって、成長ではないからである。

では[8]、むしろはじめから探究を企てるつもりで、われわれがそれの原因を求めているところの、成長するとか萎縮するということが、どのような性質のものであるか、把握しなければならない。実際、(1)ものが成長するときには、明らかにそれのどの部分も増大し、また萎縮するときには、それのどの部分も減少する。(2)また明らかに、あるものが付け加わって成長し、離れ去ることによって萎縮する[9]。

ところで、ものは(a)非物体によって成長するか、(b)物体によって成長するかのいずれかでなければなら

(1) 始動因を指す。アリストテレスは生成の質料についてこれまで述べたので、いまここで、一般に始動因に関することについて言及したのである。

(2) 技術によって生じるものの場合、製作されるものの形相は、技術者の心の中にあらかじめある。その形相がここでは現実態（*ἐντελέχεια*）という言葉で表わされている。

(3) 三二〇b一九—二一の文章はくずれている。したがって、ジョウアキムやウィリアムズは三二〇b二一の *ἀκληρὸν γὰρ οὐχ ὑπὸ ἀκληροῦ γίνεται* を削除すべく括弧で括っている。それゆえ、その一文を読まないこととする。
　しかし、トリコ（p. 45, n. 1）はその一文を三二〇b一九の *ὁμογενοῦς* の後に移し替えた読みを提案している。

(4) この段落では次のことが言われている。
　実体は大きさにおける転化（成長）もするし、質的転化もする。この場合、実体を構成している質料は、大きさや性質の基にある質料と同じものである。実体の質料であること、大きさの基にある質料であること、性質の基にある質料であることはそれぞれ、定義（論理・思考）の上で異なるだけである。

(5) 三二〇a二七—b一二参照。（ジョウアキム p. 121, トリコ p. 45, n. 3）

(6) Aという量をもった成長するものが、もし、大きさをもたなくて、可能的に存在するものによって、Axだけの量になるのだとすれば、x分の量は前もって空虚として存在しなければならないことになるが、しかし、これは不可能。（ピロポノス pp. 85-86）

(7)『自然学』第四巻第六—九章参照。

(8) 五五頁註（2）参照。

(9) これらは成長（および萎縮）に関する二つの条件である。第三番目の条件は後に加わる。そして、三つの条件はまとめて三二一a一八—二二で提示される。

(321a) ない。そこでもし、(a) 非物体によってであるとすると、離存する空虚があることになろう。[1] しかし、すでに以前に語られたように[2]、大きさの質料が離れて[3]あることは不可能である。しかし、(b) もし物体によって成長するのだとすると、成長するものと、成長させるもの［栄養物］という二つの物体が同じ場所にあることになるが、しかしこのことも不可能である。[4]

　しかしまた、水から空気が生じる場合、嵩は増大するのであるから、成長や萎縮もこのような仕方でおこなわれるのだ、と主張することも不可能である。なぜなら、この転化は成長ではなくて、一方では、それへと転化がなされる当のものの生成であり、他方、それに対するものの消滅であって、いずれのものの増大でもないからである。すなわち、何ものも増大しないか、あるいは、生成するものと消滅するものとの両者に何か共通するもの、たとえば物体というものがあるとすれば、それの増大であることになろう。[5] しかし、水も空気も増大しなくて、一方は消滅し他方は生成したのである。もし増大がおこなわれたとすれば、かの物体が増大したのである。しかし、これは不可能である。なぜなら、われわれは増大［成長］するもの、および減少［萎縮］するものに関する説明の上で、実際に存在する事態を守らなければならないからである。

　それらは三つある。[6] (1) その一つは、成長するものの大きさのどの部分もより大きくなっていなければならず——たとえば、肉が成長するのであれば、以前の肉よりも大きくなっていなければならない——、また、(2) あるものが付け加わって大きくなるのでなければならず (3) 成長するものが維持され、存続していて成長するのでなければならない。というのは、あるものが端的に生じるとか消滅するという場合には、何も存続していないが[7]、しかし、質的転化や成長、萎縮においては、成長するものあるいは質的転化をするものは、

(1)このことの理由をピロポノス(p. 89)は次のように述べている。「なぜなら、成長するものがそれでもって成長するところのものは非物体なので、広がりのうちにはないと考えられるのに、成長するものは広がりを獲得することになるからである。それゆえ、その広がりは成長するものによって占められる以前には、物体を離れた空虚なるものであることは明らかである」。

(2)三二〇a二七—b一二。

(3)すなわち、物体から離れて。

(4)『自然学』第四巻第六章二一三b一八—二〇で、二つの物体が同じ一つ所に同時に存在することはできないということのゆえに、成長は、成長するものの内部にある隙間あるいは通孔を通してなされると考えるひとびとのいることを、アリストテレスは指摘している。

二つの物体が同じ一つ所にありえないということは、いま、アリストテレスの前に深刻な問題として立ち塞がっている。すなわち、成長とはすぐ前(三二一a二—五)に(1)、(2)として述べられた性質(成長が成立するための条件)のものであるとした場合、そのことは、「二つの物体が同じ所にあることが可能」ということを前提としているのではないか。もし、二つの物体が同じ所にありえないとしたら、(1)、(2)の性質を具えたものとしての成長はいかにして成立しうるのか。しかし、この問題は当面放置されたままで、以後、いくつかの予備的考察の後、三二一b一〇以下で解明される。六五頁註(8)参照。

(5)水が空気に転化する場合、嵩の増大は、水と空気に共通して存続している物体の増大によるというようにアリストテレスは仮定している。しかし、その共通して存続する物体は現実的に存在する物体ではないし、また、第一質料でもないので、ここに仮定されている事態そのものは否定されることになる。(ジョウアキム pp. 125-126)

(6)以下、成長するものについて、実際に存在する事態、あるいは、成長があるために充たすべき条件が三つ挙げられる。これらのうち、二つはすでに三二一a二以下で挙げられている。そして、いま、第三番目の条件が加えられる。

(7)これは、「感覚されうるものとしては何も存続していないが」の意味である。なぜなら、或るものBの生成は、つねに、別のものAの消滅を伴うという仕方で生成はおこなわれるが、しかし、無からの生成はありえないので、消滅するAと生成するBとの間には、感覚されえないが、しかし存続するものがなければならないからである。それは第一質料である。なお五〇頁註(1)参照。

同じものとして存続しているのである――ただし、質的転化をするものの場合には、受動的性質は同じものとして存続せず、他方、成長するものの場合には、大きさは同じものとして留まらないのであるが――。

そこで、先に語られた転化〔水からの空気の生成〕が増大〔成長〕であるならば、何も付け加わりもせず、また何も存続してもいないのに、増大が可能だということになり、また何も離れ去らないのに減少〔萎縮〕し、増大する当のものも存続しないことが可能だということになろう。しかし、このこと[1]〔成長ということが充たすべき⑴―⑶の条件〕は守らなければならない。なぜなら、成長とはそのようなことだと措定されているからである。

しかしまた、次のような問いも提出されるであろう。成長するのはいずれなのか、つまり何ものかが付加されるところの当のものは成長するが――たとえば、ひとが脛の点で成長するとすれば、脛はより大きくなるように――、しかし、それでもって成長する当の栄養分は成長しないのか、と。ではその場合、何ゆえに両者が成長するわけではないのか。というのは、酒を水に混ぜる場合だと、加えられる当のもの〔酒〕と、それに加えられるその当のもの〔水〕とがより大きくなるからだ。なぜなら、それぞれが同じように多量になるからである。それとも、一方のもの[2]の実体は存続するが、他方のものの、たとえば、栄養分の実体は存続しないから、〔脛の方が〕成長するのだろうか。なぜなら、酒と水の場合でも、酒が多くなると言われるよ
321b うに、混合において優位を占める成分が増大すると言われるからだ。というのは、その混合物全体は水の働きではなくて、酒の働きをするからである。

質的転化の場合も同様で、肉は肉のままにその本質が存続していて、肉の自体的な諸属性[3]のうち、以前に

はなかった或るものが存在するようになれば、その肉は質的転化をしているのである。しかし、それでもって或るものが質的転化をするその当のもの[4]は、ときとして何ら転化を被らない場合もあれば、また、そのものさえも転化を被る場合もある[5]。しかし、質的転化をさせるもの、すなわち、運動の始源[6]は、成長するものや質的転化をするもののうちにある（なぜなら、動かすものはそれらのうちにあるからだ）。というのは、摂取されるものもときとして、その摂取されるものから受益する身体と同様、より大きくなる場合もあるが――たとえば、摂取されるものが気息となるように[7]――、しかし、摂取されるものは摂取されると消滅してしまい、動かすものはそのもののうちにはないからである。

（1）ジョウアキム（p. 125）は三二一a二九の *τοῦτο* は、*τὸ ὑπομένειν τὸ αὐξανόμενον* すなわち、成長ということが充たすべき(3)の条件を指すとしている。ピロポノス（p. 45）は *τοῦτο* の代わりに *ταῦτα* を読み、成長のための(1)―(3)の条件を指すと解している。ミュグレル（p. 22）は *τοῦτο* を読み、かつ、(1)―(3)の条件を指すと解している。ミュグレルに従う。

（2）脛。

（3）五三頁註（1）参照。

（4）質的転化がそれによってなされるその当の触発者。成長の場合の栄養分に相当。

（5）「それによって或るものが質的転化をするその当のもの」に関する、ここでの二つの違いについては、受作用者から最も遠く離れてある第一の作用者と、受作用者に最も近い作用者について述べられている、本巻第七章三二四a二四―b二二参照。

（6）栄養摂取的魂が考えられている。

（7）われわれが生来もっている気息（*ἔμφυτον πνεῦμα* あるいは *σύμφυτον πνεῦμα*）の維持と増大のことをアリストテレスは考えているのかも知れないことを、ジョウアキム（p. 127）は指摘している。なお、『気息について』第一章参照。

(321b)

それらのことに[1]ついては、問題として十分に論じられたので、困難[2]の解決を見出すべく試みなければならない。その場合、われわれの守らなければならないのは次のことである。(i)成長するものが存続していて、しかも(ii)あるものが付け加わって成長するのだということ、また、或るものが離れ去ることで萎縮するのだということ、さらに、(iii)感覚されうるどの点でも大きくなるか小さくなるのだということを守らなければならない[3]。また、〔成長する〕物体は空虚なるものでないこと[4]、同一の場所に二つの大きさ〔すなわち物体〕が存在しないこと、また、非物体によっては成長しないこと、これらのことも踏まえなければならない。

　われわれは成長の原因を規定しようとしているのであるが、そのためには次のことを把握しておくべきである。まず、(a)その一つは、同質体[5]〔組織〕が成長することによって、非同質体〔器官〕が成長するのであること（なぜなら、非同質体のそれぞれは、同質体から構成されているからである）、次に、(b)質料のうちに形相をもっている他のものたちと同様、肉や骨およびこれらに類した諸部分のそれぞれは、二様の意味のものだということである。なぜなら、〔肉や骨の〕質料も形相も肉とか骨と言われるからである[6]。

　そこで、あるものが付け加わることによって、どの部分も成長するということは、形相の点では可能であるが、しかし、質料の点では可能だというわけではない。なぜなら、〔絶えず流れ来る〕水を同じ計量器で計るような具合なのだと考えるべきだからである。というのは、やって来るものはその都度別のものだからである[7]。このようにして肉の質料は成長するのであるが、〔新たな質料は〕肉のどの部分にもすべて等しく付け加わるというわけではなくて、あるものは過ぎ去り、あるものは付け加わる。しかし、肉の型とか形相に関しては、どの部分にも付け加わるのである[8]。たとえば、手のような同質体ではない身体的部分について見れ

(1) 三二一a一—二の「成長とか萎縮がどのような性質のものであるか」、および、三二一a二〇—三二の「成長するのはいずれなのか……」という問題を指す。ただしこれらの問題も、本章のはじめ三二〇a八—一〇の再論である。

(2) 六一頁註（4）参照。

(3) これら(i)—(iii)は、成長（および萎縮）が成立するための条件としてすでに三二一a一八—二二で挙げられたものである。ただし、そこにおける(1)—(3)とは順序が入れ代わっていることに注意する必要がある。

(4) 六一頁註（1）参照。

(5) 九頁註（2）参照

(6) すぐ前に(i)—(iii)およびその他挙げられた条件を守りつつ、さらにいま(a)、(b)として挙げられたことを踏まえて、同質体の成長について解明しようとする。この解明に当たって、肉や骨などの同質体を、形相および質料という二つの観点から把えることを出発点とする。

　なお、対象を形相と質料の二つの観点から捉える方法は、アリストテレス哲学における根本原理の一つである、「形相と質料という区別はあらゆる類において存在する」（『天について』第四巻第五章三一二a一三—一四）に基づく。

(7) ジョウアキム（p. 130）は流れ来る水を計る器具を、両切りの皮袋に喩えている。その皮袋は、それを通過する水量（組織の成長と萎縮）に応じて自在に拡大されたり縮小されたりする。

(8) 成長するものについて、存続しているものは、形相と質料のうち、形相の方である。したがって、三二一b一二—一五において、成長に関する三条件として挙げられた(i)—(iii)のうち、(i)と(iii)の条件を充たすのは成長するものの形相であり、(ii)の条件を充たす「つけ加わるもの」は、成長するものの質料としての栄養分である。したがって、六一頁註(4)において指摘されていた、成長に関する難問も、ここに解決されたと見なされている。

　その難問とは、成長に関する条件(1)（これは(iii)に対応）および(2)（これは(ii)に対応）を守りつつ、「二つの物体が同じ一つ所にありえない」という原則をも守らなければならないというものであった。アリストテレスは、(1)の条件を成長するものの形相へ、(2)の条件を質料へ振り分けることで、成長に関して「二つの物体が同じ一つ所にありえない」という原則も、それら二つの条件と同時に成立していると見なしている。なお、六一頁註（4）、本頁前註（3）参照。

ば、均衡を保って成長するのだということは明らかである。なぜなら、質料は形相とは異なるということは、肉とか同質体の場合よりは、手の場合の方がいっそうはっきりしているからである。それゆえまた、ひとが死んだ場合でも、手とか腕よりも肉や骨の方が後まで残ると思われがちなのである。したがって、ある意味では肉のどの部分も成長するのであるが、ある意味ではそうではない。というのは、形相の点ではどの部分にも付け加えられたのであるが、質料という点からするとそうではないからである。

しかし、栄養分と呼ばれる、何らかの反対のものが付加され、同じ形相へと転化して全体がより大きく
322a なったのである。たとえば、湿ったものが乾いたものへとやって来て付け加わり、転化して乾いたものとなったのだ。というのは、ある意味では似たものは似たものによって成長するが、ある意味では似ていないものによって成長するからである。[1]

しかし、ものがそれでもって成長するその当のものとはどのようなものであるか、ひとは問題とするかも知れない。それは、可能的には、成長するもののごとき性質のものであることは明らかである。たとえば、［成長するものが］肉である場合には、それでもって成長するその当のものは可能的には肉である。それゆえ、現実的には肉とは異なるものである。その異なるものが消滅して肉となったのだ。しかし、その異なるものがそれ自体で肉となったのではなくて（さもなければ、成長ではなくて、生成であることになるから）、その異なるものでもって、成長するものが［より多くの］[2]肉となったものである。

では、それ［栄養分］は成長するものによって何を被ることで肉となったのか。[3]ひとが水を酒に注ぐ場合、酒は混合された水を酒にすることができるように、［成長するものと］混合されてであろう。そして、火が可

燃物に触れてそれを現実的な火となしたように、現実的な成長する肉に内在しているところの、成長を司るものが(4)、可能的に肉である付加物に触れて、それを現実的な肉としたのである。この場合には、可能的に肉である付加物は成長するものと一緒にある。というのは、離れてあるとすれば、その転化は生成であることになるからだ。なぜなら、このようにして、すでにある火に木材を焼べることで火を造ることができるからである。そして、このようにすれば火の成長があることになるが、しかし、木材そのものに火がつけられた場合には、火の生成がある。

しかし(5)、[成長において量が増すとはいえ] 普遍的な量というものが生じてくるわけではない。それはちょうど、動物の場合であれば、人間でもなければ個別的な何ものでもないような動物というものが生じてくるの

(1) 栄養分は成長するものへ付加される前は、成長するものとは可能的に似ているが、現実的には似ていない。付加されるとともに成長するものへと同化される。なお、『魂について』第二巻第四章四一六a二九—三四参照。

(2) コウド (p. 190) に倣って括弧の中を補って読む。現実的にすでにあるところの成長する肉は、その肉とは異なる栄養分を、魂の機能の一つである栄養摂取能力によって肉へと同化し、その結果、成長する肉はより多量のものとなる。

(3) 三二二a八の *παθόν* の主語は三二二a四—五の「ものがそれでもって成長するその当のもの (*τῷ αὐξάνεται*)」、つまり栄養分。三二二a九の *ηὐξήθη* をジョウアキム (pp. 132–133) によって削除。これを削除しない読み方もジョウアキムは提示しているが、しかし彼の言うように、削除するのが最も簡潔な修正である。

(4) *αὐξητικόν*. 成長を司る能力＝栄養摂取能力。

(5) 以下、三二二a二八までは、栄養摂取(生命の維持)と成長とを論理的に分けるための考察である。魂の同じ部分が生命の維持と身体の成長の両方を司るが、では、両者はどのように異なるかをアリストテレスは論じる。

(322a)

ではないのと同様である（この場合の普遍的な動物は先の場合の量に相当する）。［成長に際しては］肉とか骨、あるいは手や腕およびこれらを構成する同質体が生じてくるのであるが、ある量のものが加わることによって成長するのであって、ある量の肉が加わることによってではない。そこで、[1]［栄養分が］可能的に両者であるかぎりにおいて、たとえば、ある量の肉であるかぎりにおいて、それによって成長させるのであるが（というのは、ある量の、しかも、肉とならなければならないからだ）、しかし、単に可能的に肉であるかぎりにおいては、養う［つまり、栄養分となる］だけである。というのは、栄養摂取と成長とが定義の上で異なる理由もそこにあるからだ[2]。それゆえ、生きている間は、たとえ萎縮していっても養われるのであるが、しかし、いつも成長しているというわけではない。そして、栄養摂取は成長と同じものであるが、そのあり方が異なるのだ。なぜなら、付け加わってくるものが可能的にある量の肉であるかぎりにおいて、そのことによって肉の成長を促すものであるが、可能的に［ある量のという限定抜きの］単なる肉であるかぎりにおいて、栄養分だからである[3]。

また、この形相[4]はいわば導管[5]のように、質料に内在している一種の力である。そこでもし、可能的には導

(1) 以下、三二二a二八までに関して、『魂について』第二巻第四章四一六a一九―b三参照。

(2) ピロポノス（p. 120）は次のように言う。

パンであれ他の何であれ、近づいて来る栄養分は、可能的には、それが近づいていくところのもの、たとえば肉であり、またある量のものである。それゆえ、栄養分は可能的に肉であり、ある量の肉である。栄養分は可能的にこれら両者であるので、現実的なものへと転化するとき、肉として現実化するかぎり、それは肉となったのであるが、しかし成長をもたらしたわけではない。というのは、養うことは形相の維持で

あるが、しかし成長は形相を増大せしめることだからである。それゆえ、栄養摂取と成長とは、基体の点においては同じなのだが（というのは、養うものと成長をもたらすものとは基体において同じだからである）、しかし定義において異なるものである。というのは、栄養分にとって、可能的に肉であることと、可能的に或る量であることとは異なるからである。

(3) ピロポノス（p. 121）による次の記述が参考になる。

(イ) 栄養分の流入量と流出量とが等しい場合＝栄養摂取

(ロ) 流入量が流出量より多い場合　＝栄養摂取と成長

(ハ) 流入量が流出量より少ない場合　＝栄養摂取と萎縮

(4)「この形相」ということで、ジョウアキム（p. 135）は三二一b二二—三四で言われている形相のことを指すと考えている。それはものの型という意味での形相である。トリコ（p. 55, n. 1）は成長を司る魂（ψυχὴ αὐξητική）を意味すると解している。

(5)「導管」の原語は αὐλός. この語は単数形では三二二a二八、三〇で用いられ、複数形の αὐλοί が三二二a三一で用いられている。しかし、ベッカー版では「質料のない」、「非質料的な」を意味する語 ἄϋλος および ἄϋλοι となっている。ジョウアキム（p. 135）はベッカー版の読みを採らない理由を三つ挙げている。ἄϋλος という語はアリストテレスの諸著作中、どこにも用いられていないこと、また、その語を用いる場合、ここでは文章が意味をなさないこと、さらに、三二二a三〇の οὗτοι が先行詞のないままになることである。また、このような理由に基づいて、ジョウアキムは三二二a二八の ἄνευ ὕλης を削除している。われわれもジョウアキムに従う。

ピロポノス（pp. 121-122）は ἄϋλος を採り、かつ ἄνευ ὕλης を削除しない。そのように読む理由は次の解釈に基づく。形相は非質料的な能力であるとはいえ、自己の存在を質料のうちにもっている。それゆえ、形相は質料とともに存在しているとはいえ、栄養摂取はしていても、成長をもたらさないときには、質料に関して現実化していないのである。

コウド（pp. 191 sqq.）は三二二a二八以下は形相に関する謎めいた論であり、αὐλός は何を指すのか不明だとしつつも、『動物の諸部分について』第三巻第五章、『動物の発生について』第二巻第四章等を手がかりに、αὐλός の意味の解明を試みている。

なお、ウィリアムズ（p. 122）は、αὐλός という語を含む三二二a二八以下章末までについて、自らその意味を解明しえないままだとしている。

管であり、また可能的には一定の量をもっているところの何らかの質料が加わると、それらの導管はより大きいものとなるであろう。しかし、もしこの形相が作用することができなくて[1]、ちょうど、大量の水が絶えず酒と混合される場合、しまいには酒を水っぽいものとなし、また水に変えてしまうのと同じようなことになると、そのときには、〔形相がそれに内在するところのものの〕量の減少をもたらす。しかし、形相の方は留まる。

第六章

322b
さて、〔生成の諸原因を論ずるに当たっては[2]〕まず質料、すなわち、いわゆる元素と呼ばれるもの[3]について語らなければならない。つまり、各々の元素は永遠的なものであるのか、それとも何らかの仕方で生じるものであるか、また、もし生じるものであるとすれば、すべてが同じ仕方で相互から生じるのか、あるいはそれらのうちの或る一つが第一のものであるかを語らなければならない[4]。それゆえ、今日何の規定もなしに語られている事柄について、あらかじめ述べておく必要がある。

というのは、元素を生じたものだとするひとびとも[5]、諸物体を元素から生じたのだとするひとびと[6]もすべて、分離と結合、作用することと作用を受けることという概念を用いているからである。ところで、結合は混合である[7]。しかし、混合するということをわれわれはどういう意味で語るのか、明確には規定されていないのである[8]。そのうえ、あるものが作用し、あるものが作用を受けるのでなければ、質的転化はありえない

10 し、分離や結合もありえない。なぜなら、多くの元素があるとするひとびとは、それらが、相互的に作用したり作用を受けたりする[9]ということによって、[他の合成体を]生じさせているし、また、一つの元素から他

(1) ジョウアキム(p. 136)は形相が作用することができなくなる原因を動物の老化によると考えている。その場合には、体内組織の消費に見合うだけの栄養分を補給できず、そのために体内組織の分量が減少すると考えている。ただし、形相対栄養分の関係を酒対水という類比で捉えるのは不適切だとしている。その理由は、大量の水は酒を水に変えてしまうが、形相はまだ存在するということによる。

　ピロポノス(pp. 122-123)は形相が作用することができなくなる原因を、過剰な栄養分によって形相の作用力が減退し、消化不良を起こすためだとしている。

(2) ジョウアキム(p. 137)によって補う。

(3)「いわゆる元素」という表現は第二巻第一章にも三回見出される。同章では、通常四元素と呼ばれているものは、もっと根源的な要素へ還元される。

(4) これらのことは第二巻第一―五章で考察される。

(5) これまでに本巻第一―二章で多元論者として語られたひとびとのうち、アナクサゴラス、レウキッポス、デモクリトス、プラトン。

(6) たとえばエンペドクレス。彼によると四元素は他の物体に由来することも還元されることもなく、他の物体が四元素から生じる。

(7) 従来、多元論者は生成を結合である、というように単純に捉えてきた。しかし、いまアリストテレスはその結合を混合と捉え直している。このことは、生成の質料に関して先人たちが結合と解していた事態を、アリストテレスは接触、作用と受作用、混合、同質体の成立という観点のもとに捉え直すことの宣言である。

(8) 本巻第十章全体が混合についての考察に充てられている。

(9)「相互的に作用したり作用を受けたりする」とは、AがBに作用するならば、そのお返しにBもまたAに作用するという相互性を言うのであって、AがBに作用するならば、相対的に、BはAから作用されるということを意味しているわけではない。(ナタリ p. 199)

(322b) のものを生じさせているひとびとにしても、作用ということを語らざるをえないからである。そして、ディオゲネス[1]が「もし、すべてのものが一つのものから生じるのでないとしならば、相互的に作用したり作用を受けたりすることはなかったであろう[2]」と言うのは正しい。たとえば、熱いものは冷たくされないし、また逆に、冷たいものは熱くされないであろう。というのは、熱さと冷たさが相互へと転化するのではなくて、基体［すなわち、一つのもの］が転化するのだということは明らかだからである。したがって、それらの間に、作用することと作用を受けることが成立するものたちの基にある自然[3]は一つのものでなければならない。ところで、すべてのものがそのようなもの［基体として、一つの共通的な質料をもつもの[4]］だと主張することは真実ではなくて、それらの間に相互的に作用と受作用が成立する当のものたちがそのようなものなのである[5]。

しかし、作用することと作用を受けること、および混合について考察すべきならば、接触についても考察すべきである。なぜなら、互いに接触しえないものは、厳密な意味で、作用したり作用を受けたりすることはできないからであり、また、何らかの仕方[6]で接触するのでなければ、決して混合されえないからである。したがって、接触とは何か、混合とは何か、また、作用とは何かという、これら三者について規定しなければならない[7]。

では、次のことを出発点としよう。というのは、存在するものたちのうち、混合するものは相互的に接触しうるものでなければならず、また、厳密な意味で、あるものは作用しあるものは作用を受けるとするならば、それらにとっても同様であり、したがってまず接触について語らなければならない[8]。

ところで、他の名辞のそれぞれはほとんど多義的に語られ、しかもそれらのうちの(イ)あるものは同名異

(1) アポロニアのディオゲネス。前四五〇年頃の人。一元論者。

(2) この括弧中の文はディオゲネス「断片」二（DK）の要旨を述べたもの。

(3) φύσις. ここでは何らかの質料的実在を指す。『自然学』第一巻第七章一九一a八参照。

(4) ピロポノス（p. 129）参照。

(5) たとえば、天界は月下界にあるものに作用する。しかし、天界はアイテール（αἰθήρ）から成り、月下界にあるものとは共通的な質料をもたない。したがって、天界は月下界にあるものに対して一方的に作用するのみであって、逆に作用し返されることはない。（ピロポノス p. 129）

(6)「何らかの仕方で」とは「厳密な意味で」ということを指す。なぜなら、中傷も中傷される者に触れてくるのだが、しかし双方の接触は厳密な意味での接触ではない。厳密な意味での接触とは「それらのものの極端が一緒にあること」（『自然学』第五巻第三章二二六b二三）だからである。（ピロポノス pp. 129–130）

(7) 接触については本章の以下で、作用については本巻第七―九章で、また、混合については本巻第十章で考察される。これら三者の考察の目指すところは、第二巻第七章における同質体の生成ということである。

(8) 接触の定義は「極端が一緒にあること」（前註（6）参照）だとしても、このように規定された接触は自然学的な対象と同様、数学の対象にも当てはまる。極端が一緒にあるところのものは、感覚されうる物体である必要はなく、数学上の立体や面、線でもありうる。したがって、アリストテレスのここでの目的は、自然的な物体間の接触の諸条件を規定することであるから、『自然学』での接触の定義はさらなる考察を必要とするわけである。

義的に語られ、(ロ)あるものは、別のより先なるものに由来するという仕方で語られるように、[1]接触に関しても同様の事情にある。しかし、それにもかかわらず、厳密な意味で語られる接触は位置をもつものについ
323a て存在し、そして位置は場所をもつものについて存在する。なぜなら、数学の対象のそれぞれにも——たとえそれらが離れてあるにせよ、[2]他の仕方であるにせよ——接触と同様に場所もあるとすべきだからである。そこで先にも規定されたように、[3]接触とは極端を一緒にもつことであるとするならば、別々に分けられている大きさと位置をもっていて、極端を一緒にもつかぎりのものたちが相互的に接触するのである。位置をもつかぎりのものは場所をもち、場所の第一の差異は上と下、およびこれらに類した対立するものであるので、[4]相互的に接触するものはすべて重さあるいは軽さの両方ないし片方をもっていることになろう。そして、そのようなものは作用を受けうるものであるか、あるいは作用しうるものである。[5]したがって、別々に分けられている大きさのものであって、互いの極端を一緒にもち、相互的に動かしたり動かされたりするものだけが、本来、接触するのであることは明らかである。[6]

しかし、動かすものは動かされるものを同様の仕方で動かすというわけではなく、あるものは自分も動か

(1) アリストテレスは、それぞれの名辞を一義的に語られるか多義的に語られるかの二つに分ける。これらのうち、多義的に語られるものをさらに、(イ)同名異義的に語られるか、(ロ)何らかの一つの本性との関係で語られるかの二つに分ける。いまここで語られている(イ)(ロ)がそれらである。

(イ)の例　キュオーン（κύων）は、名辞は同じでも、それぞれ四足の動物と星座（大犬座）と魚（鮫の一

種）についてでは意味が異なる。

(ロ)の例　「健康を保つもの」も「健康をもたらすもの」も「健康のしるしであるもの」も「健康的なもの」と言われるが、すべて「健康」を第一のものとして、それとの関係で言われるのである。

なお、『範疇論』第一章、『形而上学』Γ巻第二章一〇〇三a三三―三九、一〇〇四a二一―三一参照。

（2）数学的な対象である立体や面、線などは感覚されうる物体のうちにある。しかし、われわれがそれらを数学の対象として扱かうかぎり、感覚されうる物体から抽象され、離れてあるものとして捉えている。なお、『形而上学』M巻第三章参照。

（3）『自然学』第五巻第三章二二六b二一―二三。

（4）月下界を構成する四元素との関係で言えば、上と下には絶対的な意味でのそれらと、相対的な意味でのそれらとの区別がある。絶対的な意味での上とは、火が自然的に動いていく方向であり、下とは、土が自然的に動いていく方向、つまり宇宙の中心部である。しかし、空気は火よりは下にあるが水や土より上にあり、水は火や空気よりは下にあるが土より上にあるので、空気と水に関しては上下関係は相対的である。この線に沿って考えるならば、宇宙の最外部は上であり、大地のある中心部は下である。

他方、アリストテレスにはまた、宇宙全体を一つの生命体と見なした上下左右の区別、および月下界の生物体における上下前後左右の区別がある。『天について』第二巻第二章全体、第四巻第一章三〇八a一四―三三、第四章三一一a一五―二九参照。

（5）しかし、重さや軽さからは作用、受作用は必然的に帰結するわけではない。第二巻第二章三二九b二〇―二四参照。

（6）この一文は自然学の対象にのみ妥当する意味での接触の定義。

ここに、「動かす」「動かされる」という概念が突如用いられているのは、自然学の対象としての接触に、作用と受作用概念を結びつけるためである。その結びつけは次の過程を経てなされる。(イ)数学の対象にも通用する接触の定義（七三頁註（6）（8）参照）から、自然学の対象にのみ通用する接触の定義を区別するために、まず、接触、位置、場所、上下との関連で重さと軽さが導入される。(ロ)重さや軽さをもつものは自然的に動かす、あるいは動かされる。(ハ)作用と受作用は動く、動かされるの下位概念であり、したがって作用と受作用は接触に関係する。七七頁註（2）参照。

(323a) されながら他のものを動かし[1]、あるものは動かされないままで他のものを動かすのでなければならないので、作用するものについてもわれわれは同様の仕方で語るだろうことは明らかである。なぜなら、動かすものは何らかの作用をし、また、作用するものは動かすと言われるからである。しかもそれにもかかわらず、両者は異なり、したがってその違いを区別しなければならないのであるが——というのは、われわれは「作用するもの」を「作用を受けるもの」に対立させ、また、「作用を受けるもの」という語を、それの運動が受動的性質の転化であるものにだけ適用し、そして、受動的性質は、たとえば白いものとか熱いものというように、質的転化をするかぎりのものにのみ存在するとすれば、動かすものすべてが作用しうるというわけではなくて、動かすことは作用することよりも広い範囲で妥当するのであるから——しかしともかく、あのことは明らかである。それは、動かしうるものは動かされうるものに、ある意味では触れているであろうが、ある意味ではそうでないであろうということである。しかし、接触するということの定義は、(イ)一般的には、位置をもっていて、しかも一方は動かしうるものであり、他方は動かされうるものについて適用されるのであるが、(ロ)相互的な意味での［すなわち、厳密な意味での］接触の定義は、それらの間に「作用する」と「作用を受ける」という関係があるところの、動かしうるものと動かされうるものに適用されるのである[2]。

たいていの場合、接触しているものは、それと接触しているものと接触していることは確かである。なぜなら、われわれの身のまわりにあるもの［すなわち、生成消滅するもの］はほとんどすべて、［自分の動かすものによって］動かされながら動かすのであり、その場合、接触しているものは、明らかに、それと接触しているものと接触しているのでなければならないからである。しかし、われわれがときとして言うことがあるように、動かすものだけが動かされるものに一方的に接触しているが、接触されるものは自分と接触しているものに接触していないこともありうる。[3] しかし、同類のもの[4]たちは動かされながら動かすということのゆえに、自らに接触しているものに、こちらも接触していなければならないと思われているのである。したがっ

（1）つまり、AがBを動かすとき、AはまたBによって動かされながらBを動かす。

（2）三二三a二二の「しかし、接触……」以下ここまでについて、テクスト上の解釈と読みの上での違いが指摘される。ジョウアキムはa二三―二四の *πρὸς ἄλληλα δέ* の後にカンマを打ち、*πρὸς ἄλληλα δέ* を *ὁ διορισμὸς τοῦ πρὸς ἄλληλα ἅπτεσθαι* として理解している。ミュグレル、ベッカーは *πρὸς ἄλληλα δέ* を後続の *κινητικοῦ καὶ κινητοῦ* に結びつけて読むべく、カンマをa二四の *κινητοῦ* の後に打つ。ナタリ（p. 211）はミュグレルやベッカーの解釈を容認しつつ、かつ、カンマを省く。ナタリに従う。

　三二三a二二以下のこの長い一文は、すでに三二三a一〇―一二で自然学の対象について妥当する接触についての定義を、a一二―二二の考察を踏まえて、さらに厳密な仕方で捉え直しているものと考えられる。なぜなら、a一〇―一二での接触の定義は作用と受作用を包摂する運動概念をもって規定されているが、しかし、アリストテレスが射当てるべく想定している接触とは、A⇅Bというように、作用と受作用が相互的に成立する、質的転化をするものの接触だからである。そして、このような厳密な意味での接触の定義は、第二巻第一章以下の元素論を経て、同巻第七章で展開される同質体の成立に対する布石となっている。

（3）前註に見られるように、厳密な意味での接触は、相互的に動かし動かされる、あるいは相互的に作用し受作用することで質的転化をもたらす両者間にのみ認められるので、たとえばAがBに一方的に作用するが、BはAに何らの作用もしない場合、AはBに接触しているがBはAに接触していない。

（4）ここでの「同類のもの」は次章三二三b二九―三二四a五で説明される。なお、ピロポノス（p. 139）は「同類のもの」を、「同じ質料をもつもの」の意味に解しているが、次章三二四b六―七に照らしてみれば、それは正しい。

て、もしあるものが動かされえないものでありながら他のものを動かすとすれば、当のあるものは動かされうるものに接触していることになるであろうが、当のあるものには何ものも接触していないのである。というのは、われわれを苦しめる者はわれわれに触れているが、しかし、われわれ自身はその者に触れていないのだと、ときとしてわれわれは言うからである。

さて、自然的な事物における接触については、以上のような仕方で規定されたものとしよう。

第七章

続いて、作用することと作用を受けることについて語らなければならない。われわれはそれらについて、
323b 先人たちから互いに相反する説を受け取っている。というのは、大方のひとびとは異口同音に次のように主張しているからである。すなわち、似たものはすべて似たものによっては作用を被らないのだと。なぜなら、一方は他方よりもいっそう作用しうるものであったり作用を受けうるものであったりすることはなく（なぜなら、似たものにはすべて同じものが同程度[1]に属しているからである）、かえって似ていないものや異なるものが、本来、相互に作用したり作用を受けたりするからである。というのも、少量の火が多量の火に滅ぼされたりする場合には[2]、多量は少量と反対であるから、反対であることのゆえにそういうことになるのだと彼らは主張するからである。ところが、デモクリトスだけ[3]は他のひとびとと違って独自の考えを述べた。すなわち、作用するものと作用を受けるものとは同じものであり、似たものであると彼は言う。というのは、

異なったものや似ていないものが互いから作用を受けることは不可能であって、異なったものでありながら互いに何らかの作用をするのであれば、異なったものであるかぎりにおいてではなくて、ある同じものがそれらに帰属しているかぎりにおいてであり、そのことによって作用することが両者に生じるのだと彼は主張するからである。(4)

20 さて、先人たちによって語られていることは以上のごとくであり、また、このような仕方で語るひとびとは明らかに相反することを主張しているように見える。このような相反する説の由来するところは、事柄の全体を見るべきであるのに、いずれの側のひとびとも、たまたま一部を見て語っていることにある。なぜなら、似たものであって、あらゆる点でまったく何の差異もないものは、己に似たものによっては何ら作用を受けないということはもっともであるし(というのは、どうして一方が他方よりもいっそう作用をなしうるものであろうか。また、もし似たものによって何らかの作用を受けることができるとすれば、自らが自らに

(1) たとえば、AとBに熱があり、その点で両者は似ているとしても、AはBより高熱であれば、両者は似たものとは見なされない。

(2) たとえば、ランプの炎を大きな焚火に近づけると消されてしまう。

(3) 作用と受作用は似たものの間で成立するという主張は、エンペドクレスの知覚説にも見られることをアリストテレスは認めている(『魂について』第一巻第五章四〇九b二三以下、第二巻第五章四一六b三三以下参照)。それにもかかわらず、その主張をデモクリトスだけに帰するのは正当でないと、ジョウアキム(p. 150)は言う。

(4) デモクリトスの場合、似たものが似たものに作用することの有名な例は、諸アトムが大きさと形との類似性によって集結することである。(ミュグレル p. 28, n. 2)

よって作用を受けうることになろう。しかし、もしこのようであって、似たものが似たものであるかぎりにおいて作用しうるならば、非消滅的なものも不動なるものも存在しないことになるであろう[1]。すべてのものは自らが自らを動かすことになるからである）、また、まったく異なるものであり、何ら同じ点がないものにしても、同じように、何も作用を受けないということももっともだからである。なぜなら、たとえば、線[2]がたまたま白かったとか黒かったというように、付帯的な意味においてでなければ、白さは線によって、あるいは線は白さによって何も被らないからである。というのは、［作用する、あるいは作用を受けると想定されているものが］反対のものでもなく、反対のものから成り立ってもいない[3]場合には、いずれも他方をそのものの本性から離脱させることはないからである。

しかし、本来、任意のものが作用したり作用を受けたりするわけではなくて、反対性をもつもの[4]か、反対のものがそうするのであるから、作用するものとされるものとは、類的には似たものであり同じものであるが、種的には似ていないもの、反対のものでなければならない[5]（というのは、本来、物体は物体により、味
324a
は味により、また、色は色によって作用を受けるのであり、一般に同類のものは同類のものによって作用を受けるからである。このことの理由は、反対のものはすべて同じ類のうちにあり、互いに作用したり作用を受けたりするのは反対のものだからである）。したがって、作用するものと作用を受けるものとは、ある意味では同じものであるが、ある意味では互いに異なり、似ていないのでなければならない。

作用を受けるものと作用するものとは類的には同じものであり似ているが種的には似ていないので――反対のものとはそのようなものである――、反対のもの、およびそれらの中間のものが作用を受けうるもので

あり、作用しうるものであることは明らかである。というのは、一般に(6)生成や消滅はそのようなもののうちにあるからだ。

それゆえまた、火は熱くし、冷たいものは冷たくし、また一般に作用しうるものは作用を受けるものを己に似たものとすることは理に適っている。というのは、作用するものと作用を受けるものとは互いに反対のものであり、しかも、生成は反対のものへだからである。したがって、作用を受けるものは作用するところのものへと転化していかなければならない。というのは、そのようであってこそ、生成は反対のものへだからである。

---

(1) すると、自然学も成立しないことになる。なぜなら、自然学の対象である転化や運動は、不動で永遠的なものの存在を前提しているからである。『形而上学』Λ巻第六章一〇七一b三以下参照。(トリコ p. 63, n. 3)

(2) 以下で言われている「線」を「面」と解したらよい。(ピロポノス p. 143)

(3) 反対なものの中間者ではないものを指す。いまここの議論では、転化は(イ)反対のものから反対のものへ、(ロ)反対なもののいずれかから中間のものへ、(ハ)中間のものから反対なもののいずれかへなされると想定されている。

(4) 反対なものの中間者。

(5) 作用と受作用は似ていないものの相互間で成立するか、似ているものの相互間で成立するかという問いに対するアリストテレスの答えである。いわば、相反する両説の折衷とも言える。

(6) 「一般に (ὅλως)」とは、ここでは、本巻第二章で区別された端的な生成と消滅、およびある種の生成と消滅の両者を包括した意味で言われている。作用と受作用とは質的転化を含んでおり、その質的転化は一種の生成と消滅である。それゆえ、作用と受作用とは、反対のものおよび中間のものにおいてである。

(324a)

また、いずれの側のひとびとも、同じことを語ってはいないが、しかしそれにもかかわらず、事柄の本性に触れているとわれわれが語るとしても、そのことは理に適っている。なぜなら、われわれはときとして、基体が作用を受けると言い（たとえば、ひとが健康にされるとか、熱くされる、冷やされると言うし、また他のものをもこのような仕方で語るからだ）、しかし、ときにはまた、冷たいものが熱くされるとか、病んでいるものが健康にされるとかと言うからである。そして、いずれの言い方も正しいのである（作用するものについても同様で、ときにはひとが熱くすると言い、またときには、熱いものが熱くするとわれわれは言う）。というのは、ある意味では質料が作用を受け、また、ある意味では反対のものがそうするからである。そこで、一方のひとびとは基体に着目して、作用するものと作用を受けるものとは何らかの同じものをもっていなければならないと考えたものであり、他方のひとびとはもう一方のもの［たとえば、ひとにおける健康と病気］に着目して、［作用するものと作用を受けるものとは］反対のものでなければならないと考えたのである。

動かされることと動かすことに関する同じ説が、作用することと作用を受けることにも当てはまると解すべきである[1]。なぜなら、動かすものというのも二様の意味で語られるからだ。すなわち、運動の始源がそれのうちにある当のものが動かすと考えられるし（というのは、始源は諸原因のうち第一のものであるから）、さらにまた、動かされるものや生じるものとの関係で最も近いものが動かすと考えられる。作用するものについてもこれと同様である。なぜなら、医者も酒[2]もひとを健康にするとわれわれは言うからだ。ところで、第一の動者はその動かす運動において、不動であっても何ら差し支えはないが（しかも、或る第一の動者たち[3]については不動であることが必然である）、しかし、最後の動者[4]は、つねに［己が動かすところのものによっ

て」動かされながら動かすとしても何の差し支えもない。作用の場合にも、第一のものは非受動であるが、

(1) 以下、三二四b一三の「……非受動だからである」までの論の骨子は次のものである。

(i) 動かすものの場合

(a) 自ら動かすところのものによって反動を被らないで動かすもの＝自らは、動かすところのものに接触しているが、動かされるものによっては接触されていないもの。たとえば、恒星天球は下層の諸天球に対してそのような関係にある。

(b) 自ら動かすところのものによって反動を被りながら動かすもの＝自ら動かすところのものに接触しているとともに、自ら動かすところのものによっても接触されているもの。たとえば、杖が石を押すとともに石により反動を被るような場合。

動かすものにおけるこの(a)(b)の区別は作用するものについても当てはまる。

(ii) 作用するものの場合

(a) 自ら作用を及ぼすところのものによって反作用を被らないで作用を及ぼすもの＝自らは、作用を及ぼすところのものに接触しているが、受作用者の側からは接触されていないもの。たとえば、医術は食餌療法を施こすが患者からは作用されない。

(b) 自ら作用を及ぼすところのものによって反作用を被りながら作用を及ぼすもの＝自ら作用を及ぼすところのものに接触するとともに、作用を及ぼされるものの側からも接触されているもの。たとえば、食餌は患者の体熱等により作用を被る。

なお、(i)の場合には絶対的な第一の動因は不動の動者としての神であるが、本巻第六章三二三a一二以下の議論と同様、本章のこの部分、三二四a二四以下の議論でも、不動の動因ということで神を考える必要はない。

(2) 酒は体温を上げるため。

(3) 神および諸天球の魂を指す。『形而上学』Λ巻第八章一〇七三a二三以下参照。

(4) 動かされるものにとって最も近い動者。

しかし最後の作用者は自らもまた［己が作用するところのものによって］作用を受けるものである。というのは、［作用を受けるものと］同じ質料をもたないかぎりの［作用する］ものは非受動でありながら作用するが（たとえば、医術がそうである。なぜなら、健康をもたらしながらも、健康にされる者によって何も作用を受けは
324b しないからである）、しかし、食餌は作用しながらも、自らもまた何らかの作用を被るからである。なぜなら、作用するとともに、［己が作用を及ぼすところの身体によって］熱くされるとか冷たくされる、あるいは、他の何ごとかを被るからである。この場合、医術は［動かす場合の］始源に相当し、食餌は最後のもの、すなわち、［動かされるものに］接触しているものに相当する。[1]

そこで、作用しうるもののうち、それの形相が質料のうちにないかぎりのものは非受動であるが、質料のうちにあるかぎりのものは作用を受けうるものである。なぜなら、われわれの主張では、相対立するもののいずれの側の質料も、いわば類として多少なりとも同じものであるし、また、熱くありうるものは、熱くさせうるものがそこにあったり近づいて来たりすると、必ず熱くされるからである。それゆえ、すでに言われたように、作用しうるもののうち、あるものは［作用を受けるものからは］作用を受けず、あるものは作用を受けうるのであって、運動についてと同じことが作用しうるものにも当てはまる。というのは、運動の場合、第一の動者は不動であるが、作用しうるものの場合にも第一の作用者は非受動だからである。

作用しうるものは、それから運動が始まるという意味での原因である。しかし、目的因は作用因［始動因］ではない[2]（それゆえ、健康[3]は比喩的な意味においてでなければ、作用因ではない）。なぜなら、作用するものの場合、それが現にあるならば[4]、作用を受けるものは何らかのものになるのであるが、しかし、何らかの

(1) 作用するものと作用を受けるものとには、さまざまな段階があるが、アリストテレスはここで、最終的に作用を受けるものと、それに最も近くあって作用するものという段階で捉えている。なぜこの段階を問題にするかというと、両者は同じ質料をもつゆえに、作用するものは作用するとともに、作用を受けるものによって反作用を被り、相互的な作用、受作用が成立するからである。ところで、相互的な作用と受作用は、本巻第十章におけるように混合が成立するための条件であり、そして、混合は第二巻第七章におけるように、同質体が成立するための必須条件だからである。

(2) 以下、三二四b二二まで、アリストテレスの意図するところは何であるか、必ずしも明確であるとは言えない。第一の作用因（始動因）が何であるかを特定していないからである。

ジョウアキム（p. 155）は次のように言う。アリストテレスは始動因と目的因とを分離することを正当化しており、また、作用において形相因と質料因の果たす役割について述べている。

これに対してワイルドバーグ（pp. 238–242）は、三二四b二二までを次のように解釈できると説く。運動の場合、第一の動者は非受動であって、質料のうちにない神である。質的転化における作用因の場合、運動の場合と対応した第一のものを求めるとすれば、己が作用を与えるところの月下界からは非受動な、かつ、月下界とは同じ質料のうちにはない――なぜなら、天界はアイテールから成るから――太陽がそれである。

ところで、ワイルドバーグのように解釈したならば、アリストテレスが作用と受作用を、動かす・動かされるという、より包括的な概念と並行的に論じていることの意味がよりよく理解されると思われる。アリストテレスにおける不動の動者である神が天界を動かすのは目的因としてである。したがって、神は天界の運動の始源であるとしても、作用・受作用のごとき、質的転化の第一の原因ではない。というのは、目的因が作用因であることをここでは否定しているからである。

(3) 患者に健康をもたらす者としての医師の心のうちにある「健康概念」。

(4) *τοῦ μὲν ποιοῦντος ὑπάρχοντος* とすべきところであるが、表記上不体裁なので *τοῦ μὲν ποιοῦντος ὅταν ὑπάρχῃ* と記されている。（ジョウアキム p. 156）

(324b) 所有状態がそのものに具わっているときには、そのものはもはやそうなるのではなくて、すでにそうあるのであり、しかるに、形相や目的は一種の所有状態だからである[1]。

質料は質料であるかぎりにおいて、作用を受けうるものである。ところで、火は熱を質料のうちにもっている。しかし、もし質料を離れた熱といったものが存在するとしたならば、それは何ら作用を受けることはないであろう[2]。実のところ、熱は質料を離れたものなどでは、おそらく、ありえないであろう。しかし、もし質料を離れた何らかのものが存在するとすれば[3]、それらに関しては、すでに語られたこと[4]が真実であることになろう。

さて、作用することと作用を受けることについては、それらが何であるか、また、いかなるものに、何ゆえに、どのようにしてあるのか、以上の仕方で規定されたものとしよう。

第八章

作用することと作用を受けることとはどのようにして起きるのか。この問題に立ち戻って論じることにしよう。

ところで、あるひとびとは、最後の、そして最も適切な意味での作用者[5]が、ある種の通孔[6]を通って入り込むことによって、それぞれのものは作用を受けるのだと考えており、また、われわれが見聞きしたり、他のすべての感覚を得るものもそのような仕方によるものだと主張している[7]。さらに、空気や水、および他の透明なものを通して物が見られるのは、それら透明なものが、微細なために見えないけれども、稠密に配列された通孔をもつからであり、透明度が高いほどいっそう多く通孔をもつからだと彼らは主張している。(8) エン

(1) あるものAにおいて働いているものが、もし作用因であるならば、Aにおいて達成されるべき目的因のために働く。しかし、Aにおいて働いているものが目的因であるとすれば、すでにその目的が具わって働いているのであるから、目的のためには働きようがない。

(2) このことはすでに三二四b四で言われていた。

(3) 神、天球たちの魂。三二四a三一参照。(トリコ p. 68, n. 6)

(4) 質料を離れた作用者は非受動であること。

(5) 作用を受けるものに接触していて、作用を受けるものから反作用を被る作用者を指す。それは作用を受けるものからすれば最近の作用者。前章三二四a三三で「最後の作用者」と言われているもの。

(6) 原語は πόρος. あるものが通って行くための道なり通路を指す一般的な語。

(7) このような説の提唱者はアルクマイオンやエンペドクレス。アルクマイオンの感覚論については「断片」A五(DK)にわずかの報告がなされている。それによるとわれわれの感覚は通孔によって脳に結びついており、したがって、脳が位置を換えたり混乱したりすると、通孔が塞がれて感覚は損なわれる。

エンペドクレスの感覚論については、「断片」A八六(DK)に、テオプラストスによる詳細な報告が収められている。

(8) エンペドクレスの場合、われわれが色や形を感覚しうるのは、(a)色からの流出物が、媒体である透明な空気や水にある通孔を通ってわれわれの目に達するからなのか、(b)われわれの目の中にある火(すなわち、光)が透明な媒体の通孔を経て対象に達するからなのか、明確でない(A九二、B八四、八九、一〇九a(DK)参照)。ピロポノス(p. 153)は(b)を採り、ジョウアキム(p. 158)はピロポノスがそうするのは正しいであろうとしている。しかし、エンペドクレスは、ときにより(a)を信じていたようであり、またときにより(b)を主張していることをアリストテレスは嘆いている(『感覚と感覚されるものについて』第二章四三七b二三―四三八a五参照)。

ペドクレスを含めて、あるひとびとは、ある事象についてはこのような仕方で規定したのである。しかも、作用するものや作用を受けるものについて規定したばかりでなく、通孔が互いに対してぴたりと合う[1]ものは
325a
混合するとも言っている。しかし、レウキッポスとデモクリトスは、本来出発点であるものを自分たちの出発点とすることによって、とりわけ体系的に、しかもすべてのものに適用する一つの説によって規定を試みた[2]。

すなわち[3]、初期の哲学者たちのうちあるひとびとは[4]、「あるもの（ὄν）」は一なる不動のものでなければならないと考えた[5]。なぜなら、空虚は「あるもの」ではないし、分離された空虚がなければ、ものが動くことはありえず、また、分け隔てているものがなければ、多はありえないと彼らは主張するからである[6]。また、万有は連続的ではなくて、分けられているけれども接触しているのだとひとが主張するとしても、一ではなくて多が存在するし、また、空虚が存在するということと何ら変わりはないと彼らは[7]主張する。というのは、万有があらゆる点で分割されうるとすれば、いかなる一も存在せず、したがってまた多も存在せず、全体が空虚なるものであることになるであろうからだ。だがもし、万有は或る点では分割されうるが、或る点ではそうではないとするならば、それは作り事に似ている。というのは、どの程度まで分割されるのか、また、全体のある部分はそのように［不可分的で］充実したものであるのに、ある部分は分割されるのはなぜであるかと、彼らは主張するからである。そのうえ、［万有は一であり不動だとするひとびとによれば］運動もまた［多の場合と同様］存在しないのでなければならない。

以上の理由により、彼らは理に従わねばならないと考え、感覚を踏み越え無視して、万有は一であり不動

（1）*σύμμετροι* はここでは大きさと形が合うことを意味している。そのようであってこそ、二つの隣り合った物体は連続的な通路をもち、流出物を交換できる。（ハシィ p. 245）

（2）本章に入って、通孔説はこれまで、質的転化における作用と受作用、および、その先にある混合説との関連の中で取り上げられてきたのである。したがってここに、アトミストたちが突如として取り上げられるのは奇異な感じがするけれども、エンペドクレスたちの説く通孔とアトミストたちの説く空虚との類似性がアリストテレスによって着目されているのである（三二五a三六—b五参照）。ただし、通孔は諸転化のうち、質的転化における作用と受作用、混合との関連で限定的に捉えられているのに対し、空虚は、アトミストたちの場合、解体や消滅、成長、質的転化において大切な役割を担っているという違いはある。

　レウキッポスとデモクリトスが「本来出発点であるものを自分たちの出発点とする」とは、エレア派のひとびととは異なって、運動や多の存在を認めたうえで（『自然学』第一巻第二章一八四b二五—一八五a一四参照）自説を展開することを意味している。運動や多の存在を否定しては自然研究は成立しないのである。「体系的に、しかもすべてのものに通用する一つの説」とは、空虚と充実体たるアトムでもって自然的事象を解明することを意味する。

（3）以下、三二五a一三までの論は(イ)空虚の存在を否定することに基づいて、多の存在を否定するエレア派の説、(ロ)それに対して、「万有は連続的ではなくて、分けられているけれども接触しているのだ」と主張すると仮定されたアトミストの反論、(ハ)その反論に対するエレア派の論駁、という形態をとっている。

（4）エレア派のひとびと。

（5）エンペドクレスたちの主張する「通孔」からアトミストたちの「空虚」が連想され、そのアトミストたちが運動と多の存在を容認していることから、それらを否定しているエレア派の説へと、アリストテレスの論は急速に傾いていく。そして、通孔説は空虚説とともに、三二五aの三六以下で再び取り上げられる。

（6）この説に対するアリストテレス自身の反論は『自然学』第四巻第七章二一四a二八以下に見出される。

（7）エレア派のひとびと。

であると主張しているし、また、あるひとびと[1]はそのうえ、万有は無限であると主張している。というのは、〔もし万有が有限だとすれば〕その限界は空虚との関係で限定することになり、〔空虚の存在を認めなければならなくなるからである。〕あるひとびとはこのような仕方で、また、以上のような理由のゆえに、真理に関して[2]、自分たちの考えを明らかにした[3]。さらに、理屈の上ではそういうことになると考えられるかも知れないが、しかし、事実に照らしてみるとそのように考えるのはほとんど狂気の沙汰だと思われる。というのは、気違いにしたところで、誰一人として、火と氷とを一つのものと思うほどに常軌を逸してはいないのであって、ただ、あるひとびとは狂気のゆえに、習慣上善いと思われているものと、本当に善いものとは何ら異ならないと思うだけである。

しかし、レウキッポスは、感覚と一致したことを語っていながら、生成も消滅も運動も、また存在するものの多性をも否定しないところの論理を自分としてはもっていると考えた。彼は一方ではそれらのことを現象について認めつつ、他方では、空虚がなければ運動は存在しないということを、一の提唱者たち[4]とともに認めたうえで、「空虚はあらぬものであり、いかなるあるものもあらぬものではない」と言っている。なぜなら[5]、厳密な意味においてあるものは充実体だからである。しかし、そのような充実体は一つだけではなくて、多さにおいて無限であり、その嵩が小さいために目には見えない。それら充実体は空虚の中を動きまわり（なぜなら、空虚は存在するから）、結合することで生成をもたらし、分離することで消滅をもたらす。また、充実体はたまたま接触する所では作用したり作用を受けたりするし（なぜなら、そこでは一つであることはないから）、また、一緒になったり絡まったりしながら生む[6]のである。しかし、真実に一つであるも

325b

の[7]から多くのものが生じることはないであろうし、[8]また、真実に多であるものたちから[9]一つのものが生じることもなくて、それは不可能なことである。しかし、(エンペドクレスや他のあるひとびとが、作用を受けるのは通孔を通してであると言っているように)すべての質的転化や受作用は次の仕方で生じるのである。すなわち、空虚を通して解体、つまり消滅がなされ、また同様に、空虚を通して固体が徐々に浸透していくことで成長がおこなわれるのである。

エンペドクレスにしても、[10]およそ、レウキッポスの主張するような仕方で語らなければならぬことになろう。というのは、何らかの固体的なものは存在するとしても、しかし、それを貫通するところの連続的な通孔がいたる所にあるのでなければ、それは不可分[すなわちアトム]であると言わなければならないからであ

---

(1) メリッソス。「断片」三、五、七(DK)参照。

(2) パルメニデス。「断片」八(DK)参照。

(3) ジョウアキムはここに欠文ありとしている。しかし、ウィリアムズ(p. 128)およびハシィ(p. 263)とともに、そう解する必要はないと考える。

(4) 万有は一つであると説くエレア派のひとびと。

(5) 以下、三二五b五まではレウキッポスの主張であり、inf. + φησί であるべきところ、φησί が省かれている。

(6) 三二五a三二で言われているように、「生成をもたらす」ことを意味している。(ジョウアキム p. 162)

(7) アトム。アトムは内に間隙をもたない充実体。

(8) 多は分割によって生じ、分割は内なる空虚の存在を前提する。

(9) 諸アトムの集合体。それは感覚されうる物体を形成してはいるが、内部に隙間のない真実に一なるものを形成しえない。『形而上学』Z巻第十三章一〇三九a七―一一参照。

(10) エンペドクレスに関するここでの記述について、エンペドクレスが同意するとわれわれは考えるべきではない。エンペドクレスは空虚を認めていないし、また、通孔は充填されているからである。(ジョウアキム p. 163)

(325b) る。だが、いたる所に連続的な通孔があることは不可能である。なぜなら、諸々の通孔のほかにいかなる固体もなく、すべてが空虚だということになるからだ。それゆえ接触し合っているものたちは不可分なものであり、それらの間にあるもの——彼はそれを通孔と名づけているのだが——が空《から》なのでなければならない。ところが、レウキッポスも作用することと作用を受けることに関して、これと同じことを述べているのである。

あるものが作用し、また、あるものが作用を受けるのに、どういう仕方があるかについて、およそ以上のことが語られている。そして、このひとびと[1]については、彼らの説がどのようなものであるか明らかであるし、また、その説は彼らの用いている定立[2]との関係で、およそ整合的に帰結してくるということも明らかである。しかし、他のひとびとにあっては、彼らの説における整合性はあまり明確ではない。たとえばエンペドクレスの場合、消滅や質的転化がどういう仕方であるのか明らかでない。というのは、アトミストたちの場合、物体のうち、第一のものは分割されえず、ただ、形においてのみ異なるのであり、他の物体はそれを第一のものとしてそれから構成され、また、それを最後のものとしてそれへと解体されるのだからである。しかし、エンペドクレスにあっては、元素に至るまでの他のものに生成や消滅のあることは明らかであるが、元素そのものの寄せ集まった塊がどのようにして生じたり滅したりするのか明らかでないし[3]、また、火の構成要素があるとか、その他の元素にも同様に構成要素があるとでも言うのでないかぎり——ちょうど、プラトンが『ティマイオス』[4]で記しているように——エンペドクレスはそれを説明することはできない。というのは[5]、プラトンもレウキッポスも不可分な、そして形によってはっきりと規定されている構成要素を措定しているけれども、両者の説には次のような大きな違いがあるからである。すなわち、プラトンの説く不可分なものは面であるのに、レウキッポスの説くそれは固体であり、また、不可分なものを限定している形は、プラトンの場合、数に限りがあるが、レウキッポスの場合限りがない[6]。このように、生成と分解とは不可分なものに基づいておこなわれるのであるが、レウキッポスの場合[7]、空虚と接触を通してなされ（というのは、それぞれのものは、接触する所で分割されうるから）、プラトンの場合、ただ接触によっておこなわれる。

（1）アトミストたち。

（2）アトムおよび空虚が存在するという定立。

（3）エンペドクレスの場合、四元素以外の他のものの生成と消滅は、四元素の結合と分離で説明される。そして四元素はそれぞれ生成も消滅もしない。では、同一元素の寄せ集まった塊であり、しかも、われわれの感覚に明らかな塊である火や水の生成や消滅はどのように説明されうるのか。また、冷たい水が熱くされる場合の質的転化はどのように説明されるのか。アリストテレスはここで、四元素の永遠不変性と、それぞれの元素の感覚されうる塊における生成消滅や質的転化との間の矛盾を突いているのである。

なお、「寄せ集まった塊」の原語は *τὸ σωρευόμενον μέγεθος*。

（4）五三C以下参照。そこでは、四つの元素は二種類の三角形に還元されることが説かれている。なお、一六頁註（1）参照。

（5）直前まで語られていたこととの繋がりがよくない。直前まではアトミストとの対比でエンペドクレスの説が批判され、そのエンペドクレス説にプラトンの説が対比される。そしていまここに、後者がレウキッポスの説と対比される。

（6）三二五b二八の *τῶν ἀδιαιρέτων στερεῶν ἕκαστον* をジョウアキムにより削除。

（7）三二五b三〇—三一の *δύο τρόποι ἂν εἶεν* はジョウアキムにより削除。

なぜなら、プラトンによると空虚はないからである[1]。

不可分な面については、前の議論[2]の中でわれわれはすでに述べておいた。しかし[3]、不可分な固体については、そこから帰結することを、いまこれ以上考察することは差し控えるが、少しばかり脇に反れて言うと、326a (1)不可分な固体はいずれも作用を受けないものであり（というのは、空虚を通してでなければ作用を受けないからである[4]）、また、受動的性質に関していかなる作用もなしえないものだと言わなければならない。なぜなら、不可分な固体は硬かったり冷たかったりすることはありえないからだ。しかも、球形にのみ熱を指定するのは理屈に合わない。なぜなら、それと反対の冷はある別の形に相応しいということにならざるをえないからだ[5]。また、たとえこれら――つまり、熱さや冷たさを言うのであるが――が不可分な固体にあるとしても、重さや軽さ、硬さや軟らかさがないというのはおかしい。しかもなお、不可分なものはそれぞれ大きさが勝るにつれていっそう重いとデモクリトスは言っているのだから、大きい球ほど熱いことになるのは明らかだ。しかし、もしそうだとすると、相互に何ら作用を受けないでいることはありえない。たとえば、熱の穏やかなものが、それをはるかに陵駕したものによって作用を受けるようにである。しかしまた、もし硬いものがあるとすれば軟らかいものもある。そして、軟らかいものとは、まさに何か作用を受けるということによってそう言われるのである。というのは、凹むものは軟らかいからである[6]。

しかしまた、(2)(a)不可分なものにあるのは、ただ形だけだというのもおかしなことであるし、また、(b)仮に何らかのものが帰属するとしても、たとえば、あるものは冷たく、あるものは熱いというように、たった一つだけ帰属するというのもおかしなことである。なぜなら、それら不可分なものの本性は一つだ[7]ということにはならないだろうからだ。しかしまた、(c) 一つの不可分なものに多くの性質があるとしても不可能なことが起きる。というのは、不可分なものでありながら、同じ所に諸々の受動的性質をもつことになり、冷たくされている所で作用を受けているならば、その同じ所で別の作用をしているか、あるいは作用を受け

(1) ミュグレル (p. 35, n. 2) は次のことを指摘している。プラトンの場合、要素的多面体はそれぞれその内部に空虚をもつ。また、正六面体である土以外、外部を隙間なく埋め尽くすことはできないので、そこに空虚を残す。したがってアリストテレスのこの断定はまったく正確だというわけではない。

(2)『天について』第三巻第一章二九九a二一—三〇〇a一九。

(3) レウキッポスとデモクリトスの説に対する批判。以下、三二六a二四までは個々のアトムの形と感覚されうる性質との関係、あるいは関係の欠如を見る。

(4) アトムが受動的性質に関して作用を受けるとすれば、アトム内に空虚をもたなければならない。しかし、アトムは充実体なので内に空虚をもたない。

(5)『天について』第三巻第八章三〇七b五—一〇参照。

(6) したがって、アトムはその点でも作用を受けないものではない。なお、『天について』第三巻第一章二九九b一三—一四参照。

(7) すべてアトムは同一本性のものであることについては前章三二三b一〇—一五、『天について』第一巻第七章二七五b三一—三二参照。

(326a)

ていることになるだろうからだ。[1] 他の受動的性質についても同様である。なぜなら、このこと［すなわち、同じ所に多くの受動的性質をもちえないこと］は、不可分なものは固体だと主張する者にも、面だと主張する者にも同様に帰結してくるからである。というのは、不可分なものの内部には空虚なるものは存在しないのだから、疎にも密にもなりえないからである。[2]

さらにまた、(3) 小さい不可分なものはあるが、大きい不可分なものはないというのもおかしなことである。というのは、たとえば、大きいものは多くのものと衝突するゆえに毀れやすいので、より大きいものは小さいものよりもいっそう砕かれやすいとするのは理に適っているが、しかし一般に、不可分性はなぜ、より大きいものによりも、小さいものにいっそう帰属するのか。さらに、(4) それらすべての固体の本性は一つであるのか、それとも、その塊の点で、あるものは火のようなものであり、あるものは土のようなものであるというように、それぞれ別なのか。というのは、(a) もしすべての固体の本性が一つであるとすれば、それらを別々に分けるものは何なのか。あるいは、あたかも水滴が水滴と触れた場合にそうなるように、どうして固体たちが接触しても一体をなさないのか。というのは、後のものは前のもの[3]と［本性上］何ら異ならないからである。しかし、(b) すべての固体の本性がもし異なるとしたら、それらの性質はどのようなものか。それらの性質の方が形よりも、帰結してくる差異の原理であり原因であるとすべきことは明らかであ

（1）このⒸはむずかしい箇所である。したがってウィリアムズ（p. 134）も、アトムに多くの性質があるとどうして不可能なことが起きるのか不明だとしている。しかし、ハシィ（pp. 258–259）を参考にして、次のように解釈できると思わ

れる。

ここで言われている性質は不可分なアトムにとって、静的にそこにある諸性質ではなくて、三二六a一九に *πάθη* という語が用いられていることからもわかるように、転化とともに成立する受動的性質である。したがって、受動的な質的転化が現に進行しつつある状況が想定されているのである。この場合、もしアトムが、たとえば冷たくされつつあるのであれば、アトムの一部は熱く一部は冷たいのでなければならない。さもなければ同一のものが熱いと同時に冷たいという矛盾を来すからである。しかし、アトムの一部が熱く一部が冷たいのであれば、アトムは不可分ではなく、可分的であることになり、これは不可能なことである。つまり、受動的な質的転化は複数の性質（いまの場合は熱と冷）を前提し、そのことは同時にまた、アトムの可分性という不可能な帰結を招くことになる。

「その同じ所で別の作用をしている」とは、すでに前章三二四a二四以下で言われたように、受作用者は最近の作用者と接触していることによって、後者に対して反作用する事態が考えられているのであろう。

（2）三二六a二一の「なぜなら、このこと……」からここまでは前文との繋がりがよくないという理由で、ハシィ（pp. 258–259）はそれを三二六a八の「……というのはおかしい」の後へ移すことを提案している。

（3）「後のもの（*τὸ ὕστερον*）」と「前のもの（*τὸ πρότερον*）」とは何を指すかに関して解釈が分かれる。ピロポノス（p. 176）やミュグレル（p. 37）は水滴たちへの言及だと解している。しかしジョウアキム（p. 168）はアトムと水への言及だと解している。しかし、異ならないとして言及されているのは「本性」であるから、明らかに水滴たちを指している。ミュグレルは「後からやって来た水滴がすでに前にある水滴と」の意味に解している。

326b る。そのうえ、本性の点で異なったものであれば、互いに触れた場合、作用したり作用を受けたりすることになるであろう。[1] さらに、それらを動かすのは何か。なぜなら、動かすものが別にあるとすれば固体は作用を受けうるものであることになるからだ。[2] しかし、もしそれぞれの固体が自らを動かすとすれば、(イ)ある部分では動かし、別の部分では動かされるというように、固体は分割されうるものであることになるか、(ロ)相反するものが同じ点で帰属することになり、[3] また、質料は数的に一つであるばかりでなく、可能的にも一つであることになろう。[4]

さて、諸々の受動的性質は通孔を通しての運動によって[5]生じるとするひとびと[6]の場合、もし通孔が充填されていても、諸々の受動的性質が生じるとすれば、通孔は余分だということになる。なぜなら、もしそのような具合であっても、もの全体が作用を受けるとすれば、通孔をもたず、自ら連続的なものであるとしても、同じように作用を受けるだろうからだ。さらに、媒体を通して視るということについても、どうして彼らの言うようなことが起きえようか。[7] なぜなら、いずれの通孔も充填されているならば、視線[8]が透明な物体を通過することは「その物体と、それの通孔を充たしている物体とが」接触する所[9]においても、また、通孔を通しても不可能だからである。というのは、充填されている場合には、通孔をもたないことと何の違いがあるのか。なぜなら、全体にわたって一様に充実しているだろうからである。

---

(1) (イ)これは三二五a三二―三四によれば、レウキッポスの主張したことである。しかし、(ロ)空虚を内にもたないアトムという概念からは、アトムはいずれも「受動的性質に関しては作用を受けないものであり、作用しないものである」こ

とが帰結することをアリストテレスはすでに証明している（三二五b三六―三二六a三参照）。というのは空虚を通してでなければ作用を受けないというのがアトミストの説くところだからである。しかし、(ハ)三二六a二九以下、アトムの本性が一つであるか異なるかの議論に入って、アトム間の相互作用を認める結果になったので、いま、(ロ)に基づいてその点の矛盾を指摘しているのである。なお、ジョウアキム（p. 169）参照。

（2）もしアトムが別のものによって突かれたり押されたりして動くとすれば、このことはアトムの抵抗を含意している。その場合には、硬いのでなければならない。すると、アトムは受動しうる性質のもの（硬い、軟らかい）でなければならない。（ハシィ pp. 259–260）

（3）つまり、矛盾律（『形而上学』Γ巻第三章一〇〇五b一九―二〇参照）を犯すことになる。

（4）この一文は次のことを意味する。

転化は「数的に一つのものである基体（=質料）が可能的に、相反する二つのもの（=相反する二つの属性を取りうるもの）である」ということを前提としている（『自然学』第一巻第七章一九〇b二四―二五参照）。たとえば一杯の水が可能的には冷たくも熱くもありうるようにである。したがって、もし基体である質料が数的に一つであるばかりでなく、可能的にも一つのものであるならば、転化は成立しえない。それゆえ、数的に一つであるアトムにおいて、動かし・動かされるという転化は成立しえない。

（5）ミュグレルおよびウィリアムズによって、三二六b七の διὰ τῆς の後に διὰ を補うと文章が読みやすくなる。

（6）三二四b二七―三二、および八七頁註（7）参照。

（7）三二四b二七―三二参照。

（8）ピロポノス（p. 179）およびジョウアキム（p. 170）により、三二六b一二の διιέναι の主語として ὄψεις を補って読む。いまここでの議論は、視覚の成立に関するエンペドクレス説への言及である。その説については八七頁註（8）の(b)参照。

（9）通孔を充たしている物体の外側の面が、通孔そのものの内側の面と接触している所を指す。

(326b)

しかしまた、それら通孔[1]が空虚なものではあるけれども、内に物体をもっていなければならないとしてみても[2]、再び同じ結果になる。また、通孔の大きさが、いかなる物体をも受け容れないほどに小さいのだとするならば[3]、小さい空虚は存在するが、大きい空虚はどれほどの大きさのものでも存在しないと考えたり、あるいは、空虚とは物体の場所[4]以外のあるものを言うのだと考えたりするのはばかげている。したがって、いかなる物体にも嵩においてそれと等しい空虚があるであろうことは明らかである。

一般に、通孔があるとするのは余分なことなのだ。なぜなら、接触によっても何ら作用しないとするならば、通孔を通して浸透しても何ら作用しないであろうからだ。しかし、もし接触することで作用するならば、相互に対し本来作用したり作用を受けたりするものであるかぎり、たとえ通孔がなくとも一方は作用され他方は作用するであろう。そこで、一部のひとびとが解しているような意味で通孔を語ることは、誤りであるか、あるいは空しいことなのだ。このことは以上に語られたことから明らかである。物体はあらゆる点で分割されうるものであるのに、通孔があるとするのはおかしい。なぜなら分割されうるものであるかぎり、分離されうるからである。

第九章

生む[5]とか作用する、作用を受けるということが、存在するものにとってどのような仕方であるのか、すでにしばしば語られたこと[6]を出発点として述べることとしよう。すなわち、もしあるものは可能的に、あるものは現実的にある性質のものであるとすれば、本来、ある部分では作用を受けるがある部分では作用を受けないというのではなくて、或る性質のものであるかぎりにおいて、あらゆる点で作用を受けるのであり、また、より多く或る性質のものであるとかないとかということに応じて、より多く作用を受けるか、より少なく作用を受けるのである。そして、通孔のことにしても、採掘されたもの〔鉱石〕の内に、作用を受けうるものの連続的な脈が延びているようなものだ、とでも言ったならばよりよいであろう。

(1) 三二六b一五の ταῦτα は通孔を指すと考えられる。ウィリアムズ (p. 136) 参照。

(2) われわれが思考上、通孔と、それを充たしている物体とを分けるとしてみても。

(3) それゆえに空虚なのだとするならば。

(4)「空虚とは物体の欠如している場所である」はアリストテレスによる空虚の定義。『自然学』第四巻第七章二一四a一六—一七参照。

(5) 原語は γεννᾶν.「生む」ということがここと、本章末の三二七a二六とで、どうして取り上げられているのか、理解するのに容易でないとウィリアムズ (p. 138) は言う。しかし、ここ、および三二七a二五—二九での言葉づかいは、問題の最初の形式（本巻第六章三二二b六—一三）をわれわれに思い出させてくれるし、また、作用受作用の議論が作品全体のプランと結びついたものであることを思い出させてくれると、ジョアキム (p. 171) は言う。この指摘はもっともであろう。というのは生成消滅をはじめ、質的転化、成長と萎縮において、作用者の働きは受作用者を作用者に似たものとして生むことにあるからだ。生むということは端的な生成ばかりでなく、質的転化や量的転化を含むものとして捉えられている。

(6) 後続の文章から明らかなように、「もし、ある主語 x について、ある属性 y が述語づけられるならば、x は可能的にかあるいは現実的に y であろう」ということ。

327a 実際、それぞれのものは、生来一体をなしている場合には、作用を受けることはないのである[1]。同様にまた、互いに触れ合うこともなければ、また、本来作用したり作用を受けたりする別のものと触れることのないものも作用を受けることはない（たとえば、火は接触することで熱くするばかりでなく、隔たっていても熱くするからである。というのは、火は空気を熱くするが、空気は本来作用したり作用を受けたりするものなので、物体を熱くするからである）。

物体は、そのある部分では作用を受けるが、ある部分では作用を受けないという主張に関しては、われわれがはじめにおこなった区別[2]に照らして、次のことが言われるべきである[3]。すなわち、(a) 大きさはあらゆる点で可分的[4]なのではなくて、不可分な物体なり面が存在するとするならば[5]、大きさはあらゆる点で作用を受けうるものではないことになるし、また、連続的なものは何も存在しないことになろう[6]。しかし、(b) もし、このことは誤りであって、物体はすべて可分的なものであるとするならば、「物体は分割されてはいるが、［それの諸部分は］接触しているのだ[7]」ということは、「あらゆる点で分割されうるものだ」ということと何ら変わりはないことになる。なぜなら、あるひとびと[8]の言うように、もし接触している所で分けられるとすれば、いまだ分割されていないとしても、いつか分割されてしまっていることになるだろうからだ。というのも、分割されることが可能であり、［現実的に分割されるとしても］何ら不可能なことが生じることにはならないからである。

しかし、一般的に言うと、このように、切り裂かれるという仕方でのみ［受作用が］生じるというのはばかげたことである。なぜなら、そういう説は質的転化を無きものとするが、しかし、われわれの見るところ、同じ物体が連続体のままでときには液状のものであり、ときには固まったものであるからであり、しかも、このことが起きるのは諸部分の分割や合成によるのでもなく、デモクリトスの主張するような位置や配列(9)によるのでもないからである。というのは、その物体が液状から凝固状になったのは、実質を成している要素の点で配列や位置の転換がおこなわれたためではないし、また、その物体のうちに、塊としては不可分な、硬いものなり凝固体が含まれていたわけではなくて、全体が一様に液体であり、また、ときには固く、凝固

---

(1) 生来一体をなしているものにおいては、作用するものと作用を受けるものとを分けることはできないから、自らが自らによって作用されることはない。『自然学』第四巻第五章二一二b三一―三三参照。

(2) 本巻第二章三二六a一四―三二七a一七。

(3) この一文において、ジョウアキム(p. 173)は三二七a六の τῇ δὲ μή の後に欠落があるとし、想定される欠文を補っている。しかし、この解釈に対してはまた、いろいろ反論もある。

　ここでは、欠落なしとするウィリアムズ(p. 139)に従う。

(4) ここで、「あらゆる点で可分的」とは、前註(2)に挙げた箇所においてアトミストが想定するごとき、物体のあらゆる点での同時的可分性を意味せず、アリストテレス的な意味での可分性を意味している。アリストテレスによると、物体も含めて、連続的なものはあらゆる点において、次第に小さなものへと継続的に分割は可能であるが、しかし同時的にではない。なお、三一頁註(5)参照。

(5) アトミストおよびプラトンの主張への言及。

(6) 「連続的なもの＝可分的なものへと可分的なもの」はアリストテレスの自然哲学における根本命題である。『自然学』第六巻第一―二章参照。また、「大きさはすべて連続的である」ことについては同書第四巻第十一章二一九a一一参照。

(7) ウィリアムズ(p. 140)はエンペドクレスおよびプラトンの主張だとしている。

(8) ジョウアキム(p. 174)は、たとえば、プラトンを指すとしたうえで前章三二五b三一参照としている。

(9) 本巻第二章三一五b三三―三一六a二、および二〇頁註(1)参照。

しているからである。さらにまた［切り裂かれるという仕方でのみ作用を受けるのだとすると］成長も萎縮もありえないことになる。なぜなら、何らかのものが混合されるなり[1]、そのもの自体が転化するなりして[2]、全体が転化するのでなければ、たとえ付加がなされるとしても、どの部分も前より大きくなるということ[3]にはならないからである。

さて[4]、ものが相互に生んだり作用したり、また、生まれたり作用を受けたりすることがあること、そしてそれがどのような仕方で可能であるか、また、あるひとびとが主張してはいるが、しかし、ありえない仕方とはどういうものか[5]、以上のように規定されたものとしよう。

第十章

われわれに残されているのは、混合についてこれまでの研究と同じ方法[6]で考察することである。なぜなら、これははじめに課せられた問題[7]のうち、三番目のものだからである。混合とは何か、混合されうるものとは何か。混合は存在するもののうち、いかなるものにあるのか。また、どういう仕方であるのか。さらにまた、そもそも混合はあるのか、それとも、それがあるというのは誤りなのか。これらのことを考察しなければならない。

というのは、あるひとびと[8]の主張によると、あるものが別のものと混合されること[9]は不可能だからである。
327b なぜなら、彼らの言うには、(a) 混合される要素がいまだ元のままであって、質的に転化していないならば、以前と同様、いまも混合されていないのであり、同じ状態にあるからだ(10)。また、(b)混合する二つの要素のうち、一方が滅びてしまえば(11)、混合は成立していなくて、一方は存在しているが他方は存在していないことになるが、しかし、混合は、双方共同じような状態で存在しているものの混合なのである。また、(c)混合する双方が結びつくことによって、そのいずれもが消滅するとしても(12)、やはり混合は成立しない。というの

---

(1) 栄養摂取の場合を指す。というのも、摂取する側が全体としてより大きくなるのは、栄養分が当の側に同化され混合されるからである。(ピロポノス p. 186)

(2) 水が空気に転化するような場合を指す。というのは、この場合水のどの部分もより大きくなるからである。(ピロポノス p. 186) しかし、これは成長ではなくて生成の例である。

(3)「どの部分も前より大きくなる」ことは成長の必須条件の一つであった。本巻第五章三二一a二—五、b一四—一五参照。

(4) 以下に語られていることは本巻第七—九章全体にわたる問題であった。

(5) 作用、受作用を、プラトンは物体における正多面体たちの接触面、エンペドクレスは物体における通孔、アトミストは物体における空虚を通して起きるとすることを指す。

(6) どういう方法なのか意味が明瞭でない。ピロポノス (pp. 188-189) は、「先人たちの見解を取り上げ、検討することによって」を意味するか、「混合は存在するか、混合とは何か、その他を問う仕方で」を意味するかだとしている。

(7) 本巻第六章三二二b一—二六参照。

(8) ミュグレル (p. 40, n. 2) は、物体の根本要素として、他に還元されもしなければ他のものから生じもしない四つの元素を説くエンペドクレス、二種の三角形を説くプラトン、アトムを説くデモクリトス等を挙げている。

(9) 混合についての説全体において、アリストテレスは簡略化のために、ただ二つの混合要素だけを想定しているが、アリストテレスの場合、月下界の混合物はいつも四つの元素の混合物なのである。第二巻第八章参照。

(10) A＋B⇓A＋B。

(11) A＋B⇓A、またはA＋B⇓B。

(12) A＋B⇓C。

(327b)

は、まったく存在していない要素たちは、混合されているというわけにはいかないからだ。

ところで、上のような議論は、混合が生成や消滅と異なるのはなぜなのか、また、混合されうるものが生じうるものや消滅しうるものと異なるのはなぜなのかを規定することを求めているように見える。なぜなら、もし混合が存在するならば、生成や消滅と異ならなければならず、したがって、これらのことが明らかになれば、いま問題とされていることも解決されるだろうからだ[1]。

さて、われわれは、(1)木材が火と混合されているとは言わないし、また、木材が燃えているときに、木材そのものが自らの部分と混合するとか、火と混合するとは言わないで、火は生成し、木材は消滅すると言う。また同様に、(2)栄養分が身体と混合するともわれわれは言わないし、(3)形が蜜蝋と混合して一定の塊を形成するとも言わない。また、物体と白色とは混合しえないし、一般に、受動的性質や性状は事物と混合されえない。なぜなら、それらの存続しているのが観察されるからだ。しかしまた、(4)すくなくとも白色と知識も混合されえないし、その他、離れて存在しえないもののどれ一つとして混合されえない[2]。ところが、「かつて、すべてのものは一緒にあり、混合していた」などと主張するひとびと[3]は、間違ってそのようなことを言っているのである。というのは、いかなるものにせよ、いかなるものとも混合するというわけではなくて、混合されうるもののいずれも離れてあるもの[4]でなければならないが、しかし、受動的性質のどれ一つとして離れてあるものではないからである。

しかし、存在するもののうち、あるものは可能的にあり、あるものは現実的にあるので、混合されている要素は、ある意味では存在し、ある意味では存在しないことが可能なのである。つまり、要素から生じたものは現実的には要素とは異なったものであるが、しかし、それぞれの要素は、可能的には、いまだ混合される以前にあったところのものであり、消滅していないのだ。というのは、われわれの議論は以前に、このことを問題としていたからである。[5] 混合される要素は明らかに、以前には別々にあった状態から一緒になったばかりでなく、その混合物から再び分離されることも可能なのである。それゆえ、混合物の要素は現実的には物体と白色のようにそのままあり続けているのでもなく、また、要素の一方もしくは両方共滅びてしまう

（1）混合は不可能だとする上のような論は、「混合（μίξις）」、「混合されうるもの（μικτόν）」という語に対する誤解に基づいており、またそれらの語を、生成・消滅（γένεσις・φθορά）、生成しうるもの・消滅しうるもの（γεννητόν・φθαρτόν）と混同していることに基づいている。したがって、混合が存在するということに対してその誤解が提示する困難は、当の混同が払拭されるならば消えるわけである。それゆえアリストテレスは、以下三二七b一〇—二二で、混合について厳密な意味を規定しようとする。（ジョウアキム p. 175）

（2）たとえば「色白くて知識あるひと」の場合、「色白い」と「知識ある」は、基体あるいは実体である「ひと」の付帯的属性であり、実体を離れては存在しえないものである。実体に対してこのような関係にある属性同士は混合しえない。なぜなら、混合があるためには、混合する要素が実体としてあらかじめ存在しなければならないが、諸属性は実体を離れてはありえないからである。

（3）アナクサゴラスやエンペドクレスを指す。アナクサゴラス「断片」一（DK）、エンペドクレス「断片」八（DK）参照。

（4）「離れてあるもの」とは実体を指す。すなわち、直前において、白色や知識のごとき、実体を離れては存在しえないものは混合されえないと言われたことに対して、いまここで、離れて存在するもの（＝実体）は混合されうると言われているのである。

（5）三二七a三四以下参照。

のでもなくて、それらの能力は保持されているのである。(1)

それゆえ、これらの問題は片付いたこととして、それらに続く問題について区別しなければならない。(2) すなわち、混合とはわれわれの感覚との関係で何らかのものであるのか。というのは(i)混合される要素はそれぞれ、感覚では明らかでないほどに小さく分割され、また、感覚では明らかでない仕方で相互に並置され
328a
ている場合、混合されているのか。あるいはそうではなくて、(ii)一方の要素のどの部分もみな、他方の要素のいずれの部分の脇にもある場合、混合されているのか。(3) ところで、混合は［普通には］あのような仕方で（ἐκείνως）語られる。たとえば大麦粒のいずれもが小麦粒のいずれもの脇に置かれるとき、前者は後者と

(1) 混合の成立如何に関する困難に直面しているいま、可能態と現実態の区別が導入される。最初に、混合はありえないとする説の根拠が三二七a三四—b六で三つ挙げられた。(a)—(c)がそれである。引き続いて、いずれも混合ではなくて、しかも(a)—(c)に対応すべき——その対応関係は必ずしも明確とは言えない——具体例が(1)—(4)で挙げられ、混合のもつ困難は未解決のまま残される。そしていま、可能態と現実態との区別を導入することでその困難の解決に着手する。それによると、混合は不成立とする根拠の一つである(c)を見直すことに通じる。(c)はA＋B⇓Cとして表わされる（一〇五頁註（12）参照）。この場合、両要素AとBは結合物Cの中で消滅してしまっているから、混合は不成立ということであった。しかしいま、可能態と現実態という概念の導入によって、A＋B⇓C′であり、C′においてはAとBはそれぞれ消滅しているのではなく、可能的に存在しており、条件さえ整えばAとBに復元されうるものとして存在している。混合はこのような状況のもとで成立するというのがアリストテレスの解決である。

では、両要素AとBのそれぞれがC′において可能的に存在しているとされる場合、その可能的なあり方とはどのようなものか。アリストテレスは一般に、可能的なあり方について二つを区別する。(イ)子供がやがて幾何学的な知識を働かせ

る者になりうるという意味での可能的なあり方、(ロ)幾何学者がその知識を活用できるが、しかし現に活用していなくて、所有したままの可能的なあり方（ἕξις）（『魂について』第二巻第五章四一七a二二—二五、第三巻第四章四二九b五—九、『自然学』第八巻第四章二五五a三三—三四参照）の二つである。混合物C′におけるAとBの可能的なあり方は、(イ)や(ロ)ではなく、(ハ)あたかも、酒に酔ったまま幾何学者が問題を解いているあり方に似ているとピロポノス（p. 189）は言う。この場合、混合要素たちは相互作用によって、本来所有している能力を減じられたまま互いに折り合いをつけている状態にある。最後（＝最近）の作用者は作用するとともに、受作用者から作用を被る（本巻第七章三二四a三〇—三四参照）ことを考え併せれば、ピロポノスによる比喩は的を射ていると思われるし、したがってまたジョウアキム（p. 181）によっても容認されている。

(2) 以下、三二八a一七までの議論の概要は次のものである。混合物においては、それの要素は混合以前の状態に復元されうるものとして可能的に存在していることは、すでに語られたとおりである。したがって、そのことは措くとしても、混合物における要素のあり方について、さらに問われる。混合要素は分割された微粒子の相互並置というあり方をしているのかと。このようなあり方は、要素の合成（σύνθεσις）であって、要素間の相互作用で成立する混合ではないとして斥けられる。なぜなら、混合は同質体の成立をもたらすのでなければならないからである。

(3) (i)は混合する要素AおよびBの、肉眼では区別できないほどの小片がまぜこぜにされて、いずれがそれぞれの要素の小片たちなのかわからない状態を指す。(ii)はAおよびBが可能なかぎり小片に分割されて、一方の要素の小片がいつも他方の要素の小片の脇にあるという状態を指す。（ウィリアムズ p. 145）

ウィリアムズはこの(ii)を、混合についてのアトミスト的な説明であろうとしたうえで、しかし、物体は無限に分割されうるので、(ii)の仕方での混合は成立しないであろうと言う。なぜなら、要素Aを球体とした場合、Aの内にAよりも小さい同心球A_1を取ることが可能であり、同様に、A_1の内にA_2を取ることが可能だからである。この場合、A_2は、A_2を除去したA_1の残りの部分によって囲まれており、したがって、要素Bのいかなる部分の脇にもありえない。これと同様の説明はピロポノス（p. 193）でもなされている。

混合されていると言われる[1]。しかし、もし物体はすべて可分的なものであるならば、他の物体と混合された物体は同質体であるとするかぎり、［一方の物体の］いずれの部分も［他方の物体の］いずれの部分の脇にもあるのでなければならない。

しかし、物体は最小のものにまで分割されることは不可能であり、また、合成と混合は同じものではなくて異なるので、明らかに次のことが帰結する。(1) 混合される要素が小さいままに留まっている場合、それらは混合されていると言うべきではない（なぜなら、それは合成であって融合でも混合でもないし[2]、部分は全体と同じ定義[3]をもっていないだろうからである。われわれの主張では、いやしくも混合し終えているからには、混合物は同質体でなければならず、また、水の部分は水であるように、融合[4]しているものの部分も全体と同質でなければならない。しかし、混合が小さな部分による合成であるならば、いま述べたようなことのどれ一つとして起きないで、ただ感覚との関係で混合されているだけであり、また、同じものが、視覚の鋭くないある者にとっては混合されたものであるが、しかし、リュンケウス[5]にとってはちっとも混合されたものではないことになろう）。また、(2) ある要素のいずれの部分もみな、別の要素のいずれの部分の脇にもあるほどに分割されていることで混合される、などと言うべきではない。なぜなら、そのように分割されることは不可能だからである。それゆえ、混合は存在しないことになるか、それとも、混合はいかなる仕方で生じうるかを再度説明すべきかのいずれかである。

実は、われわれの主張しているように[6]、存在するもののうち、あるものは作用しうるものであり、あるものはそれらによって作用を受けうるものである。そこでまた、互いに同じ質料をもつものの場合、それらは相互的なあり方をする、つまり、互いに作用しうるとともに、また互いから作用を受けうるものである(7)。しかし、互いに同じ質料をもたないものの場合、作用を受けないものでありながら作用を及ぼす(8)。これらについては混合は存在しない。それゆえ、医術も〔医者の心のうちにある〕健康〔概念〕も〔患者の〕身体と混合することによって健康をもたらすというわけではない(9)。また、作用や受作用しうるもののうち、容易に分割さ

---

(1)「あのような仕方(ἐκείνως)で語られる」とは、上の(i)と(ii)のいずれを指すのか。多くの訳者およびクーパ(p. 319, n. 5)は ἐκείνως という語によって、(i)を指すとしている。ウィリアムズ(p. 146)はそのことを認めつつも、しかし、大麦と小麦の例は(ii)に適合することを指摘している。

(2)融合(κρᾶσις)は混合の種であり、液体の混合が融合である。『トピカ』第四巻第二章一二二b二五―三一参照。しかし、アリストテレスは融合をつねにこの厳密な意味で用いているわけではない。たとえば三二八a一二の τοῦ κραθέντος = τοῦ μιχθέντος.(ジョウアキム p. 185)

(3)原語は λόγος. この語を「割合」と訳すよりは「定義」あるいは「構成」、「性質」と訳す方がよいことをミュグレル(p. 42, n. 2)は指摘している。それは次の理由による。融合から結果するものは同質体であり、それの分割をどれだけ進めようとも、異質的部分を隔離することができないような物体である。それゆえ、そのような物体においては、区別されたり数えられたりする微粒子をもつことは不可能であり、したがってまた、割合をもつことも不可能である。なぜなら、割合は数を前提するからである。

(4)ここでは「融合」=「混合」。前註(2)参照。

(5)アルゴー船乗組員の一人で、視力の鋭いことで有名な伝説上の人物。

(6)本巻第七章三二四a二四―b二二参照。

(7)本巻第七章三二四b一―三参照。同じ質料をもつもの同士の場合、たとえば食餌は患者の身体に作用しつつも、身体によって熱くされるなり、他の何らかの作用を被らなければならない。

(8)本巻第七章第三二四a三四―b一参照。

(9)八五頁註(3)参照。

れうるものの場合、多量のものが少量のものと、また、大きいものが小さいものと一緒にされても混合をもたらさないで、ただ、優勢であるものの増大をもたらすだけである。なぜなら、一方のものは優勢なものへと転化するからである（それゆえ、一滴の酒は多クース[1]の水と混合したりはしない。なぜなら、酒の形相は滅び、水全体へと転化するからである）。しかし、［混合する］要素がその能力において何らかの仕方で等しい場合には、いずれも自らの本性から出て、優勢なものへと転化するのであるが、一方のものに成り切ってしまうのではなくて、両者に共通的な性質を具えた、中間的なものとなるのである。

　作用するもののうち、反対性をもつかぎりのものが混合されうるものであることは明らかである（なぜなら、それらは互いに作用を受けうるものだからである）。そして、小量のものが小量のものと並置される場合にはいっそう混合される。なぜなら、互いにより容易に、また、より速く転化するが、しかし、多量のものが多量のものによって転化するには長時間かかるからだ。

328b
　それゆえ、分割や作用を受けうるもののうち、容易に限定されうるものが混合されうるものである。というのは、そういうものは小さいものへと容易に分割されるし、「容易に限定されうる」とはそういうことだったからである。たとえば、物体のうちでは液状のものが最も混合されやすいものである。なぜなら、分割されうるもののうち、粘るものは別として、液状のものは最も限定されやすいからである（というのは、粘るものはただ、その嵩を増し大きくなるだけであるから）。しかし、一方のみが作用を受けうるものである場合には、あるいは、一方は大いに作用を受けうるものであるが他方はわずかにそういうものである場合には、両者から混合されたものはその量を増さないか、あるいはわずかに増すだけである。このことは錫[2]と銅について起きることである。なぜなら、存在するもののうち、或るものたちは互いに合金とはなりにくく、どっちつかずの振る舞いをするのだが[3]――というのは、一方は形相で他方は形相を受け容れうるものであるかのごとく、なんとか辛うじて混合するもののように見えるからである――まさにこのことが錫と銅について起きるからである。というのは、錫はあたかも銅の、非質料的な一種の属性であるかのように消えてなくなり、ひとたび混合すると色づけをしただけで立ち去るからである[4]。この同じことは他のものについても起きる。

そこでいま、以上に語られたことからして、混合が存在すること、また、混合の何であるか[5]、そして、い

（1）χοῦς. 容積の単位。一クースは三・二四リットル。

（2）錫は空気性のものであり、空気で充ちていて、それへ転化しがちなので、銅と混合される過程で、火によって熱せられると完全に蒸発する。そして、銅に対して色付けをするだけで、量的には何の付加もしない。（ピロポノス p. 201）

（3）錫と銅の両者は一方では混合されるもの同士として振る舞い、他方では形相と質料のごとき振る舞いをする。（ジョウアキム p. 187）

（4）錫と銅の混合において起きることを、感覚対象と魂について起きることに似ているとウィリアムズ（p. 151）は言う。つまり、魂における感覚機能は対象のもつ形相を、質料抜きで受け容れるように、銅は錫の色（形相に擬えられている）を、錫の質料抜きで受け容れるというわけである。なお、『魂について』第二巻第十二章四二四a一七―二一参照。

（5）本章末の一文によって混合の定義が与えられている。それによると、混合とは「質的に転化させられた・混合するものたちの一体化」である。この定義のうち、「一体化」は混合の類を表わし、残りの部分は種差を表わす。ただし、この定義では定義されるべき当のものが、定義的陳述の中で用いられているので、優れた定義とは言われえないのかも知れないのだが。

(328b) かなる原因によってあるか[1]、また、存在するもののうちのいかなるものが混合するのかが明らかである。というのは、互いによって作用を受けたり、容易に限定されたり、また、容易に分割される性質をもったものがあるからである。なぜなら、それらのものは混合されても、必ず消滅するというのでもなく、また「混合する前と」端的に同じだというわけでもないし、また、それらの混合は合成でもなく、感覚との関係で存在するのでもないからだ。そうではなくて、限定されやすいものでありながら、作用を受けたり作用したりしうるものが混合されうるものであり、また、他のそのような性質のものと混合されうるものである（なぜなら、混合されうるものは同名のもの[2]と相関的だからである）。そして混合とは、質的に転化させられた・混合されうるものたちの一体化である。

(1) 混合する両要素の基に共通の質料があり、両要素が対等に作用し、また作用を受けることが混合の成立する原因である。
(ピロポノス p. 202)

(2) 原語は *ὁμώνυμον*. この語はここでは『範疇論』一a一—二に与えられているような術語的な意味では用いられていない。むしろ「同名同義的なもの（*συνώνυμον*）」の意味で用いられている。Aについて、「混合されうるもの（*μικτόν*）」と語られるとすれば、Aは他のあるもの、すなわちBと混合されうるものである。すると、Bについても「混合されうるもの」は言われうるのでなければならない。この場合、Aの相関者Bについても *μικτόν* はAの場合と同義的に語られるのでなければならない。

第二巻

第一章

(328b) さて、混合と接触、作用することと作用を受けることは自然的に転化するものについてどのような仕方であるのか、すでに語られている(1)。また、端的な生成と消滅についても、それがどのようにして、いかなるものについて、さらに、いかなる原因によってあるのかがすでに語られている(2)。同様にまた質的転化についても、それはいったい何であるか、また、端的な生成や消滅とはいかなる違いをもっているのかが語られた(3)。

残るところは、物体の、いわゆる元素(4)について考察することである(5)。なぜなら、自然的に構成されているすべての実体にとって、生成や消滅は感覚される物体なしにはおこなわれないからである。しかし、感覚されうる物体の基にある質料を、あるひとびとは一つだと主張し、たとえば空気あるいは火(6)、あるいは物体であって、離れてあるものではあるが、それら空気と火の中間的な何ものかであるとしている(7)。しかし、ある 329a ひとびとはその数(8)を一つより多くあるとし——火と土だとするひとびともいれば(9)、それらに第三番目のものとして空気を加えたり(10)、また、エンペドクレスのように、第四番目のものとして水を加えるひとびともいる——、それらが結合したり分離したりして、あるいは質的転化をして(11)、生成や消滅が事物に起きるのだとしている。

それらが結合あるいは分離によってなり、あるいは他の転化によって転化するなりして、生成や消滅が起きるところの、それら第一のものたちを、始源とか元素と呼ぶのは正しい。このことは同意されているものとしよう。しかし、[1]あるひとびとはすでに語られたもの[12]とは別に、なお一つの質料を立て、しかもそれ

---

(1) 接触については第一巻第六章、作用と受作用については第七—九章、混合については第十章で語られている。
(2) 第一巻第一—三章。そしてとくに第三章。
(3) 第一巻第四章。
(4) 「いわゆる元素（τὰ καλούμενα στοιχεῖα）」とは火、空気、水、土の四元素を指す。単に「元素」と言わずに「いわゆる」と付言されている理由は次のことにある。アリストテレスは物体の構成要素として、四元素よりももっと根本的な第一質料と二組の反対性質を考えている。
なお、「いわゆる元素」という言い方は、第一巻第六章三二二b一—二、本巻本章三二九a一六、二六でもなされている。七一頁註（3）参照。
(5) 第一巻第六章冒頭で言及され、しかし先送りされていた問題。
(6) 空気としたのはアポロニアのディオゲネスおよびアナクシメネス。火としたのはヘラクレイトスおよびヒッパソス。また、ここには記されていないが、水としたのはタレスおよびヒッポン。
(7) アナクシマンドロスのト・アペイロン（無限定的なもの）を指す。それは諸属性を離れてあるものとして、火や空気などとは別に存在していると考えられていた。なお、一一八頁註（1）および一二一頁註（2）参照。
(8) 感覚される物体の基にある質料の数。
(9) たとえばパルメニデス。四三頁註（5）参照。
(10) キオスのイオン。悲劇詩人。（ピロポノス p. 207）
(11) ここに言われている結合や分離、質的転化については第一巻第一章三一四a六—b八参照。
(12) 火と土、空気、水。

(329a) を物体的なものであり、離れてあるものだとしているが、これは誤りである。[1] というのは、その物体は感覚される反対的性質なくしてはありえないからだ。すなわち、あるひとびとが始源であると主張しているその無限定的なものは、軽いとか重い、あるいは熱いとか冷たいのでなければならないからである。[2] また、(2)『ティマイオス』における説も正確さを欠いている。というのは、プラトンは「あらゆるものの受容者[3]」は元素を離れて存在するのか、明言していないし、[4] また、金製品にはそれの基体として金があるように、いわゆる元素の場合だと件の受容者はより先なる何らかの基体としてあると言いながら、それをちっとも用いていないからである[5]（もっとも、この例にしてもこのような喩えをもって語られてはまずいのであって、質的転化をするものについてはそれでよいとしても、しかし、生成とか消滅するものについては、それから生じてきたその当のものの名で呼ばれることは不可能なのである。[6] とはいえ、すくなくともプラトンは、金製品のそれぞれを金であると言うのはきわめて正しいのだと主張している）[7]。それどころか彼は、諸元素は立体であるのに、それらを平面にまで分解しているが、しかし、平面は乳母すなわち第一質料などではありえな

---

(1) アナクシマンドロスのト・アペイロンが批判されている。ただし、アリストテレスの批判は、四元素とは別のものを質料として立てたことに向けられているのではなく——非物体で形相を欠いたものであれば問題はない——、四元素とは別のものでありながら、それにもかかわらず、物体であり、かつ諸属性を離れて存在するものであるとすることに向けられている。（ピロポノス p. 208）

(2) すなわち、その無限定的なものが物体だとした場合、アリストテレスの観点からすれば、熱と冷、乾と湿という二組の反対的性質のうちの組み合わせによる一対（熱と乾、熱と湿、冷と湿、冷と乾）をもたなければならない。するとその無限定的なものは四元素のうちのいずれか一つであることになり、

四元素を離れてあるものではありえない。

なお、本巻第五章三三二a二〇—二七参照。

(3) 原語は *πανδεχές*. 次註参照。

(4) アリストテレスの批判が向けられている「あらゆるものの受容者」はさまざまな名で呼ばれるが（たとえば、「乳母（*τιθήνη*）」四九Ａ六、「母親（*μήτηρ*）」五一Ａ四、「あらゆる生成の受容者（*ὑποδοχὴ πάσης γενέσεως*）」四九Ａ五—六、「場（*χώρα*）」五二Ａ八、「印刻を受ける素材（*ἐκμαγεῖον*）」五〇Ｃ二）、一方では(a)受容者なり場として、それの内に含まれる四元素を離れて存在するものとして解され、他方では(b)イデアの影を刻されて四元素を生成せしめる素材として解されるかぎりにおいて、四元素を離れて存在するものたりえない。「あらゆるものの受容者」はこれら(a)と(b)のいずれを指すのか不明である。

なお、プラトン『ティマイオス』四八Ｅ—五七Ｄ参照。

(5) 前註の(b)に記したように、「あらゆるものの受容者」は、四元素がそれから生成するところの素材のようにも解されうる。しかしプラトンは、いざ、四元素の成立を説く段になると、それらを二種類の要素的三角形に還元し、あるいはそれらから成ると説くのであって（『ティマイオス』五三Ｃ以下）、「印刻を受ける素材」としての「あらゆるものの受容者」は除け者にされたままである。

(6) ある基体（質料）が質的転化を受けて、ある別の性質のものとなった場合（それをＢとする）、そのＢを元の基体の名で呼ぶのは正しい。たとえば、金が冷たいものから熱いものとなった場合、その熱くなったものを金と呼ぶのは正しい。しかし、基体からあるものが生成した場合であれば、生成した当のものを元の基体の名で呼ぶのは正しくない。たとえば金を素材として像が作られた場合、当の像を金と呼ぶのは正しくない。あえて基体の名をもって呼ぶとすれば、金製の像と言わなければならない。

なお、このような語法の区別に関しては、『自然学』第七巻第三章二四五ｂ三以下、『形而上学』Ｚ巻第八章一〇三三ａ五以下、Θ巻第七章一〇四九ａ一八以下参照。

(7) プラトン『ティマイオス』五〇Ａ五—Ｂ二参照。

(329a)

い。[1]

われわれの主張は次のものである。感覚されうる物体には何らかの質料があり、しかしそれは離れてあるものではなくて、[2]いつも反対対立とともにあり、いわゆる諸元素はその質料から生じるのである。それら［質料と反対対立］については別の所でもっと詳しく規定されている。[3]しかしそれでもやはり、第一の物体[4]もこの仕方で成立しているので、離れてあるものではなくて、しかも反対対立たちの基にある質料を、始源であり第一のものであると解したうえで、第一の物体について規定しなければならない（というのは、熱は冷の質料ではないし、冷も熱の質料ではなくて、両者にとって基体としてあるものが質料だからである）。したがって、始源とされるのはまず、可能的に感覚されうる物体であるもの、[5]次に、たとえば熱さや冷たさのような反対対立たち、そして、ようやく第三番目に火や水およびこれらに類したものである。[6]［第一の物体が

(1) 一一九頁註(4)の(b)に記したように、プラトンの場合「あらゆるものの受容者」は、四元素がそれから生成するところの素材のようにも解されうる。ところで、もし金製品が素材である金の名をもって呼ばれるのが正しいとすれば、まったく同様に、四元素は、それらの素材として想定されている「あらゆるものの受容者」の名で呼ばれうることになる。

この「あらゆるものの受容者」は一一九頁註(4)に記したように「乳母」とも呼ばれる。また、プラトンは四元素を二種の三角形、つまり平面にまで分解している（一一九頁註(5)参照）。

したがって、プラトンによれば、「平面は乳母すなわち第一質料である」ことになるが、これはおかしい。

なお、プラトンの「あらゆるものの受容者」を指しているのではあるが、ここに第一質料（ἡ ὕλη ἡ πρώτη）という言葉が用いられている。ジョウアキム（p. 196）によるとその理由は次のことにある。プラトンの言う乳母あるいは受容者が

『ティマイオス』で果たしている役割は、生成についてのアリストテレスの説で、第一質料の果す役割と類比関係にあるからである。

(2)アリストテレスがここで述べようとする質料は、三二九a八以下で批判された、アナクシマンドロスの主張する「ト・アペイロン」、および、プラトンの主張する「あらゆるものの受容者」と類比的に捉えられている。そのうえで、それらとの違いが指摘されている。

アナクシマンドロスの場合、ト・アペイロンは、それから四元素が生じてくるところの質料であるが、しかし、その質料は四元素とは別な物体であり、しかも、諸属性を離れて存在するものである。アリストテレスの批判は、このような離存する質料に向けられている。

プラトンの場合にも、「あらゆるものの受容者」は、すでに一一九頁註(4)で(a)として記したように、一方では四元素とは別に、それらを離れて存在すると解されている。

それに対してアリストテレスは、四元素がそれから生じるところの質料は、四元素とは別に、それらを離れてあるものではないことを主張する。

(3)この一文において「それら」が何を指すかについて意見が分かれる。ウィリアムズ(p. 155)やブローディ(p. 140)は直前の「諸元素」を指すとし、したがって「別の所」とは『天について』の第三、四巻を指すとしている。しかしピロポノス(p. 210)やジョウアキム(p. 199)は「質料」および「反対対立」を指すとし、したがって「別の所」とは『自然学』第一巻第六—九章を指すとしている。

『自然学』のその箇所は、広義における生成の始源を質料と形相、形相の欠如として析出している。このことは、諸元素の成立を質料と反対対立とによって捉えようとする、いまここでの記述と相通じる。

(4)原語は *τὰ σώματα τὰ πρῶτα*. これまで「いわゆる」という限定が付されて言及されていた四元素を指す。物体としては第一のものであるという意味である。というのは、元素はさらに第一質料と反対対立という要素へ分析されるからである。

(5)すなわち第一質料。

(6)三二九a二四の「われわれの主張は……」以下ここまでは、アリストテレスは第一質料の存在を認めていたかという問題との関連で、研究者たちによって引き合いに出される箇所の一つである。アルグラ(p. 102, n. 26)、ブローディ(p. 140)、チャールタン(p. 132)、ウィリアムズ(p. 214)参照。なお解説の五を参照。

329b ようやく第三番目だというのは、〕これらは相互に転化し合うのであるが（それもエンペドクレスや他のひとびとが主張するような意味においてではない――さもなければ質的転化はないことになろうから[1]――）しかし、反対対立たちは転化しないからである[2]。

だが、そうであるとしても、やはり問題は残る。では、どのような反対対立が、また、どれだけの数のものが物体の始源として存在するのか。なぜなら、他のひとびとも反対対立を措定して用いているが、しかし、なぜそれらの反対対立なのか、あるいはなぜそれだけの数であるのか、何ら述べていないからである。

第二章

ところで、われわれは感覚される物体、すなわち、触れられうる物体の始源を求めているのであり、触覚の対象が触れられうるものなので、いかなる反対対立でも物体の形相[3]や始源をなすというわけではなくて、触覚に応じた反対対立だけが形相や始源なのだということは明らかである。なぜなら、〔第一物体は〕反対対立によって、しかも、触覚の対象であるそれによって互いに異なるからである。それゆえ、白さとか黒さも、甘さや苦さも、同様にまた他の感覚される反対対立のいかなるものも元素を構成しない。

それにしても、視覚は触覚よりも先なるものである[4]。したがって、視覚の対象も触覚の対象よりは先なるものである。しかし、視覚の対象が触れられうる物体の属性であるのは、その物体が触れられうるものであるかぎりにおいてのことではなくて、ある何ものかであることによるのである[5]――視覚の対象はたとえ本性上より先なるものであるとしても(6)。

では、触れられうる性質そのもののうち、いかなるものが第一の差異であり反対対立であるか、区別しな

(1) エンペドクレスの場合、一般に質的転化によって生じると考えられているところの白や黒、熱や冷などは、本来、元素に属しているものと考えられている。第一巻第一章三一四b一五—二六参照。

(2) たとえば熱いものが冷たいものになる場合、熱さが冷たさになるのではなくて、「もの」、つまり質料（＝基体）において熱さが冷たさと交替するのである。第一巻第六章三二二b一六—一八参照。

(3) 一二一頁註（3）参照。アリストテレスは前章三二九a二四以下で、感覚される物体の始源をなすのは「質料」と「反対対立」であるとした。ところで、これらの始源は『自然学』第一章第六—九章で、生成一般の始源を「基体と形相と欠如」として析出した論を踏まえて導出されたものであった。したがってアリストテレスがいま、三二九b九で「形相（εἴδη）」と言うとき、念頭にあるのは「反対対立」すなわち形相とそれの欠如である。したがって、三二九b二四以下で、始源としての反対対立は具体的に熱と冷、乾と湿として与えられるが、これらは単なる性質ではなくて、元素の構成要素として、質料に対する形相の働きをするものとして捉えられていることに注意しなければならない。

(4) 視覚と触覚を比較した場合、いずれが先なるものであり優れたものであるかは一義的には決定されえない。たとえば、動物が生きるためには触覚は不可欠であり先であるが、よく生きるためであれば視覚は不可欠であり先である。なぜなら、視覚はわれわれに最もよく事物を認識させてくれるからである（『魂について』第三巻第十二章四三四b二二—二五、『形而上学』A巻第一章九八〇a二四—二八参照）。

(5) つまり、触れられうる物体が「視られうる物体」であると解された場合を指す。

(6) この章のはじめで言われているように、触れられうる物体の始源が求められている。したがって視覚の対象が触覚の対象よりもたとえ先なるものであるとしても、求められている始源は触覚の対象としての反対対立である。

なお、ピロポノス（p. 214）が指摘しているように、あらゆる感覚の対象のうち、触知される反対対立だけが、あらゆる物体に行き渡っているものである。

ければならない。触覚に関わる反対対立は次のものである。熱と冷、乾と湿、重と軽、硬と軟、粘と脆、「ぎざぎざした」と「滑らかな」、「きめの粗い」と「きめの細かい」である。これらのうち、重と軽は作用をなしうるものでもないし、作用を受けうるものでもない[1]。なぜなら、これらは別のものに何か作用するとか、別のものによって何か作用を受けるということで、そう語られるのではないからであり、しかるに元素は互いに作用したり作用を受けたりしうるものでなければならないからだ。なぜなら、元素は混合し、相互に転化し合うからである。それに対して、熱と冷、乾と湿の場合、一方の対は作用しうるものとして、また、他方の対は作用を受けうるものとして、事物について語られるのである[2]。というのは、熱いものとは同類のものを結びつけるもののことであり（なぜなら、分離することは——それは火のすることだとひとびとは言うのだが——同族のものを結びつけることであるから。というのも、同族でないものを排除することだからだ[3]）、しかし、冷たいものとは同類のものも同族でないものも同じようにまとめ、結びつけるものだからである[4]。また、湿ったものとは〔他のものの限界によっては〕限定されやすいものでありながら、自らの限界によっては限定されえないものであり、乾いたものとは、自らの限界によって容易に限定されるが、他のものによっては限定されにくいものである。

しかし、「きめの細かい」と「きめの粗い」、粘と脆、硬と軟および他の触知される差異は湿と乾から派生する。というのは、湿ったものは自らによっては限定されにくいが、他のものによって限定されやすく、己の接触するものに順応するからである。このゆえに、〔隈なく〕充たすのに適していることは湿ったものの特
330a 性であるが、きめ細かいものもそういう特性をもつ（なぜなら、微細な要素から成るからであり、また、微

小な部分から成るものは充たすのに適しているからだ。というのも、全体が全体[5]に接触するからであり、きめ細かいものはとくにそういう性質のものだからだ）。したがって明らかに、「きめの細かい」は湿から派生し、「きめの粗い」は乾から派生するのである。[6]

（1）というのは、重いものや軽いものは、それらの脇に置かれたものを重くも軽くもしないからである。ごつごつしたものや滑らかなものにしても事態は同じである。（ピロポノス p. 215）

（2）四元素のうちで、乾はとりわけ土に固有のものであり、湿はとりわけ水に固有のものである（『気象論』第四巻第四章三八二a三―四）。土や水によって代表される乾いたものや湿ったものを素材として一つの物体を構成すべく、熱や冷は限定するのでなければならない。では、どのようにして限定するのか。濃くしたり（*παχύνοντα*）凝固させたり（*πηγνύντα*）してである（同、第八章三八四b二四―二六）。ものが凝固させられたり硬くされたりするのは、熱が湿ったものを乾かしたり、冷が熱を追い出したりすることによってである（同、三八五a二二―二六）。

（3）『天について』第三巻第八章三〇七a三一―b五参照。そこでは、結びつけることは火の自体的な働きであり、分離することは付帯的な働きだとされている。分離することの例として、ジョウアキム（p. 207）は、ワインが容器で熱せられると、土質のものは底に沈澱し、蒸気質のものは上方に集まることを挙げている。

（4）たとえば、水が凍った場合、木屑や藁や小動物を一緒に固める。（ジョウアキム p. 207）

（5）微小な部分から成るものの全体が、それを容れている器の全体に。

（6）ジョウアキム（p. 209）は次のことを指摘している。きめ細かいものは、それを容れている器を隈なく充たすのに適したものである。このことは、それが湿ったものと密接な関係にあることを示している。ところで、熱は稀薄化の、また冷は濃厚化の原因であるので（次章三三〇b一一―一三参照）、われわれは次のように推測してよい。すなわち、きめの細かさと粗さはそれぞれ湿と乾からの派生形態であり、熱と冷の働きによってもたらされるのである。

（330a）

さらにまた、粘は湿から派生するが（なぜなら、粘るものは、たとえば油のように、何らかの作用を受けた湿ったものだからである）、しかし脆は乾から派生する。なぜなら、完全に乾いており、湿り気がないために凝固しているものが脆いものだからである。[1] さらにまた、一方、軟は湿から派生しており（というのは、軟らかいものとは［圧されると］自身へと退き、しかも、湿ったものの場合とは違って、全体としての位置を変えないものだからである。[2] それゆえ、湿ったものはすべて軟らかいというわけではなくて、軟らかいものは湿ったものであり、それから派生しているのである）[3]、他方、硬は乾から派生している。なぜなら、硬いものは凝固したものであり、凝固したものは乾いているからである。

ところで、乾いたものと湿ったものとは多くの意味で語られる。なぜなら、乾いたものには湿ったものも濡れたものも対立させられるし、また逆に、湿ったものには乾いたものも凝固したものも対立させられるからである。[4] しかし、これらすべての性質は最初に語られた意味での乾と湿[5]から派生している。なぜなら、濡れたものには乾いたものが対立させられ、外来の湿り気を表面にもつものは濡れたものであるから――そういう湿り気によって内部まで浸されたものはびしょ濡れのものであり、そういう湿り気を無くしたものが乾いたものである――濡れたものは湿から派生し、それと対立した乾いたものは第一の意味における乾から派生していることは明らかだからである。さらに、湿ったものと凝固したものとの場合[6]も同様である。なぜなら湿ったものとはそれ自身の湿り気を内部にもったものであり[7]――だが、外来の湿り気を内部にもったもの

（1）粘るものと脆いものとについては補註C参照。

（2）ウィリアムズ（pp. 159–160）は次の例を挙げている。クリ

ケット用の球を一鉢のパテの中へ落とすと、パテは凹み、自身へと退くが全体としては位置を変えない。しかし一鉢の水に落とすと水は除けられ、よそへ移る。

(3)ここで言われているのは次のことである。湿ったものとは、「他のものの限界によっては限定されやすいものでありながら、自らの限界によっては限定されにくいもの」である(三二九b三〇—三一)。この括弧内のことは湿ったものの特性であり、何らかの本質である。ところで、軟らかいものもそのような特性を示すので、軟らかいものは湿ったものであるが、湿ったもののすべてが軟らかいというわけではない。湿ったものは軟らかいものよりも概念的に広い。では、湿ったものを軟らかいものと他の何かへと分ける種差は何か。それは、圧された場合に、(a)全体として位置を換えるか、(b)換えないかである。軟らかいものの場合、(b)が種差を成している。(ピロポノス pp. 220-221)

(4)AにはBもCも対立したものとして語られるならば、Aには、Bに対立した意味と、Cに対立した意味とが含まれており、したがって、Aは多義的に語られる。

(5)三二九b三〇—三二参照。

(6)湿ったものは第一義的には乾いたものと対立的に語られ、また、凝固したものとも対立的に語られる。したがって、いまここで取り上げられている湿ったものは、凝固したものと対立的に語られるところの湿ったものの方である。

なお、湿ったものと凝固したものとの対立は、第一巻第九章三二七a一七—二二でも語られていた。

(7)たとえば蝋、鉛などのように熔けるもの。(ピロポノス p. 222)

がびしょ濡れのものである[1]——、しかし、そういう湿り気を無くしているものが凝固したものであり[2]、したがって、これらのうち、一方は第一の意味での乾から派生し、他方は第一の意味での湿から派生している[3]。

そこでいまや、以下のことが明らかである。他の諸々の差異はこれら第一の四つのものへ還元されるが、これら四つはもっと少ないものへと還元されることはない。というのは、熱はまさに湿であるのでも、乾であるのでもないし、湿はまさに熱であるのでも、冷であるのでもなく、また、冷と乾にしても、一方は他方に下属することはなく、また、熱や湿に下属することもないからである。したがって、これら四つがなければならない。

第三章

要素的性質[4]の数は四つであり、それら四つの組み合わせは六通りである。しかし、反対のもの同士は本来結びつかないので（というのは、同一のものが熱いとともに冷たいことも、また、湿っているとともに乾いて
330b
いることも不可能であるから）、要素的性質の組み合わせは熱と乾、湿と熱、さらに冷と乾、冷と湿の四つである、そして、それぞれの対は外見上の単純物体[5]、すなわち火、空気、水、土に対応する仕方でそれぞれに伴っている。というのは、火は熱く乾いており、空気は熱く湿っていて（なぜなら、空気は蒸気のごときものであるから）水は冷たく湿っているが、土は冷たく乾いているからである。したがって、これらの差異が第一物体に配されることも、また、それらの数が対応していることも理に適っている。なぜなら、単純

（1）たとえば、毛織物や土（『気象論』第四巻第九章三八五b一四）、スポンジ（同、三八六b五）などが外来の湿気を内部深くもつ場合。

（2）たとえば、貝殻や熔けない鉱物。（ピロポノスp. 222）

（3）三三〇a一二の「ところで……」以下、ここまでについてその内容をまとめておくと次のようになる。

湿ったものも乾いたものも、以下に示すように多くの意味で語られるが、すべて第一の意味で語られる湿と乾（三二九b三〇―三二）から派生して語られる。

湿ったもの

（i）自身の表面に、外来の湿気をもつもの＝濡れたもの

（ii）自身の内部にまで外来の湿気で浸透されたもの＝びしょ濡れのもの

（iii）それ自身の湿気を内部にもつもの＝湿ったもの

これら（i）―（iii）のそれぞれに順次対応して、乾いたものがある。

乾いたもの

（i）濡れていたが、後に乾いたもの＝乾いたもの

（ii）びしょ濡れであったが、後に乾いたもの（アリストテレスはそのものを指す名を挙げていない）

（iii）それ自身の湿気を無くしているもの＝凝固したもの

（4）原語は *στοιχεία*.

（5）われわれの身辺にあって感覚される火や空気、水、土は四つの元素として感覚される物体を構成するものである。しかし、本巻第一章三二九a二四以下で四元素のそれぞれは、もっと根本的な要素である第一質料と反対対立へと分析されるに及んで、やっと第三番目に位するものと解された。そのことに応じて、四元素は物体としては第一であり、したがって第一物体の名で呼ばれることになった。

そしていまここで（三三〇b二）、第一物体は「外見上の単純物体（*τοῖς ἁπλοῖς φαινομένοις σώμασι*）」と呼ばれている。したがって、真に単純物体と呼ばれるべきものの存在することが、議論の進展する先（三三〇b二一―二五）に予測されている。

(330b)

物体[1]を元素だとしているすべてのひとびとのうち、あるひとびとはそれを一つであるとし、あるひとびとは二つ、あるいは三つ、あるいは四つとしているからである。

ところで、元素をただ一つであると主張したうえで、それの濃縮化と稀薄化でもって他のものを生じさせているひとびとの場合[2]、始源は二つだとしていることになる。すなわち、一つは稀薄なものと濃厚なもの、あるいは熱いものと冷たいもの[3]——これらは造形するものである[4]——であり、そして［彼らが主張している］一つのものは［造形するものにとって］質料として基にあるものである。

しかし、パルメニデスが火と土を元素であるとしているように[5]、はじめから元素を二つであるとしているひとびとは、それら二つの混合物であって、中間をなすもの、たとえば空気と水があるとしている。また、元素を三つであるとするひとびとも同様のことをしている[6]（たとえば、プラトンが『分割』[7]においてやっているようにである。というのは、彼は中間のものを混合物としているからだ）。元素を二つだとしているひとびとも、三つだとしているひとびとも、実はほとんど同じことを言っているのだ。ただし、前者は中間のものを二つに分けているのに、後者は中間のものをただ一つだけだとしている違いはある。しかし、あるひとびとははじめから四つの元素があるとしている。たとえば、エンペドクレスがそうである。しかし、彼もまたそれらを二つへ還元している。というのは、他の三つを火に対立させているからである[8]。

（1）ここで言われている単純物体はすぐ前で「外見上の単純物体」と言われたもの、つまり、一般的に元素と考えられている火や空気、水、土を指していると考えられる。なぜなら、元素を一つないし四つだとする先哲たちは、三三〇b二一—

二五で語られる、アリストテレス的な意味での単純物体を想定していないはずだからである。

(2) 一つの元素を空気であるとし、それの濃厚化と稀薄化によって他の物体が生じてくるとするのはアナクシメネス。

(3) 稀薄化は熱により、濃厚化は冷によると考えられている。『動物の発生について』第五巻第三章七八三a三七―b二参照。

(4) 原語は δημιουργοῦντα. 乾いたものと湿ったものに作用することで、合成物を形成する力としての熱と冷とに、アリストテレスはこの語を適用している。『気象論』第四巻第八章三八四b二六、第十章三八八a二七、第十一章三八九a二八参照。

(5) 四三頁註(5)参照。

(6) 元素を三つあるとする説については、本巻第一章三二九a一―二でも言及されており、ピロポノスはその説をキオスのイオンのものだとしている。一一七頁註(10)参照。

(7) アリストテレスは元素(στοιχεῖα, 要素)を三つであるとする説をプラトンの『分割』に帰している。その三つの要素とは何か、また、『分割』はプラトンのいかなる作品なのかをめぐって、研究者たちの見解は多様である。

ジョウアキム(pp. 214-217)はピロポノス、および、ピロポノスによって言及されているアレクサンドロスの見解を検討した後、次の結論に達している。(a)『ティマイオス』三五A以下で、宇宙の魂を構成する三要素について述べられている。また、(b)神はその三要素を混合して一つのものとなし、それを分割することが述べられている。したがって、アリストテレスがここで三つの要素として言っているのは、(a)の三要素を指し、「ティマイオス」において(b)のことを述べている部分(三五B)が『分割』として言及されているとしても、それは大いにありそうなことである。

ウィリアムズ(p. 161)は次のことを指摘している。三三〇b一六の『分割』およびその他の点については不明である。しかし、アリストテレスがいまここで直面している事柄の哲学的な意味は、その不明な点の解決如何ということには何ら左右されない。

(8)『形而上学』A巻第四章九八五a三一―b三、エンペドクレス「断片」六二(DK)参照。

しかし、火にせよ空気にせよ、また、これまでに語られたいずれにせよ、単純物体[1]ではなくて混合物である。単純物体はそれらと似たものではあるが、しかし同じものではない。たとえば、火に似たものは火的なものではあるが火ではない。また、空気に似たものは空気的なものである。他のものについても同様である[2]。しかし、氷は冷たさの過剰であるように、火は熱さの過剰である。というのは、凍結と沸騰はある種の過剰、つまり、一方は冷たさの、他方は熱さの過剰だからである。そこでもし、氷は湿っていて冷たいものの凍結であるならば、火は乾いていて熱いものの沸騰であろう（それゆえまた、氷や火からは何も生まれないのである[3]）。

単純物体は四つであるが、二組のそれぞれは二つの場所のそれぞれに属している（なぜなら、火と空気は境界の方へ動くものの側に入り、土と水は中心の方へ動くものの側に入るからである[4]）。そして、火と土とは端にあり、最も純粋なものであるが[5]、水と空気は中間にあるものであり、いっそう混合物である。また、
331a 一方の組のそれぞれは他方の組のそれぞれと反対のものである。すなわち、水は火と反対のものであり、土

（1）一二九頁註（5）参照。
まず本巻第一章三二九a二四—三五で、第一物体を構成する始源として第一質料と、反対対立が挙げられた。
次に前章三三〇a二四—二九で反対対立のうち、熱と冷、乾と湿だけが第一物体を構成する要素であることが結論された。
次に本章三三〇a三三—b七で、反対対立のうち、熱と乾、熱と湿、冷と湿、冷と乾のそれぞれ一対が、この順序で火、空気、水、土という、外見上の単純物体を構成する要素をなしているとされた。
したがって、外見上の単純物体との類比で言えば、それぞれの単純物体は第一質料プラス一対の性質（＝形相。一二三

頁註（3）参照）であることになる。

（2）単純物体としての火は、外見上の単純物体たる火ではなくて、火と似たもの、火的なものである。同様のことは他の単純物体についても言える。

外見上の単純物体に対する単純物体の相違点はどこにあるのか。前者に対して後者は純粋であるか、あるいは有している性質が穏やかであることをロス（p. 106）は指摘している。ジョウアキム（p. 217）は単純物体の純粋さを挙げている。ウィリアムズ（p. 161）は、単純物体の有する性質の穏やかさを挙げている。

しかし、外見上の単純物体について、三三〇b二二で「混合物（μικτά）」と言われ、また、b二五で火について「熱の過剰」と言われていることを考慮すれば、単純物体の特質は有する性質の穏やかさと純粋さにあることになろう。

（3）氷が水に対するように、火は、火に似ている真なる単純物体に対する。火は単純物体としての火における一つの性質――熱――の過剰である（『気象論』第一巻第三章三四〇b二三）。そのことは、氷が水における冷の過剰であるのと同様である。前註に記したように、単純物体の特質は純粋さと、有する性質の穏やかさにある。そのことによって、単純物体は骨や肉などの同質体を構成する要素となりうる（本巻第七章三三四b二八―三〇参照）。これに対して、氷や火といった過剰なものはいかなる生命体をも生まない。

（4）ここの議論は『天について』の説（第四巻第三―四章）を踏まえている。「二つの場所」とは月下界内での上方と下方である。下方は宇宙の中心部であると同時に、大地の中心部でもある。上方とはその中心部から遠ざかる方向である。この二つの領域に対応して二つの極端の単純物体がある。絶対的に重いものである土と絶対的に軽い火とである。これら二つの間に中間的な物体があり、それは水と空気である。これらは相対的に重い、あるいは軽い。水は空気や火より重いが土より軽い。空気は火より重いが水や土より軽い。したがって、火や空気は水や土に対して上にあり、包むものの側にある。水や土は包まれるものの側にある。

アリストテレスは包むものを形相の側に入れ、包まれるものを質料の側に入れる（『天について』第四巻第四章三一二a一二―一三参照）。

（5）重さの要因という点で純粋であることを意味する。火は上方へ動く傾向性を極度にもち、土は下方へ動くそれを極度にもつ。（ピロポノス p. 229）

は空気と反対のものである。なぜなら、それらはそれぞれ反対の受動的性質から成り立っているからである。[1]しかし、それでもやはり、単純物体は四つなので、それぞれはとりわけ一つの性質で特徴づけられている。すなわち、土は冷によるよりもむしろ乾により、また、水は湿によるよりもむしろ冷により、空気は熱によるよりもむしろ湿により、また、火は乾によるよりもむしろ熱によってである。[2]

第四章

単純物体にとって、生成は相互からであることはすでに規定されているし、[3]また同時に、そのように生成のなされることは、感覚によっても明らかであるので（というのは、さもなければ質的転化もないことになろうからである。なぜなら、質的転化は触れられうる物体の受動的性質に関しておこなわれるからである[4]）、相互転化の仕方はいかなるものであるか、またそれらのいずれもがいずれからも生じることが可能なのか、それとも、あるものの場合には可能であるが、あるものの場合には不可能なのか、語らなければならない。[5]ところで、すべての単純物体が本来相互へと転化し合うことは明らかである。なぜなら、生成は反対のも

（1）「水は火と反対のものであり、土は空気と反対のものである」と言われている。これら四つの単純物体はそれぞれ実体であり、「実体には反対のものはない」とするのがアリストテレスの基本的な立場である（『範疇論』第五章三b二四―二五参照）。ところで、実体は質料と形相から成る。したがって、「実体には反対のものはない」というのは、ここで

は実体の質料に関してである。しかし、形相（＝一対の性質）に関しては「水は火と反対のものであり、土は空気と反対のものである」。というのは、水は形相において「冷と湿」であり、火は「熱と乾」、土は「冷と乾」、空気は「熱と湿」だからである。

（2）アリストテレスは単純物体を相互に比較しているわけではない。彼の直接の目的は、それぞれの物体を特徴づけている一対の性質のうちでは、一方は他方よりも、いっそう単純物体の特徴をなしている点を強調することにある。（ジョウアキム p. 219）

（3）「すでに規定されている」箇所とは、ジョウアキム（p. 220）、ウィリアムズ（p. 161）、ブランシュビック（p. 61, n. 84）の言うように、『天について』第三巻第六章三〇四b二三以下であろう。そこでは(a)元素たちは永遠だと説くエンペドクレスに対して、また、(b)土は他の三つの元素からは生じないとするプラトン（『ティマイオス』五四B―D）に対して、すべて四つの元素は相互に転化し合うことが論じられている。

したがって、いま本章の冒頭で言われている「単純物体」とは、前章三三〇b二三―二五で言われている、厳密な意味での単純物体ではなくて、外見上の単純物体、一般的に言われている単純物体を指すであろう。なぜなら、厳密な意味での単純物体の規定は、前章三三〇b二三―二五ではじめてなされているからである。

（4）すぐ前の「また同時に……」以下ここまでの論は、「感覚を通して、元素間の相互転換は立証される」ことを主張している。すなわち(イ)質的転化の存在することは明らかである（第一巻第一章三一四b一三―一五）、(ロ)質的転化は、触れられうる物体の受動的性質における転化を前提している（第一巻第四章三一九b八―一〇、本巻第二章三二九b七―一三）、(ハ)それゆえ、元素の相互転化は感覚的にも明らかである、という推理がなされている。この推理で、(ロ)から(ハ)への移行に問題がある。なぜなら、(ロ)において、質的転化によって前提されている「触れられうる物体の受動的性質における転化」＝「元素における熱⇅冷、乾⇅湿の相互転化」であるならば、(ハ)の結論は成立する。しかし、「触れられうる物体の受動的性質の転化」には、味や臭い、色などにおける転化も含まれる。したがって、上の等号で結ばれた両項は、元来、等号では結ばれない。したがって、質的転化の存在の自明性からは元素間の相互転化は立証されない。

（5）アリストテレスは外見上の単純物体について成立する相互転化は、厳密な意味での単純物体についても成立すると考えている。したがって、以下の論において、「元素」とは厳密な意味での単純物体を指すと考えてよい。

のへ、また、反対のものからであり、しかるに元素はどれも、その差異が反対をなしていることのゆえに、相互に対して反対のものをもっているからである。すなわち、あるものの場合には両方の差異が反対のものである。たとえば、水と火の場合がそうである（なぜなら、火は乾いていて熱く、水は湿っていて冷たいからである）。しかし、あるものの場合には、一方の差異のみが反対のものである。たとえば、空気と水の場合である（なぜなら、空気は湿っていて熱く、水は湿っていて冷たいからである）。したがって、いずれの元素も、本来、いずれの元素からでも生じるということは、一般的に明らかであるが、どのようにして生じるかを個別的に見るのも、いまやむずかしいことではない。というのは、いずれの元素も、いずれの元素からでも生成するからである。しかし、より速く生じるか、より遅く生じるか、また、容易に生じるか、そうでないかの違いはあるだろう。なぜなら、(i)お互いに対して割符[1]をもつもの同士は、その転化は速く、もたないもの同士は遅いからである。そのゆえは、多くのものが転化するよりは、一つのものが転化する方が容易だからである。たとえば、火からは、それの一方の性質が転化して、空気が生じるだろうからであり（というのは、われわれがすでに見たように、火は熱くて乾いており、空気は熱くて湿っているからだ。したがって、乾が湿によって打ち負かされると、空気が生じるからである）、さらに、熱が冷によって打ち負かされると、空気からは水が生じるからである（なぜなら、すでに見たように、空気は熱くて湿っているし、水は冷たくて湿っているからである。したがって、熱が転化すれば水が生じる）。水から土が、また、土から火が生じるのも同じ仕方である。というのは、これらの対における両元素とも、一方が他方に対して割符をもっているからである。なぜなら、水は湿っていて冷たく、土は冷たくて乾いているからだ。したがって、

331b 湿が打ち負かされると土が生じるであろう。さらにまた、火は乾いていて熱く、土は冷たくて乾いているので、もし冷が滅びると土から火が生じるであろう。したがって、単純物体にとって生成は循環的だということ、また、この循環的な転化の仕方が最も容易だということは明らかである。なぜなら、後に続く元素のうちには、割符が含まれているからである。(2) しかし、(ii) 火から水が生じることや空気から土が生じることも、また逆に、水から火が生じることや土から空気が生じることも可能であるが、多くのものを通して転化がなされるということのゆえに、先の場合に比べて、その転化はより困難である。というのは、水から火が生じるとすれば、冷と湿が消滅しなければならず、さらに、土から空気が生じるのだとすれば、冷と乾が消滅しなければならないからである。火から水が生じ、空気から土が生じる場合も同様である。というのは、両方

(1) 原語は *σύμβολα*. 骨や硬貨などを二つに分けたもの。二人の見知らぬ者なり契約関係者なりがそれぞれその片割れを所持し、必要な折には合わせて一致するか否かを確認するための符牒。アリストテレスは、ここことかその他の箇所で、「一つの全体を構成するための補足する一部」の意味で用いている。たとえば、空気のうちにある熱が乾と適合して火を形成し、火における熱が湿と適合して空気を形成するようにである。それゆえ、空気における熱と火における熱は交換可能な補足的要素、つまり割符である。なお、ジョウアキム（pp. 220–221）参照。

(2) 火（熱・乾）⇅空気（熱・湿）⇅水（冷・湿）⇅土（冷・乾）という生成において、前のものと、それに直接後続するものとの間には、共通的な性質としての割符が一つあるので、その生成は容易であり、また循環的である。

(331b)

の性質が転化しなければならないからだ。そこで、このような生成は先の場合よりは時間がかかる[1]。

しかし、(iii)二つの元素のそれぞれの内にある性質の一方が消滅して別の元素が生じる場合、その転化は、いま述べたものに比べて容易ではあるが、しかし相互的ではない。その場合には火と水からは土あるいは空気が生じ、空気と土からは火あるいは水が生じるであろう。なぜなら、水における冷と火における乾が消滅した場合には空気が生じ（というのは、火における熱と水における湿が残るからだ）、また、火における熱と水における湿が消滅すると土が生じる。火における乾と水における冷が残るからである。同様の仕方で、空気と土から火あるいは水が生じる。なぜなら、空気における熱と、土における乾が消滅すると、水が生じ（というのは、空気における湿と土における冷が残るからだ）、しかし、空気における湿と土における冷が消滅すると火が生じるだろうからだ。空気における熱と土における乾が残ることによるのである[2]。そして、それらの性質はまさに火を構成するものであった。そのうえ、この仕方での火の生成は感覚によっても確かめられる。というのは、炎は優れて火であり、しかるに、炎は煙の燃えているものであって、その煙は空気と土から成っているからである[3]。

しかし、循環的に継起し合う二つの元素の場合[4]、それぞれの元素における二つの性質の一方が消滅したとしても、いかなる物体への転化もありえない。なぜなら、両元素において互いに同じ性質が残されるか、あるいは互いに反対の性質が残されるからである。しかし、それらのいずれからも物体が生じることは許されない。たとえば、火における乾が消滅し、空気における湿が消滅する場合である（というのは、両者において熱が残されるからである）。またもし、火と空気のそれぞれから熱が消滅するならば、乾と湿という反対

(1) 互いに割符をもたないものの間で生成がなされる場合。すなわち、火（熱・乾）⇅水（冷・湿）、および、空気（熱・湿）⇅土（冷・乾）。

(2) 相互に割符をもたない元素のそれぞれにおける二つの性質のうち、一方が消滅することにより、二つの元素から別の元素が生じる。その仕方を次のように表わすことができる。

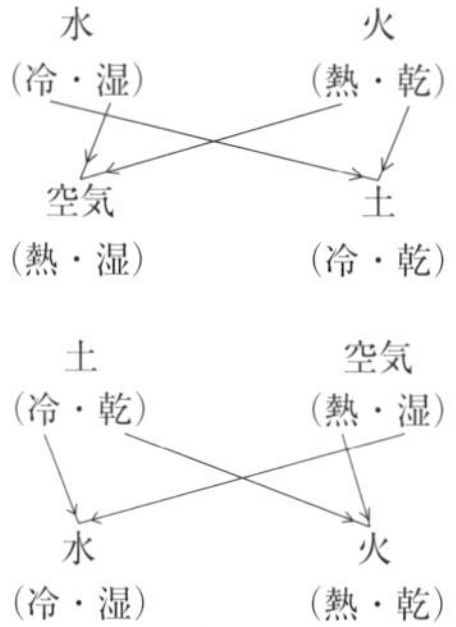

三三一b一二以下の(iii)における、相互に割符をもたない元素同士から別の元素が生じる仕方に関して、ウィリアムズ（p. 163）はアリストテレスの誤りを指摘している。

相互に割符をもたない元素同士の組み合わせは火と水、空気と土である。これらのうち、火と水から別の元素が生じる場合を例にとってみる。火は「熱・乾」であり、水は「冷・湿」である。アリストテレスの記述では「火における熱と水における湿が消滅すると土が生じる。火における乾と水における冷が残るからである（三三一b一七―一八）」となっている。消滅する性質を△印で示すと、つまり、「熱・乾」＋「冷・湿」において「熱・乾」＋「冷・湿」＝「乾・冷」、すなわち土の生成というわけである。

しかし、熱の消滅は冷の生成を意味し、湿の消滅は乾の生成を意味する。したがって、「熱・乾」＝「冷・乾」、「冷・湿」＝「冷・乾」である。それゆえ、「熱・乾」＋「冷・湿」＝2×「冷・乾」でなければならない。

火と水の組み合わせにおいて、火から「乾」が、水から「冷」が消滅する場合、および、空気と土の組み合わせにおいて、空気と土から、それぞれ熱と乾が、また、湿と冷が消滅する場合も同様である。

(3) 煙（καπνός）は熱くて乾いた発散物であり、それの熱を空気から、また、それの乾を土から得ている。『気象論』第一巻第四章三四一b二一―二二、第三巻第一章三七一a三三―b一参照。

(4) つまり、相互に対して割符をもつ元素同士の場合。

のものが残される。他の元素においても同様である(1)。というのは、循環的に継起し合うどの組の二つの元素においても、一つの性質は両元素に同じものとして、もう一つの性質は互いに反対のものとして含まれているからである。したがってまた、次のことも同時に明らかである。すなわち、継起し合う元素のうちの一方から他方へと転化する場合には、一つの性質が消滅することによってなされるが、しかし、二つの元素から一つの元素へと転化がおこなわれる場合には、多くの性質が消滅することによってなされる。

332a

さて、すべて元素はどの元素からも生じるということ、また、どういう仕方で相互への移行が生じるかということは、以上で語られた。

第五章

しかし、それにもかかわらず、元素に関してはなお、次のように考察してみることにしよう。というのは、水とか空気およびこれらに類するものが、あるひとびとの考えるように、自然的な物体の質料であるとするならば、それらの元素は一つ、あるいは二つ、あるいはもっと多いかのいずれかでなければならないからだ。ところで、転化は反対のものへ向けてなされる以上(2)、それら元素がすべて一つのもの、たとえば空気であるとか、水あるいは火、あるいは土であるなどということはありえない(3)。というのは、もしその一つのものが空気であるとして、それがすべてのものの基に存続しているとするならば(4)、質的転化はあるであろうが(5)、しかし、生成はないであろう（しかし同時にまた、その一つのものが空気であると同時に水でもあり、何であれ他の元素でもあるという仕方で存続しているとも考えられない)。

(1)「循環的に継起し合う二つの元素」とは、火と空気、空気と水、水と土、土と火の組み合わせである。これらの組み合わせのうち、アリストテレスは火と空気を例にとって説明している(三三一b三〇以下)。それによると――火(熱・乾)+空気(熱・湿)において、消滅すると仮定されている性質を△印で示すと、「熱・乾△」+「熱+湿△」=「熱・熱」=生じる物体なし。また「熱△・乾」+「熱△・湿」=「乾・湿」=生じる物体なし。

しかし、ウィリアムズ(p. 163)によるとアリストテレスは誤っている。その理由は以下のことに基づく。乾の消滅は湿の生成を意味し、湿の消滅は乾の生成を意味する。また、熱の消滅は冷の生成を意味する。したがって、「熱・乾△」=「熱・湿」、「熱・湿△」=「熱・乾」であり、それゆえ、「熱・乾△」+「熱・湿△」=空気と火でなければならない。また同じ理屈で、「熱△・乾」=「冷・乾」、「熱△・湿」=「冷・湿」であり、したがって、「熱△・乾」+「熱△・湿」=土と水でなければならない。

同じ指摘をピロポノス(pp. 235-236)もおこなっている。

(2) これはアリストテレス哲学における根本原理の一つ。彼の自然学領域の作品のさまざまな局面で用いられている。なお、この原理そのものは帰納によって得られると言われている(『自然学』第五巻第一章二二四b三〇参照)。

(3) 一元論者の説が批判されている。その説とは、いわゆる元素とされるものの一つ、あるいは他のものを、基にある質料として措定し、他の元素や自然的物体をそれから派生するものとする説。なお、第一巻第一章では生成と質的転化とを同一視する一元論者の説が批判されていた。

(4) そのように主張したのはアポロニアのディオゲネス、およびアナクシメネス。

(5) 基体が感覚されうるものとして存続していて、受動的性質において転化するのが質的転化(第一巻第四章三一九b八―一二参照)。いまの場合、空気は感覚されうる基体として存続するものと解されている。

あるものがそれの一方をもっているような、そういう反対対立、すなわち差異はたしかに存在する(1)。たとえば、火が熱さをもつような場合である。しかし、すくなくとも、火は「熱い空気」ではないであろう。というのは、そのような転化は質的転化であり、また、そのようなことは観察されていないからである（同時にまた、逆に、もし火から空気が生じるとした場合、熱いものが反対のものへ転化することによってであろう。だから、その反対の性質が空気に属することになり、空気はある種の冷たいものであることになろう(2)）。したがって、火は「熱い空気」であることはできない。なぜなら、同一のもの［すなわち空気］が熱いと同時に冷たいということになろうからである(3)。

それゆえ、空気も火も、同一のものとして存続するところの、ある別のものなのである。そして、その別のものとは［空気や火に］共通する質料(4)である。同じ理屈はどの元素についても当てはまる。つまり、元素のうちのどれ一つとして他の元素の源ではない。

しかしまた、［あるひとびとが言うような］それら元素とは別な他の何らかのもの、たとえば、空気と水との中間のもの、（あるいは空気と火との中間のもの(5)）、すなわち、空気や火よりは濃厚で他の元素［水と土］よりは微細なものが源でもない。なぜなら、［彼らの言う］かのものは、反対対立を伴って空気や火になるだろ

（1）たとえば、もし空気が火へと質的に転化するとした場合、空気と火とを質的に異なったものとするところの一対の反対対立した性質をわれわれは想定し、一方を空気へ、他方を火へ配する。

（2）ベッカー版に従い、三三二a一六の ψυχρόν τι の後にピリオドを打つ。

三三二a一三の「同時にまた……」からここまでを括弧に入れた方が、三三二a一〇の「あるものが……」から、三三二a一七の「……ということになろうからである」までの内容を理解しやすい。次註参照。

(3) 三三二a一〇の「あるものが……」から、ここまでの論旨は次のことにある。

もし、空気から火への転化が生成ではなくて、空気の質的転化であるとするならば、同一の空気が熱いと同時に冷たいということになるが、しかし、これは不可能である。

その理由。質的転化の場合には、転化する前にあるのと同じ基体が、転化した後も存続しなければならない。そこでもし、空気が火へと質的転化をしたのであれば、火は熱いものなので、空気は火との違いで冷たいのでなければならない。したがって、もし空気が質的転化をして火になったのであるとすれば、火の基体として存続している空気は冷たいものでなければならず、しかも火は熱いので、同一の空気が冷たいと同時に熱いのでなければならない。しかし、これは不可能である。したがって、火は「熱い空気」ではありえない。

同様のことは括弧内で言われていることについても当てはまる。すなわち、もし火が空気へと質的転化をしたのであれば、空気は「冷たい火」だということになる。そして、空気の基に存続している火は熱いのでなければならず、しかも空気は冷たいので、同一の火が、熱いと同時に冷たいのでなければならないが、しかし、これは不可能。

(4) 「共通する質料」を、ジョウアキム(p. 224)、ウィリアムズ(p. 214)共、第一質料のことだとしている。

(5) ウィリアムズ(p. 164)は次のことを指摘している。中間のものについて、直後に言われていることからすると、この部分は括弧付きにするのが適切である。また、この部分を括弧付きにするのは、アナクシマンドロスの言う「無限定的なもの」は、空気と水の中間のものなのか、空気と火の中間のものなのかについて、アリストテレスの見解は定まっていないからである(『自然学』第三巻第四章二〇三a一八、第五章二〇五a二七、および本書本巻第一章三二八b三五参照)。

うからである。[1] しかし、反対対立するものの一方は欠如であり、[2] したがって、あるひとびとは「無限定的な
もの」や「包括するもの」についてそう言っているようであるが、中間のものは反対対立する性質抜きでそ
のままある、などということは決してありえない。それゆえ、中間のものは、諸元素のうちのいずれでも構
わないのであるが、そのいずれかの一つであるか、あるいは何ものでもないことになる。
　それゆえ、四つの元素より先には、感覚されうる物体は何もないとすれば、元素はそれらですべてである。[3]
そこで、これらの元素はつねに自らのうちに留まっていて、相互へと転化しないか、[4] あるいは転化し合うか
でなければならない。そして、転化し合うとした場合、すべてがそうするのか、あるいはプラトンが『ティ
マイオス』で記したように、あるものは転化し合うが、あるものはそうしないのでなければならない。[5] とこ
ろで、元素は相互に転化するのでなければならないことはすでに証明されている。[6] また、相互間で一方が他
方から生じるのに同様の速さではなくて、割符をもつもの同士は速く生じるが、もたないもの同士はゆっく
り生じることも、先ほど証明されている。[7]
　さて、元素がそれに即して転化し合うところの反対対立が一対であれば、元素は二つでなければならない。
なぜなら、反対対立の中間にあるものは、感覚されえない、そして離存的なものではありえない質料[8] だから
332b である。しかし、元素は二つより多くあることが観察されるので、反対対立もすくなくとも二対あるだろう。
だが、それらが二対ある場合には、元素は三つではありえず、現に明らかなように四つでなければならない。
なぜなら、対立する性質の組み合わせはそれだけあるからだ。というのは、組み合わせは六通りあるが、そ
れらのうち、互いに反対のもの同士の組み合わせだという理由で、二組は成立しえないからである。これら

(1) アナクシマンドロスの言う「中間のもの」もまた、他の元素の源でないことが語られている。そのことの証明は一四三頁註(3)に記したのと同様の仕方でなされうる。

もし、当の中間のものが火へと質的転化をするのだとすると、火は熱いものなので、中間のものは冷たいものでなければならない。なぜなら、転化は反対のものから反対のものへだからである。したがって、中間のものは自己の本質に一致する仕方で、冷たいものでなければならない。なぜなら、熱いか冷たいかの違いこそ、火と中間のものとを区別する指標だからである。しかも、質的転化の場合、基体は転化して行く先のものにおいても存続していなければならない。すると、当の中間のものが火へと転化した場合、熱い火の基体として冷たい中間のものが存続していなければならない。したがって、中間のものは冷たいと同時に熱いことになるが、これは不可能である。(ピロポノス p. 241 参照)

(2) 中間のものは諸元素の源ではありえないことを、さらに詳しく説明する意味でこのことが言われている。というのは、ものの「所有状態(ἕξις)」と「欠如(στέρησις)」は同一の基体について同時にはありえないことであり、したがって、反対対立する性質もそうだからである。なぜなら、それら性質のうちの一方は形相と類比的なものであり、他方は形相の欠如と類比的なものだからである。(ピロポノス p. 242)

(3) 月より上の天界を構成するアイテールは除外される。

(4) エンペドクレスの見解。七頁註(7)および第一巻第一章三一五a四以下参照。

(5) 第一巻第八章三二五b一九—二五、およびプラトン『ティマイオス』五四B—D参照。火と空気、および水はすべて相互から生成可能である。なぜなら、それらは直角不等辺三角形から成立しているからである。しかし、土は直角二等辺三角形から成立しており、それゆえ、他の三つのものからは生成しないし、また他の三つへ消滅していくこともない。

(6) 前章三三一a一二—二〇参照。

(7) 前章三三一a二〇—b三六。なお、ジョウアキムに従って三三二a三二の *εἴρηται πρότερον* を削除。

(8) この質料は、アリストテレスにおける第一質料を指すと考えられる。ウィリアムズ(p. 214)は言う。ウィリアムズの言うとおり、なお、この質料が、「感覚されえない、そして離存するものではありえない」ことに関しては、五〇頁註(1)、および一二一頁註(2)参照。

(332b)

のことについては、すでに前に述べられた[1]。

元素は相互に転化し合うからには、両端にあるもの[2]のうちの一つにせよ、中間にあるもの[3]のうちの一つにせよ、他のものにとっての始源でありえないことは、以下のことから明らかである。すなわち、両端にあるいずれも始源ではありえない。なぜなら、元素はすべて火か土であることになるだろうし、また、この説は、すべて元素は火あるいは土から生成していると主張するのと同じことになるからである[4]。しかしまた、中間にあるいずれも始源ではありえない――空気は火と水へ転化し、水は空気と土へ転化するが、両端のもの［火と土］はもはや相互に転化し合わないと考えるひとびともいるが[5]、そうではない――ことは明らかである。なぜなら、転化の過程は当然止まることになるし、また、いずれの方向へも直線的に限りなく進むことも許されないからだ。というのは、もし限りなく進むとすれば、一つの元素の上に無限に多くの反対性質があることになるだろうから[6]。

Eが土を[7]、Wが水、Aが空気、Fが火を表わすとしよう。さて、もしAがF（やW[8]）へ転化するとしたら、AとFには対立する性質が属することになろう。それら対立する性質を白さと黒さだとしよう。今度はまた、もしAがWに転化するとすれば、AとWにはいまの場合とは別の対立する性質があることになろう。なぜなら、WとFとは同じものではないからだ。その対立性質を乾きと湿り気であるとし、Dが乾きを、Mが湿り気を表わすとしよう。ところでもし、［AがWへ転化する場合］白がそのまま留まっているならば、湿っていて白い水があることになろうし、もし、白がそのまま存続していないとすれば、水は黒いことになろう。というのは、転化は反対のものへだからである。それゆえ、水は白いか黒いかでなければならない。そこで、

（1）本巻第二—三章。とりわけ第三章三三〇a三〇—b一。

（2）上端を自らの本来的な場所とする火と、下端を自らの本来的な場所とする土。

（3）火と土との中間にある空気と水。

（4）もし、両端にあるもののいずれかが始源であるとすれば、すべての元素が火か土であることになる。このことは結局、それらすべてが火あるいは土の質的転化によって生じると主張することなのであるが、しかし、そういう説はすでに三三二a六—二〇で斥けられている。

（5）これが誰の主張であるかは不明。この主張に含意されていることを、ジョウアキム（p. 227）はさらに次のように敷衍している。彼らの主張していることは事実ではない。転化の過程は中間の元素から出発するとわれわれは主張しえないし、また両端の元素で止まるとも主張しえない。彼らは火が土に転化することも、またその逆も否定した。つまり元素間の相互転化を否定したのである。また彼らは火から空気への、また、土から水への転化も否定したに違いない。さもなければ、彼らは、(a) 中間のものを始源とは見なしえなかっただろうし、また、(b) 火と土とが相互へと間接的に転化していくことを容認しえたであろう。

（6）三三二b一二の「なぜなら……」からここまでについて、ジョウアキム（p. 227）は次のように解釈している。

元素間の転化は円環的だというのがアリストテレス自身の説である。それゆえ彼は (a) 元素のどれ一つとして他の元素の始源ではないこと、(b) 転化はいずれかの元素のところで止まることはできないこと、(c) 転化はいずれか一つの元素で始まって、上方あるいは下方へ無限に直進しえないことを証明しなければならない。これらのうち、アリストテレスはまず (c) の証明から手がけるのであるが（三三二b三〇—三三二参照）、しかし現実の証明は「中間の元素が始源である」という説や、「転化は中間の元素から始まって、両端で止まる」という説に対する論駁（三三二b一四—三〇）よりも後廻わしにされる。

（7）ここから三三二b三〇の「……いなかったからである」までは、前註において (a) および (b) として挙げられたことの証明がなされている。

（8）ここではA—F間の転化が問題とされており、A—Wの転化は次の文で問題とされるのであるから、Wの方は括弧に入れた方が文意がよくとおる。

前者であるとしよう。すると、同様の理由で、［AがFに転化するとき、乾がそのまま留まっているとしたら］Fには乾きであるDがあることになろう。それゆえ、火であるFにも水への転化があることになろう。というのは、［火と水には］反対の性質があるからだ。なぜなら、最初に、火は黒く、次いで、乾いているとされたからであり、水は湿っていて、次いで、白いとされたからである。このようにして、すべての元素にとって相互への転化があること、また、われわれの取り上げた例において、Eである土にもまた残りの二つの割符、つまり黒と湿とがあることは明らかである。というのは、それらはまだ組み合わされていなかったからである。

転化の過程は無限には進みえないこと——そのことを証明しようとしていたのに、その前に、上のような議論をするに至ったのであるが[1]——は以下の議論から明らかである[2]。すなわち、今度は、Fである火が他のものへ、たとえばGへ転化して逆戻りしないとすれば、これまでに語られたものとは異なった或る反対性質が火とGには属することになろう。なぜなら、GはE、W、AおよびFのいずれとも同じではないものとし
333a
て仮定されているからである。そこで、Fには性質aが、また、Gには性質ーa[3]が属するとしよう。するとaはE、W、AおよびFのすべてに属するであろう。というのは、それらは相互に転化し合うからである。だが、この点［EWAFの相互転化］はまだ証明されていないものとしておこう。しかし、次のことは明らかである。すなわち、もし今度はGが他のものへと転化するならば、別の反対性質がGにも、また火であるFにも属するであろう。同様にして、［新たな元素が］付加されるその都度、いつも、何らかの［新たな］反対性質が以前の元素にも属することになる。したがって、もし元素が無限に多くあるとするならば、一つの元

素に無限に多くの反対性質が属することになるであろう。しかし、もしこのようであるとすれば、いかなる元素も規定されることはできないし、また、生じることもできないであろう。なぜなら、もしある元素が別

（1） 三三二b一二―一四参照。

（2） 以下、三三三a七の「無限に多くの反対性質が属することになるであろう」までは、次の図のことが考えられている。この図は、たとえばF（火）を出発点として、上下いずれの方向へも転化が無限に進むとした場合、一つの元素の上に無限に多くの反対性質があることになることを表わしている。（ただし、三三三a一―三の「するとaは……まだ証明されていないものとしておこう」という部分は考慮しないこととする。元素の相互転化へ、いわば、思い付きのように言及されている部分だからである。）

⋮	⋮	⋮	⋮	⋮	⋮	
K	$\bar{a}$	$\bar{b}$	$\bar{c}$	$\bar{d}$	$\bar{e}$	……
J	$\bar{a}$	$\bar{b}$	$\bar{c}$	$\bar{d}$	e	……
I	$\bar{a}$	$\bar{b}$	$\bar{c}$	d	e	……
H	$\bar{a}$	$\bar{b}$	c	d	e	……
G	$\bar{a}$	b	c	d	e	……
F	a	b	c	d	e	……
A	a	$\bar{b}$	c	d	e	……
W	a	$\bar{b}$	$\bar{c}$	d	e	……
E	a	$\bar{b}$	$\bar{c}$	$\bar{d}$	e	……
O	a	$\bar{b}$	$\bar{c}$	$\bar{d}$	$\bar{e}$	……
P	a	$\bar{b}$	$\bar{c}$	$\bar{d}$	$\bar{e}$	……
⋮	⋮	⋮	⋮	⋮	⋮	

（3） 火における新たな性質aとは反対な性質を$\bar{a}$で表わす。

(333a) の元素から生じようとしたら、それほどに数多くの反対を、いや、それ以上のものを経過しなければならず、したがって、ある元素たちへの転化は決してありえないだろうし――たとえば、それらに至るまでに介在する段階が無限に多い場合であり、元素が無限に多くあるとすればそういうことにならざるをえない――、さらに、もし反対性質が無限に多くあるとするならば、空気から火への転化さえありえないからである[1]。また、すべての元素は一つになってしまう[2]。というのは、Fより上方にある元素の反対性質はすべて、Fより下方にある元素に属していなければならず、また、Fより下方にある元素の反対性質はすべて、Fより上方にある元素に属していなければならず、それゆえ、すべての元素は一つになるだろうからである。

第六章

物体を構成する元素は相互に転化し合わないのに、一つより多くあるとはエンペドクレスの主張するところであるが[3]、そのように言うひとびとに対して、ひとは不審に思うであろう――諸元素は比較可能だと語ることが、どうして彼らに許されるのであろうかと。しかもなお、「なぜなら、それら元素はすべて等しいからである[4]」とエンペドクレスは言っているのである。そこでもし、(i)量の点で比較可能なのだとすれば、すべて比較可能なものについては、その点で計られるところのある同じもの[5]が属しているのでなければならない。たとえば、一コテュレー[6]の水からは一〇コテュレーの空気が生じるような場合である。それゆえ、もし両者が同じ単位で計られるとすれば、その両者は何らかの同じものであったことになる[7]。しかし、(ii)ある量のものからある量のものが生じたというような仕方で、量の点で比較可能というのではなくて、どれだけのことができるかという点で比較可能なのだとしても、[8]——たとえば、一コテュレーの水も一〇コテュ

(1) 空気から火への転化さえ不可能な理由は、新たな性質が両者に無限に付加され、両者の性質が限定されえないことによる。

(2) アリストテレスのこの主張は当てにならないことをジョウアキム（p. 230）は指摘している。これに対し、ウィリアムズ（p. 169）は次のように解釈している。諸反対性質の無限な枚挙は完成されえず、存在するかぎりの反対性を含まなければならない。したがってFより下の諸元素はFより上の諸元素と同じ諸性質をもつので、ある元素と別の元素との確かな区別がつかなくなる。

(3) 第一巻第一章三一五a四以下参照。

(4) エンペドクレス「断片」一七（DK）の二七行目参照。

(5) 後註（7）参照。

(6) 一コテュレーは〇・二七リットル。

(7) 元素としての空気や水が量の点で比較可能だとしても、それぞれが空気や水であるかぎりにおいてではなくて、両者に共通な何らかの同一の基体があるかぎりにおいてである。すなわち、ある同一の基体が稀薄化して十倍の空気となり、濃厚化して十分の一の水となるということで、空気と水の量的比較が可能である。したがって、「その点で計られるところのある同じもの」（三三三a二〇—二一）とは、その同一の基体を指す（ピロポノス（p. 260)）。

もしこのようであるとすれば、諸元素は相互に転化しうるのでなければならない。したがって、エンペドクレスの主張は矛盾していることになる。なぜなら、彼の場合、元素は相互転化しないのであるから、比較可能ではないにもかかわらず、他方では「それら元素はすべて等しいからである」と主張し、比較可能性を容認する発言をしているからである。

(8) 仮に、エンペドクレスの擁護者がこのように主張したとしても、それに対してアリストテレスは次のように答えるであろう。もしAがどれだけの能力の度合においてにせよ、Bと同種の能力をもつのであれば、AとBは同類のものでなければならず、またAはBへと転化可能なものでなければならない。

なお、これと同様の議論は『気象論』第一巻第三章三四〇a一三—一七でもなされている。

レーの空気も等量のものを冷たくすることができるというような場合——こういう場合には、量であるかぎりにおいてではなくて、何らかのことができるというかぎりで比較可能なのであるが、それでもやはり、それらは量の点で比較されるのだ。しかしまた、(iii)諸々の能力は量の尺度で比較されるのではなくて、「Xが熱いごとく、それと対応する仕方でYは白い」というように、類比的に比較されうるのかも知れない。しかし、「それに対応する仕方で」とは、量の場合には等しいものを意味しているが、性質の場合には似たものを意味しているのだ(1)。実際もし、物体が〔相互〕転化しえないものであるにもかかわらず、類比的に比較されうるというのならいざ知らず、能力の尺度でもって、つまり、一定量の火とその何倍かの空気とが等量の熱さであるとか、同程度に熱いということで比較されるものであるとしたら、明らかにおかしなことである。というのは、同一のものはその量を増したときに、増した分に対応した割合を〔能力において〕もちうるのは、比較される小量のものと同じ類に属しているがためだからである(2)。

333b しかしまた、エンペドクレスによれば、付加によるのでなければ成長はないことになろう。なぜなら、火は火によって成長し、「土は自らの身体を成長させ、アイテールはアイテールを成長させる」のであるが(3)、それらは付加されるのである。しかし、成長するものはこのような仕方で成長するとは考えられない。また、エンペドクレスの場合、自然的な生成について説明することは〔成長について説明するよりも〕はるかに困難である。なぜなら、自然的に生成するものはすべて、「つねにこれこれの仕方で」、あるいは、「たいていの場合に」という仕方で生じるのであるが、つねに生じるのでもなく、たいていの場合に生じるのでもないものは、ひとりでに、あるいは偶運によって生じるのだからである(4)。では、つねに、あるいは、たいていの場合、人間からは人間が、また、小麦からはオリーブではなくて小麦が生じる原因は何なのか。あるいはまた、元素がこれこれの仕方で結びつけられたとき、骨が生じると言うべきなのだろうか。なぜなら、彼の言うところによると、行き当たりばったりに結合しても何も生じず、ある一定の割合で結合したときに生じるのであるから[5]。では、一定の割合で結合することの原因は何なのか。まさか、火や土が原因ではないだろうからだ。しかしまた、愛や争いが原因でもないだろう。なぜなら、愛は単に結合の原因であり、争いは分離の原

(1) エンペドクレスの擁護者はまた言うかも知れない。彼エンペドクレスは量的比較のことを語っているのではなくて、『ニコマコス倫理学』第一巻第六章一〇九六b二八—二九で語られているような類比のことを考えているのかも知れない、と(そこでは、肉体における視覚と、魂における理性は対応関係にあることが語られている)。これに対してアリストテレスは言う、もしそうであれば、エンペドクレスは「等しい」(三三三a二〇)などと言うべきではなくて、「似ている」と言うべきであった、と。

(2) ここ(三三三a三三—三四)の原文は τὸ γὰρ αὐτὸ πλεῖον τῷ ὁμογενὲς εἶναι τοιοῦτον ἕξει τὸν λόγον である。ジョウアキム(p. 233)を参考にして訳す。ウィリアムズ(p. 47)はこの一文に疑句標(obelus)を付したうえで For the same thing, when it becomes more, will have such a proportion in virtue of its being homogeneous と訳している。

(3) 成長に関しては第一巻第五章、とくに三二〇b三四—三二一a二九参照。火が勢いよく燃え上がることについても、アリストテレスは比喩的に「成長」と表現している(三二二a一五)。エンペドクレスからの引用については「断片」三七(DK)参照。なお、引用中のアイテールは火ではなくて、空気を指している。

(4) 『自然学』第一巻第四章一九五b三一—第六章一九七b三七参照。

(5) 『形而上学』A巻第十章九九三a一七—一八、『魂について』第一巻第五章四一〇a一—六、エンペドクレス「断片」九六、九八(DK)参照。

因だからである。(1) エンペドクレスの言うような「混合と、混合されたものの分離(2)」のみでなく、個々のものの実体(3)がそれ［すなわち、元素が一定の割合で結合することの原因］である。「それら(4)に対して与えられる名(5)」は、「割合」ではなくて「偶運」である。というのは、事物は「たまたまそうなった」という仕方で混合されることも可能だからである。実は、「これこれの割合のもとにある」ということが、自然的に存在するものの原因であり、これがまた、それについてはエンペドクレスが何一つ述べていないところの、その当の自然(6)なのである。それゆえ、自然について、彼は何一つ語っていないのだ(7)。しかしまた、これ［すなわち、これこれの割合のもとにあるということ］は、個々のものにおける「善くあること（τὸ εὖ）」であり、善である(8)。ところが、彼は混合だけを賞讃しているのだ(9)。しかし、すくなくとも諸元素を分けるのは争いではなくて、むしろ愛が、本来神(10)より先なるそれらを分けるのであり、しかもそれら諸元素は神々である(11)。

さらに、エンペドクレスは運動について簡単に語りすぎている。なぜなら、これこれの運動であることが愛の愛たるゆえんであり、しかじかの運動であることが争いの争いたるゆえんであると語るのではなくて、愛と争いは動かすと言うだけでは不十分だからだ。それゆえ、彼としてはそれらの運動の何であるかを規定

(1) エンペドクレスによると、愛は結合し、そのようにして、宇宙周期における愛の完全支配期においては、すべてのものの結合をひき起こす。しかし、争いは分離せしめ、そのようにして、愛の完全支配期における球体を破壊する。なお、一三頁註（3）参照。

(2) エンペドクレス「断片」八（DK）。なお、第一巻第一章三一四b七—八参照。

(3) エンペドクレスの場合、骨や肉、その他異なったものが生じるのは、四元素の混合の割合（λόγος）の違いによる。これをアリストテレスの観点から捉えると、割合である λόγος

は同時にまた、個々のものの「何であるか」を述べる陳述である。その陳述は、個々のものの本質（*τὸ τί ἦν εἶναι*）＝形相（*εἶδος*）＝実体（*οὐσία*）であり、ものの質料を個々の事物へと統一し限定している原理である。

（4）すなわち、「混合と、混合されたものの分離」。

（5）*δ' ἐπὶ τοῖς ὀνομάζεται* はエンペドクレス「断片」八（DK）の最後の行 *φύσις δ' ἐπὶ τοῖς ὀνομάζεται ἀνθρώποισιν* をもじったもの。（ジョウアキム p. 235）

（6）自然（*φύσις*）、すなわち本性。なお、アリストテレスの言う自然の意味については『自然学』第二巻第一―三章参照。

（7）当時の多くの自然哲学者と同様、エンペドクレスも『自然について』という書物を著わしたようである。しかし表題とは裏腹に、当の自然については何一つ語っていないという、アリストテレスによる皮肉である。

（8）これは自然についての、アリストテレスの根本的な理解である。『自然学』第八巻第六章二五九a一〇―一二、第七章二六〇b二二―二三、本書本巻第十章三三六b二七―二八参照。

（9）『形而上学』A巻第四章九八四b三二―九八五a一〇参照。愛は諸事物を一緒にするので、混合の原因は愛である。エンペドクレスは愛を秩序や善の原因とし、無秩序や悪の原因である争いに対峙させる。

（10）エンペドクレスの宇宙周期において、愛の完全支配期に成立している球体が、ここで神と呼ばれている。

（11）この一文で言われていることは、愛を結合の原理、争いを分離の原理として捉えるエンペドクレスの思想に反しているように見える。しかし、アリストテレスによって言われているのは次のことであるとピロポノス（p. 265）は言う。

もし、球体が諸元素から生成するのだとすれば、それら元素がそれぞれ自己の本性を維持したままの状態から生成するのではない。したがって、球体が生成する前に元素を特徴づけていた諸性質を、基体たる元素から、愛が分けるのでなければならない。さもなければ、元素は球体という完全融合した統一体をなしえない。それゆえ、もし分けることが質料から形相を分離することと解されるならば、そして、それが愛のおこなったことだと解されるならば、愛は結合の原理であるよりは、分離の原理であることになる。

ジョウアキム（p. 236）も基本的にはこの解釈に従っている。ピロポノスの上の解釈は、球体においては、諸元素そのものが性質（＝形相）と質料（＝基体）へ分けられるというアリストテレスの考えに基づいている。しかし、球体においては元素はそのまま存続するのだという解釈も可能である。その場合には、ピロポノスの解釈は成立しない。なお、一三頁註（3）参照。

するか、基礎に措定するか、あるいは、厳密にせよ、ゆるやかにせよ、また他の何らかの仕方であるにせよ、論証すべきであった。

さらに、物体は明らかに強制的に、つまり、自然に反して動きもすれば、また、自然に従って動きもし（たとえば、火は強制によらずに上方へと動くが、下方へは強制によって動くように）、しかるに、強制によるものには自然に従ったものが反対であり、そして、［エンペドクレスによると］強制によるものは実際に存在する。それゆえ、自然に従って動くということも実際に存在する。では、愛がこの運動を与えるのか。あるいは、そうではないのか。なぜなら、それとは反対に、自然的な運動は土を下方へと動かして［他の元素から］分けているかのようであり、自然に従った運動の原因は愛であるよりは、むしろ争いの方だと思われるからである。したがって、一般的に言っても、愛の方がむしろ自然に反していることになるだろうから。しかしまた、愛あるいは争いが動かすのでなければ、元素そのものの運動も停留も何一つないわけである。しかし、これはばかげている。そのうえまた、［エンペドクレス自身の言葉によれば］元素は明らかに動いてい
334a る。なぜなら、分けたのは争いであるが、アイテール[1]が上方へ運ばれたのは争いによってではなくて、偶然によってであるかのごとく、彼はときに語り（「なぜなら、そのときにはたまたまそのように走ったが、しかし、しばしば別の仕方で走ったからだ[2]」）、またときに、火は本来上方へ運ばれ、「アイテールは長い根でもって大地に入り込んでいる[3]」と語っているからである。同時にまた、宇宙は、争いの支配している今も、かつて愛が支配していたときと同じ状態にあると彼は言っている。では、最初に動かすものであり、運動の原因をなすものは何なのか。なぜなら、すくなくともそれは愛でも争いでもありえないからだ。というのは、

もしその最初に動かすものが原因であるとすれば、愛や争いは特定の運動の原因であるだろうから。[4]

また、魂は元素から成っているとか、元素のうちの一つであると想定するとすれば、それはおかしなことである。[5] なぜなら、音楽好きであることから音楽好きでなくなることとか、記憶や忘却といった、魂の質的転化はどのようにして生じうるのか。というのは、もし魂が火であるとしたら、火であるかぎりにおいて火に属するところの諸属性が魂に帰属するであろうし、また、もし魂が諸元素の混合物であるならば、物体に属する諸属性が魂に帰属するだろうことは明らかだからである。しかし、上に挙げたどれ一つとして物体的

---

(1) 一五三頁註（3）参照。

(2) エンペドクレス「断片」五三（DK）。アイテールが他の元素と出合う様子を述べたもの。同じ言葉が『自然学』第二巻第四章一九六a二二—二三でも引用されている。

(3) エンペドクレス「断片」五一、五五（DK）。

(4) 愛は結合し、争いは分離するのであるから、愛と争いとは反対の運動を司ることになる。しかし、宇宙は争いが支配する今も、かつて愛が支配していたときと同じ状態にあるというのであれば、その同じ状態をもたらす別の動因が、愛と争いのほかになければならないというのがアリストテレスの反論である。

　三三四a五—九のこの箇所に関して、ウィリアムズ（pp. 172-173）は、次のことを指摘している。(a)「宇宙は、争いの支配している今も、かつて愛が支配していたときと同じ状態にある」ということの解釈において、研究者たちの見解は異なること（ピロポノス p. 268 参照）。(b)愛および争いという相反する動因の働きにもかかわらず、宇宙は一定の諸特徴を保持しており、したがって、愛および争いのいずれもそれら諸特徴の必要条件ではないこと。(c)したがって、愛と争いのほかに、別の動因を要請しなければならないこと。(d)別の動因が要請されるべきだという主張には、アリストテレス哲学における第一動者の視点が反映されていること。

(5) 魂についてのエンペドクレスの説に対するアリストテレスの批判は、『魂について』第一巻第四—五章でなされている。

(334a) なものではない。

第七章

しかし、それらの困難についての議論は別の考察に属する仕事である[1]。われわれとしては、物体を構成している元素のところへ立ち戻ることにしよう。「元素には何らかの共通のもの[2]が存在する」とか、「元素は相互に転化し合う」と考えるひとびと[3]の場合、もしこれらのうちの一方を容認するのであれば、他方もそれに伴うのでなければならない。ところが、元素は相互に生成し合うことを認めず、また、塀から煉瓦が生じるというような仕方以外には、個々のもの[4]から元素が生じることを認めないひとびとの場合、肉や骨およびこの種の他の何であれ、どのようにして元素から生じるのかという問いに対しては、ばかげた答えしかできないことになる[5]。しかしまた、いま指摘されたこと〔肉や骨などが元素から生じる問題〕は、元素を相互から生じさせるひとたちの場合にも困難を含んでいる。すなわち、元素とは異なった何らかのものが、どういう仕方で元素から生じるのかという困難である。たとえば、私の言うのは次のことである。火から水が生じ、また、水からは火の生じることは可能であるが（というのは、それらには何らかの共通するもの、すなわち基体があるからだ）、しかし、それら火や水からは肉や髄もまた生じるのである。では、これらはどのようにして生じるのか。

実際、エンペドクレスと同じようなことを説くひとびとの場合には、それらの生成の仕方はどのようであ

りうるのか。というのは、あたかも、塀が煉瓦と石から成るように、それらの生成は合成でなければならな

質体においては、それの要素をなしている元素の能力は可能的に保存されている。したがって、同質体が解体したときには、それの構成要素は元の元素に戻りうる、つまり、同質体から元素が生じうる。

　しかしエンペドクレスの場合、(イ)四元素はそれぞれ不滅であり、相互には転化しない。また、(ロ)個々のものたる合成体から元素が生じるとしても、寄せ集まっていたものが分離するだけであって、それはあたかも、塀が破れてそこから煉瓦その他が取り出されるような具合である。

　では、エンペドクレスの場合、同質体の生成をいかに説明するのか。

(1)『魂について』第一巻第四—五章参照。とくに第四章四〇八a一八—二三、第五章四〇九b二三以下ではエンペドクレスの魂論に対する批判がなされている。

(2)ここ三三四a一七、および二四で言及されている「何らかの共通のもの」を、ウィリアムズ(p. 215)は第一質料を指すとしている。

(3)アリストテレス自身、そのように考えるひとびとのうちに入る。なお、ジョウアキム(p. 241)は三三四b四によって、ピュタゴラス派のひとびとをもそう考えるひとびととしているが、ピロポノスをはじめ、他の研究者たち(ただし、トリコは除く)は誰もピュタゴラス派の名を挙げていない。

(4)「個々のもの(ἕκαστον)」は(a)アリストテレスの立場からすれば四元素から成る同質体を指すが、(b)エンペドクレス的な立場では相互に生成し合うことのない四元素の寄せ集めである合成体を指す。

(5)長い一文であるが、次のことを意味している。アリストテレスの場合、(イ)四元素は相互に転化し合い、ある元素は別の元素から生じうる。(ロ)第一巻第十章に説かれているように、諸元素の混合によって同質体が生成し、しかし、その同

いからだ[1]。また、この混合物は[2]［その混合物の中に］そのまま存続している元素から成っているのだが、当の
元素の方は小さいがために相互に併置されているのである。肉や他の個々のものも、そのような仕方で成立
しているということになる。したがって、［エンペドクレスの説では］肉のどの部分からも火や水が生じるというわ
けではないことになる。それはちょうど、蜜蝋の塊の、すくなくとも、いずれの部分からでも球や角錐が生
じえたはずなのに、この部分からは球が、この部分からは角錐が生じるというようなものである。実際、
「肉のどの部分からも火や水が生じる」というのは、こういう仕方［蜜蝋の塊のどの部分からでも球や角錐が生
じるという仕方］なのだ。しかし、いま問題となっているごとき説をなすひとびとの場合、そういうことは
334b 不可能であって、塀から石や煉瓦が生じるような仕方で、それぞれのものは別の場所や部分から生じるので
ある。

しかし[3]、諸元素の質料はただ一つだとするひとびとの[4]場合にも同様に、ある種の困難がつきまとう。すなわち、両者たとえば冷たいものと熱いものから、あるいは火と土から、何らかのものがどのようにして生じるのだろうか。というのは、もし、肉はこれら二つの元素から成ってはいるが、両者のいずれでもなく、またさらに、肉は、それの内において元素がそのまま存続しているごとき合成でもないとするならば、それら二つの元素から成っているものを、質料と[5]同一視する以外、考えようがないからだ。なぜなら、二つの元素のうちのいずれか一方の消滅は、もう一方の元素を生ぜしめるか、あるいは質料を生ぜしめることになるからである[6]。

ところで[7]、熱い、冷たいというのにも、より多くとかより少なくという程度の違いがあるので、一方が端

的な仕方で現実的に存在するならば、他方は可能的に存在することになろう。しかし、いずれも完全な仕方でそうあるのではなくて（混合される場合には相互の過剰を相殺するために）、熱いものが、熱いものとし

（1）つまり、単なる寄せ集めであって、アリストテレスが肉や骨のごとき同質体の生成について前提するところの、元素の混合ではない。なお、第一巻第十章三二七b三一―三二八a一七参照。

（2）ジョウアキム（p. 240）はこの「混合物（μῖγμα）」をエンペドクレスの宇宙周期における球体と解している。しかし、ここで唐突に球体について言及されるのも奇異である。議論の前後関係から推察すると、「混合物」（ただし、アリストテレス自身の説く混合物の意味ではない）は、骨や髄などの同質体を指すものと考えられる。エンペドクレス「断片」八（DK）参照。そこでは混合物について言及されている。

（3）アリストテレスはここから、三三四a二一―二三で提出された難問へ立ち戻って述べる。

（4）このひとびとは、三三四a二二で、「元素は相互に生成し合うとするひとたち」と言われている者を指す。アリストテレス自身もそのひとびとの内に入る。なお、ここ、および三三四b七で「質料」と言われているのは第一質料のこと。

（5）二つの元素に共通する第一質料。

（6）諸元素（アリストテレスは単に便宜上、二つだけの元素を想定している）から、いかにして同質体が生じるかという問題は、アリストテレス自身をも含めて、「元素は相互に転化し合う」、「元素には何らかの共通のものが存在する」、「諸元素の質料はただ一つだ」とするひとびとにとっても困難をもたらすというのである。

すなわち、「肉は火と土から成る」とする場合、(a) 肉＝火でもなく、肉＝土でもない。(b) 肉の中に、火と土がそのまま存続しているわけでもない。(c) 火と土のいずれか一方が他方によって滅ぼされるとすると、肉＝火、あるいは、肉＝土であることになるが、これは (a) によって否定されている。したがって、(d) 肉＝（火と土とに共通な）質料ということしか残らなくなる。

（7）前註で述べられたごとき困難を解決するために、元素から同質体がいかにして成立するか、次に考察される。なお、第一巻第十章三二七b二二―三一、三二八a二九―三一参照。

ては冷たく、また、冷たいものも、冷たいものとしては熱い場合には、対立したものたちから帰結するのは、両者に共通の質料[1]でもなければ、端的な仕方で現実的に存在するいずれか一方でもなくて、むしろ、対立した両者の中間的なものであろう。その中間的なものは、可能的には、冷たいよりはむしろ熱い、あるいはその逆であることに応じて、冷たくする能力よりは熱くする能力を、可能的には、二倍あるいは三倍もっているとか、あるいはこれに類した他の仕方でもっていることになろう[2]。このようにして、他の物体[3]は反対の諸性質、あるいは元素が混合されることによって[4]成立しており、また、それら元素は、質料のごとき仕方で可能的に存在するものからではなしに、われわれがすでに述べたような仕方[5]で可能的に存在する反対の諸性質[6]から生じるのである。そして、ものがこういう仕方で生じる場合には混合が成立し、あのような仕方[7]で生じるものは質料[8]である。

また、諸々の反対性質は、最初の論で規定された仕方[9]によっても作用を被る。というのは、現実的に熱いものも可能的には冷たく、また、現実的に冷たいものも可能的には熱く、したがって、熱いものと冷たいものが対等でないときには相互に転化し合う。他の反対性質についても同様である。そこで、元素はまず、このような仕方で転化する。次に、諸元素から肉や骨、およびこれらに類したものが生じるのであるが、それは、熱いものと冷たいものとが中間へとやって来て（というのは、中間にあっては完全に熱いのでも完全に冷たいのでもないからだ）熱いものは冷たいものとなり、冷たいものは熱いものとなることによってである。そして、中間とは不可分な一点ではなくて、領域として広がりのあるものである。同様の仕方で、乾いたものや湿ったもの、およびこれらに類したもの[10]も中間の状態にあることによって、肉や骨および他のものを作るのである。

第八章

中心の場所あたりにある混合物はみな、すべての単純物体から構成されている。[11] なぜなら、それぞれの単純物体はとりわけ、しかもそれの最大の量は自己固有の場所に存在するということのゆえに、土はすべての

（1）一六一頁註（6）の(d)で言われている質料。
（2）中間的なものは熱くしたり冷たくしたりする能力を異なった割合で示す。たとえば、ある中間的なものにおいては、熱くする能力は冷たくする能力の二倍であり、別の中間的なものにおいては三倍である。また、別の中間的なものの場合には½あるいは⅓である。ある中間的なものの場合には、冷たくする能力は熱くする能力の二倍あるいは三倍、あるいは½、⅓であるというように。（ジョウアキム p. 242）
（3）同質体を指す。
（4）「あるいは……」を言い換えられているのは、基体抜きでは、反対の諸質は混合しえないからである（ピロポノス p. 275）
（5）三三四b八—一六で述べられている仕方。
（6）三三四b一八の ἐκείνων を、ジョウアキムに従って、一行前の ἐναντίων を指すと解する。
（7）三三四b四—七で述べられている仕方。
（8）前註（1）参照。
（9）第一巻第七章参照。
（10）甘さや酸っぱさなどを指す。これらは熱や冷、乾、湿のごとく、形相の役割をするわけではないけれども、一種の中間状態をもたらす。（ピロポノス pp. 277–278）
（11）大地は宇宙の中心にあると考えられている。

335a 混合物に内在しているからだ[1]。また、合成体は限定されていなければならず、しかるに、単純物体のうちでは水だけが容易に限定されうるものであり[2]、さらにまた、土は湿ったものがなければまとまっていることができず、まとめているのは湿ったものであるということのゆえに、水もまたすべてのものに内在していなければならない。なぜなら、土から湿ったものが完全に取り除かれると、ばらばらになってしまうだろうからだ。そこで、これらの理由によって、土と水はすべてのものに内在していなければならないのであるが、空気や火も内在していなければならない。なぜなら、これらは土と水に反対のものだからである（すなわち、実体は実体に反対のものであるように、土は空気に、また、水は火に反対のものだからである[3]）。そこで、生成は反対のものからであり、しかるに、反対なもののそれぞれの対における一方の端のものたちは合成体に内在しているので、もう一方の端にあるものたちも内在していなければならない[4]。

それぞれの合成体の摂る栄養分もそのことを立証していると思われる。なぜなら、すべての合成体は、その合成体を構成している要素と同じもので養われるのであり、また、多くのもので養われているからだ。というのも、植物は水で養われているといった具合に、一つのもので養われていると考えられているものも、実は多くのもので養われているからである。なぜなら、水には土が混じっているからだ。それゆえまた、百姓も混ぜ物をしてから水をやろうとするのである[5]。

さて、栄養分は質料の部類に入るものであり、養われるものは質料と一緒に捉えられた形や形相であるので、単純物体はすべて相互から生成し合うのであるが、それらのうち、先人たちも言うように[6]、火のみが養われるものであるのは理に適っている。なぜなら、火だけが、本来境界の方へ運ばれるということによって、

（1）土はその最大量が宇宙の中心にある。したがって、中心のあたりにある物体すべてに、土が内在しているのでなければならない。

（2）それに水が含まれている当のものを、限定されやすいものとするの意。なお、空気もまた限定されやすいものであるが、粒子が微細で飛散しやすく、ものを固めるのに適さない。

（ピロポノス pp. 278–279）

（3）本巻第三章三三一a一―三、および一三四頁註（1）参照。

（4）土と空気、水と火という二対の反対対立において、合成体には土と水が内在していなければならないことがすでに語られた。したがって、それぞれの対におけるもう一方の端にある空気と火も内在しているのでなければならない。

（5）ジョウアキム（pp. 245–246）は次の註釈を与えている。

同質体の構成要素は栄養分の構成要素からも推察される。というのは、栄養分は栄養分であるかぎりにおいて、同化されなければならないからだ（第一巻第五章三二〇b三四―三二一a二九、三二一b三五―三二二a四）。ところで、生物の栄養分は湿ったものと乾いたものから成っていなければならない（『動物の諸部分について』第二巻第三章六五〇a三―四）。それゆえ、栄養分はすくなくとも、二つの単純物体を含んでいなければならない。というのは、湿と乾とは一つの元素を構成すべく結合できないからである。しかも実際、生物はすべて自分たちの栄養分として、土と水を必要とする（『動物の発生について』第三巻第十一章七六二b一二―一三）。それゆえ、動物や植物における同質体は土と水から成る（『気象論』第四巻第八章三八四b三〇―三一）。植物さえも水だけでは生きていけないのである。植物は、自然的には、土を含んだ水で養われ、人工的には肥料の融け込んだ水で育てられる。

（6）ホメロス『イリアス』第二十三歌一八二行目参照。そこでは、パトロクロスと一緒にトロイア勢の兵士たちを荼毘に付するとき、彼らを、「火が貪る（ἐσθίει）」と言われている。

（ピロポノス p. 280）

とりわけ、形相の部類に入るからである。それぞれの単純物体は本来、己に固有の場所へと運ばれるのであるが、一切のものについて、それの形や形相は境界の領域にある[1]。

さて、すべて物体は、すべての単純物体から成っていることは以上で語られた。

第九章

あるもの[2]は生成もし消滅もするものであり、生成は中心あたりの場所で起きるので、あらゆる生成について同じように、その始源はどれだけあり、また何であるかを語らなければならない[3]。というのは、われわれがまず、普遍的な事柄について理解している場合には、個別的な事柄についても考察は容易になるだろうからである。ところで、その始源は永遠で第一の物体[4]にあるのと数において等しいし、また、類において同じである。というのは、ある始源は質料としてのそれであり、ある始源は形相としてのそれだからである。しかし、さらにまた、第三番目の始源がなければならない。なぜなら、第一の物体においても不十分であるように、生じさせることがあるためには[5]、形相および質料としての始源だけでは不十分だからである[6]。

ところで、生成しうるものにとって、質料としての原因をなすのは、「あることもあらぬことも可能なもの」ということである。というのは、或るもの、たとえば永遠的なものは必然的にあり、或るものは必然的にあらぬものであるが（これらのうち、前者はあらぬことが不可能なものであり、後者はあることが不可能な
335b
ものである。なぜなら、いずれも必然に反して他の仕方であることはできないからである）、しかし、或

るものはあることもあらぬことも可能なものだからである——生成するものや消滅するものとはそういうものである。なぜなら、それはときにはあり、またときにはあらぬからだ。したがって生成と消滅は、あるこ

(1)三三五a一四の「さて……」からここまでは意味の曖昧な箇所であるが、次のことが主張されている。
(イ)第一巻第五章で成長という事態の成立するための条件が三つ挙げられているが(三二一a一八—二二)、そのうちの一つとして、成長するものはどの部分も大きくなるのでなければならないとされている。そして、どの部分も大きくなるとは、形相に関してである(三二一b二二—二三)。(ロ)一六五頁註(7)におけるように、ホメロスの詩句である「[彼らを]火が貪る」=「火のみが養われる」と読み換える。
このようにして、(イ)からは(a)成長するものは形相の点でどの部分も大きくなる」を得、(ロ)からは(b)「火のみが養われる」を得る。これら(a)と(b)とを、境界(ὅρος)概念によって結びつける。というのは、形相はそれぞれの事物を他のものから画する境界・限定をなすものであり、また、火は天界から月下界を画する境界へと本来向かうものであり、月下界を包み限定するものだからである。したがって、本文中の「火」を「形相」と読み換えてみたならば、全体の文意が通りやすくなる。
(2)「あらゆる物体的存在のうちのあるもの」という意味。というのは、物体的存在のうちには永遠的なもの(たとえば、月より上の天界)もあるからだ。
(3)このことは第一巻第一章の冒頭で約束されたことである。
(4)月より上の天界にある物体。それらは場所移動(回転)はするが、生成消滅することのないアイテールから成る。
(5)第一の物体、つまり諸天体の場合には、この、「生じさせることがあるためには」という部分は「場所的な移動があるためには」でなければならない。というのは、諸天体は生じることはないからである。(ウィリアムズ p. 181)
(6)この第三番目の始源は始動因である。その始動因は月下界の物体にとっては生成を説明するために必要なものであり、生じることのない諸天体については、場所移動を説明するのに必要なものである。(ミュグレル p. 64, n. 3)

（335b）

ともあらぬことも可能なものについて存在するのでなければならない。それゆえ、このこと[1]は生成しうるものにとって、質料の意味での原因であるが、しかし、生成しうるものにとって、目的としての原因はそれらの形あるいは形相である[2]。そして、これは生成しうる個々のものの実体[3]を述べる陳述である。しかし、第三番目の始源がこれらに加えられなければならない。

それについては誰しもが莫然とは考えているのだが、しかし、誰一人として現実には語っていない。だが、あるひとびとは[4]、生成のための原因としては、諸形相の本性で十分だと考えていたが（『パイドン』におけるソクラテスがそれである。というのは、他のひとびとは何一つ語らなかったと言って彼は非難した後[5]で、次のことを基礎に措いているからである[6]。存在するもののうち、或るものは形相であり[7]、或るものは形相に与かるものである。また、それぞれのものがあると語られるのは形相によってであるが、その形相を分け有つことで生成し、失うことで消滅する。したがって、もしこれらのことが真実であるならば、形相は必然的に生成や消滅の原因であると考えられる）、しかし、あるひとびとは[8]、質料そのものを原因であると考えた。なぜなら、彼らの主張では、運動は質料に起因するからである。

しかし、いずれの側のひとびとも正しく語ってはいない。なぜなら、もし形相が原因だとしたら、形相も形相に与かるものも、いつも存在しているのに、形相は何ゆえにいつも生成せしめないで、あるときには生成せしめ、あるときにはそうしないのか[9]。さらに、或るものについては、原因は別のものであるのをわれわれは観察している。というのは、「健康そのもの」や「知識そのもの」とか、それらに与かるものが存在するのに、健康をもたらすのは医者であり、知識をもたらすのは知者であり、このことは他の能力[10]によってなされるものの場合も同様だからである。

しかしまた、質料が、運動することのゆえに、生成せしめるのだとひとが言うとすれば、形相を原因だと

(1)「あることもあらぬことも可能ということ」。
(2)自然的な事物の場合、始動因、形相因、目的因の三者はしばしば一つになっている。『自然学』第二巻第七章一九八a二四—二五参照。
(3)「何であるか」、すなわち本質。
(4)プラトンの『パイドン』におけるソクラテスの説以外に、どういう説があるのかを決定する証拠となるものは何もないと思われる。(ジョウアキム p. 249)
(5)プラトン『パイドン』九六A—九九C参照。自然学者たちは、ものが存在し、生成消滅することの原因をあれこれ挙げているけれども、しかし、ソクラテスの求める真の意味での原因を説いていないこと、とりわけ、「これこれの仕方で存在するのが善いのだ」ということの根拠を誰一人説いていないことを、ソクラテスは嘆いている。
(6)プラトン『パイドン』一〇〇B—一〇一C。
(7)プラトンの思想におけるイデアを指す。イデアと、アリストテレス哲学における形相とは、事物の不変的な本質を表わすものとしては相通じ合う面が存在するが、アリストテレスの形相は次の点で独特である。(イ)純粋形相である神を除いて、形相はつねに質料とともにあり、無限定で可能的存在としての質料を限定し、規定している。(ロ)形相は自然的に生成する事物との関係では目的因や始動因と同一視されることがある。(ハ)形相はわれわれの思考の上で事物から抽象されうる。(ニ)生物において身体は質料であるが、それに対する魂は形相である。
(8)ジョウアキム(p. 249)はレウキッポスやデモクリトスなどのアトミスト(第一巻第二章三一五b三三—三一六a二)のみならず、エンペドクレス(同巻第一章三一五a二一)やアルケラオス(プラトン『パイドン』九六B)およびピュタゴラス派のひとびと(本章三三六a一—一二や第一巻第三章三一八b六—七などからの推察による)を指すものとしている。
(9)たとえば、形相としての「健康」も、その健康に与かる「身体」も、いつも存在しているのに、何ゆえに、身体はときとして健康であったりなかったりするのか。
(10)専門的あるいは技術的な力量。

するひとびとよりも自然学的に語っていることにはなるだろうけれども[1]（というのは、生成させることについては、質的転化をさせたり形を変えさせたりするものの方が、形相に比べて、より多く原因だからであり、またわれわれとしても、動かしうるものがあるとすれば、自然的に生成するものにおいてにせよ、技術によって生成するものにおいてにせよ、すべてのものにおいて、同じようにそれを、作用するものと呼ぶのを習わしとしているからである）、しかし、それにもかかわらず、彼らにしても正しく語っているわけではない。というのは、作用を受けるとか動かされるということは、質料のすることであるが、しかし、動かすとか作用することとは別の能力のすることだからである。このことは技術によって生じるものについても、自然的に生じるものについても明らかである。なぜなら、水はそれ自体、自らを素材として動物を作りはしないし、木材にしても寝椅子を作りはしなくて、技術がそうするのだからである。したがって、このことのゆえに、また、もっと優れた原因を見落としていることのゆえに、彼らの語るところは正しくない。というのは、彼らは事物の本質、すなわち形相[2]を除外しているからだ。

336a そのうえ、彼らは形相因を除外することによって、それのゆえに事物を生成せしめる、と彼らの考えるその当の物体に対して、あまりに道具めいた能力を与えすぎている。なぜなら、熱は本来ものを分離し、冷は結びつけ、また他のそれぞれのものにしても、あるものは本来作用しあるものは本来作用を受けるので、これらのことにより、またこれらのことを通して、他のすべてのものは生成したり消滅したりするのだと彼らは主張しているからである。しかし、火にしても明らかに、それ自体動かされたり作用を受けたりするのだ。さらにまた、彼らのやっていることは、製作されたものの原因を、ひとが、鋸やそれぞれの道具のせいにするのとよく似ている。というのは、鋸をひくと木材は分割されざるをえず、鉋をかけると滑らかにならざるをえず、また他の道具についてもこれと同様だというわけである。したがって、たとえ火がいかに多く作用したり動かしたりするのだとしても、火はどのようにして動かすのかということを、また、その動かし方は道具よりは劣るということを、さらに考えてみたりはしないのである。

原因については一般的な仕方で、以前に(3)われわれによって語られたが、いままた、質料と形相について区別された。

---

(1) 自然的な事物の考察については、抽象論に明け暮れているプラトンよりは、自然学者たちの方が優れていることについては、すでに第一巻第二章三一六a五—一〇で言及されている。

(2) 技術によって産出されるものの場合であれ、自然的に生成するものの場合であれ、産出あるいは生成過程の始発、途中、終極という全過程を支配し統一しているのは形相である。このことは、動植物などの自然的生成物においてよりは、技術による人工物においていっそう明らかである。たとえば、建築家はその技術知に基づいて、目的とする建築物のための材料を整え、組織だてることを通して目的を達成する。この全過程を一貫して統一支配しているのは当の建築物の「何であるか」、すなわち形相である。自然的な生成物においてもこのことは同様である。『形而上学』Z巻第八章一〇三三b二九—一〇三四a八、第九章一〇三四a三三—b四参照。なお、ここに「形相」と訳した原語は μορφή である。

(3) 『自然学』第二巻第三—九章。

第十章[1]

さらにまた、移動[2]による運動は永遠的であることがすでに証明されているので[3]、これらのことが[4]そのとおりである場合、生成もまた連続的にあるのでなければならない。なぜなら、移動は産出しうるもの[5]を近づけたり遠ざけたりするゆえに、生成を絶え間なくおこなわせるだろうからである。同時にまた、転化のうち、生成ではなくて、移動が第一のものであるというわれわれの以前の主張は正しかったことも明らかである[6]。なぜなら、あるものがあらぬものにとって生成の原因であることの方が、あらぬものがあるものにとってあることの原因であることよりは、はるかに理に適っているからである。ところで、移動するものは存在しているが、生成するものは存在していない。それゆえまた、移動は生成よりも先なるものである。

さて、事物には生成と消滅が連続的にあると想定されており、そのことはまた証明されてもいるし[7]、また、移動が生成の原因であるとわれわれは主張しているので、もし、移動が一種類であるとすると、生成と消滅とは相互に反対のものであるゆえに、両方は生じえないことは明らかである（というのは、同一のものは同じあり方をしているかぎりにおいて、いつも同じ結果を本来もたらすのであり、したがって、つねに生成あるいは消滅のいずれかがあることになるからだ）。それに反して、運動は多種類なければならず、移動「の方向」においてにせよ、不規則性[8]においてにせよ、互いに反対でなければならない。というのは、反対なものの原因は反対でなければならないからだ。

336b それゆえ、生成と消滅の原因をなしているのは、天の第一の移動(9)ではなくて、黄道に沿った移動(10)である。なぜなら、この動きのうちには、連続的であるということと、二種の動きをするということが含まれているからである。というのは、連続的な生成と消滅とがつねにあろうとするのであれば、一方ではこれらの転化が尽きないために、或るもの(11)がつねに動いていなければならず、また他方では、生成と消滅のうち一方だ

(1) 補註D参照。
(2) 原語は φορά. 場所的運動、天界の回転運動の意味をもつ。以下、移動と言われたときにはつねに後者の意味が背後にある。
(3) 『自然学』第八巻第六—九章。
(4) 運動の永遠性のみならず、太陽による交互の接近と遠のきの原因としての黄道の傾斜（三三六b三一—一〇参照）のことも考えられているからであろう。（ジョウアキム p. 255）
(5) 熱源としての太陽。なお、『形而上学』Λ巻第五章一〇七一a一五—一六参照。
(6) 『自然学』第八巻第七章二六〇a二六—二六一a二六参照。
(7) 第一巻第三章三一七b三三以下参照。
(8) 運動の不規則性は、単に速度の違いのみならず、折れた線や曲がった線、螺旋上の動きのように「相互換置不可能な部分をもつ動き」ということで定義される（『自然学』第五巻第四章二二八b二一—二六参照）。
なお、ジョウアキム（p. 259）は次のことを指摘している。太陽は至点あたりで留まるように見えることから、アリストテレスは、黄道上を太陽が動く速度について、次のように考えていたようである。両至点あたりで最も遅く、両分点あたりで最も速い。したがって、たとえば冬至点から春分点までは次第に速度を増し、分点では最速で、以後次第に減速して、夏至点では最も遅い。同様に夏至点から秋分点を経て冬至点に至る過程でも加速と減速がある。
(9) 「天の第一の移動」とは恒星天球の運動。これは二四時間毎に一回、東から西へ回転する運動である。その運動の原因（目的因）は神の永遠性である。『自然学』第八巻第六章二五八b一二—二六参照。
(10) 太陽による黄道上の動き。
(11) 太陽。

336b けがあるのでないためには、二種の運動がなければならないからである。そこで、生成と消滅が連続的にあることの原因は全天球(1)の移動であるが、［太陽が］近づいたり遠のいたりする(2)原因は黄道の傾きである。というのは、［その傾斜のために太陽が］あるときには遠くに、またあるときには近くにあって、隔たりが不等であるために運動は一様ではなくなるからである。したがって、［太陽が］接近し、近くにあることによって生成せしめるのであれば、その同じものは遠のき、離れることによって滅ぼすのである(3)。また、繰り返し接近することで生成せしめるのであれば、繰り返し遠のくことで消滅せしめる。なぜなら、相反するものの場合、それらの原因も反対のものだからであり、自然的な消滅と生成とは等しい時間でおこなわれるからである(4)。それゆえまた、個々のもの(5)の期間すなわち寿命は、数をもっており、それによって限定されている。なぜなら、すべてのものには秩序があり、またすべての期間すなわち寿命は周期(6)でもって計られるからである。ただし、すべてのものが同じ周期で計られるというのではなくて、あるものはより小さい周期で、またあるものはより大きい周期で計られる。なぜなら、あるものには周期すなわち尺度は一年であり、あるものにはそれよりも長く、またあるものにはそれよりも短いからである。

しかしまた、われわれの説に一致する事実のあることは、感覚によっても明らかである。なぜなら、太陽が近づくにつれて生成が、また遠のくにつれて消滅があり、しかもそのいずれもが等しい時間でなされるの

(1) ウィリアムズ（p. 190）やピロポノス（p. 291）によると、それに太陽が付着していて、傾斜した軌道上を動くところの当の天球全体を意味する。太陽はそれの一部分に付着している。しかし、ジョウアキム（p. 258）によると第一の天球は

自己の回転によって、その天球に包まれている諸々の惑星の天球に回転運動を与えているので、「全天球の動き」とは恒星天球の動きを指すとしている。しかし、ウィリアムズやピロポノスのように解した方が、三三六a三二の「黄道に沿った移動」や三三六a三三―三四の「なぜなら……が含まれているからである」という記述と整合的である。

(2) 地上の或る定点から。

(3) 補註E参照。

(4) 三三六b八の「また、……」からここまでも理解困難な箇所である。前註の場合と同様、ここでもジョウアキム(pp. 260-261)はアリストテレスに好意的である。その要旨を次に記す。

ここでは、生成と消滅はピロポノスの指摘するように、厳密な意味でのそれらであるよりは、むしろ成長と萎縮を意味し、長い年月をかけて成長し萎縮するものについての問題とされている。太陽の繰り返す接近と遠のきは、そのような仕方で成長し、萎縮するものの成長と萎縮の原因だというのがアリストテレスの主張である。

しかし、もし太陽の繰り返す接近、たとえば繰り返し訪れる二〇回の夏が樫の木や人間の十全な成長をもたらすならば、それに対応した同じ期間の遠のき、たとえば二〇回の冬は、どうしてその成長に影響を与えないのか。あるいは逆に、繰り返す冬のもたらす萎縮に対して、繰り返し訪れる夏はどうして影響を与えないのか。

この問いに対してアリストテレスは答えていないことを指摘したうえで、ジョウアキムは次のように言う。太陽によってもたらされる熱は(a)「環境の熱」である。しかし、アリストテレスによれば、それぞれの生物には生来具わっているところの、(b)「生まれつきの熱」=「生命的な熱」がある。成長はこれら(a)と(b)との協同による。したがって、先ほどの問いに対してアリストテレスは「生まれつきの熱」によって応えたであろう。

本文の同箇所の内容に対して、ウィリアムズ(p. 191)もジョウアキムと同様の疑問を提出している。そのうえで、この疑問に対して与えられている研究者たちの答えは、いずれも説得力に欠けることをウィリアムズは指摘している。

(5) 個々の種を指す。

(6) περίοδος. 太陽の年周運動が考えられる。

をわれわれは観察しているからである。というのは、自然的な消滅と生成の期間は等しいからである。しかしながら、事物は〈相互に対する混合が原因で〉(1)短期間のうちに消滅することもしばしばある。なぜなら、事物を構成している質料が不揃いであるために、すなわち、必ずしもどの部分も同じではないために、必然的に事物の生成も一定ではなくて、ある生成は速く、ある生成はゆっくりおこなわれるからである。したがって、これら不揃いなものの生成が、他のものにとっての消滅となっているゆえに、そういうことが起きるのである(2)。

すでに述べられたように、生成と消滅はつねに連続的なものとしてあるが（また、われわれの語った原因(3)によって、決して止むことはないであろう）、このことがそうなっているのももっともである。なぜなら(4)、われわれの主張では、自然はすべてのものにおいて、つねに、より善いものを希求し、また、あること（われわれがそれをどれだけの仕方で語るかということについては、すでに他の所で述べられている(5)）はあらぬことよりも善いからである(6)。しかし［月下界の事物は］始源(7)から遠く隔たっているがため、あるということ(8)はすべてのものに帰属することは不可能なので、神は別の仕方をとり、生成を絶え間ないものとすることで宇宙全体を完成したのである。なぜなら、そのようにすれば、絶え間なく生じること、すなわち生成は存在にきわめて近いということのゆえに、［個々の生成するものの］存在はとりわけ一つに結びつくからである(9)。

ところで、生成が絶え間なくあることの原因は、しばしば語られたように、［天界の］円環的な移動である。
337a というのは、それのみが連続的だからである(10)。それゆえまた、受動的性質と能力(11)において相互に転化するかぎりの他のもの、たとえば単純物体のごときも、円環的な動きを模倣している。なぜなら、水から空気が生

(1) 補註F参照。

(2) テクストの読みはジョウアキムに従う。したがって、「そういうこと」とは三三六b二〇の「短期間のうちに消滅すること」を指し、三三六b二四の *συμβαίνει* の主語をなしていると解する。また、同行の〈τὸ〉を読む。ミュグレル、フォースター、ウィリアムズは〈τὸ〉を落として読んでいるが、ジョウアキムの読み方の方が内容を理解しやすいと考えられる。

(3) 三三六a三一—b三で語られている始動因、つまり太陽の年周運動。

(4) 生成と消滅が絶えることなく存在することの原因について、以下、目的因の観点から述べられる。

(5) 『形而上学』の多くの箇所で述べられているが、とくにΔ巻第七章参照。

(6) 『ニコマコス倫理学』第九巻第七章一一六八a五—六参照。

(7) 不動の動者、すなわち神。

(8) 天界のように、数的に同じものとして存在し続けること。（ピロポノス p. 297）

(9) たとえば、個々の人間は消滅する。しかし、大人（父）—精液—胎児—子供—若者—大人……という仕方で種（＝形相）は存続する。『魂について』第二巻第四章四一五a二五—b七参照。なお、プラトン『饗宴』二〇七D以下参照。そこでは、個々の生きものがその種を保存しようとする衝動を、永遠に対する希求の表現形態と見なされている。可滅的なものは種の存続において不死と永遠に与かろうとする。

(10) 円環的な運動のみが連続的、永遠的であることについては、『自然学』第八巻第七章二六一a三一以下参照。

(11) ピロポノス（p. 298）によると、「受動的性質と能力」ということで、(a) 同じものを表わすのに冗長な言い方をしているだけか、(b)「受動的性質」は熱と冷、乾と湿を表わし、「能力」は単純物体における運動への衝動を表わしているか、(c)「受動的性質」は乾と湿を、「能力」は熱と冷を表わしているかである。

ジョウアキム（p. 266）およびウィリアムズ（p. 193）は、ピロポノスの挙げるもののうち、(c) を採り、その根拠として、本巻第二章三二九b二四—三二を挙げている。

(337a)

じ、空気から火が、また逆に火から水が生じるとき、再び元へ還るゆえ、生成は円環的に巡り終えているとわれわれは言うからだ。したがって、直線的な動きも円環的な移動を模倣することで連続的である[1]。

同時にまた、以上に述べられたことからして、あるひとびとが[2]難問としている点についても明らかになる。その難問とは、単純物体のそれぞれは己に固有の場所へと運ばれて行くのに、無限の時間の経過[3]において、なにゆえに離ればなれになってしまわないのかというものである[4]。というのは、離ればなれにならないことの原因は相互転化にあるからだ。なぜなら、それぞれが自らの固有の場所に留まったままで、隣接するものの作用で転化することがないとしたならば、とっくに離ればなれになっていただろうからだ。しかし、二重になっている移動[5]のゆえに、単純物体は転化するのであり、また、転化することのゆえに、それらのどれ一つとして、配されたどの場所にも留まることはできないのである。

さて、生成と消滅があるということ、またいかなる原因によってそれらがあるか、生成消滅するものとはいかなるものか、ということは、すでに語られたことから明らかである[6]。しかし[7]、(a)もし運動があろうとするのであれば、ある動かすものがなければならず、もし運動がつねにあるならば、その動かす何ものかはつねになければならない。また、もしその運動が連続的であるならば、動かすものは同一のもので、不動で、生成も質的転化もしないものでなければならない。また、もし円環的な運動が多数あるならば、それらの原因も多数であるが、しかし、一つの根源的な原理に服しているのでなければならない。以上のことは他の所ですでに語られている[8]。また、(b)仮にも時間は運動を離れてはありえないからには、時間が連続的であれば、運動もまた連続的なものでなければならない。それゆえ、最初の議論の中[9]で規定されたように、時間は

（1）循環する例が二種挙げられている。(a) 単純物体のように相互転化する場合。たとえば、火⇅空気⇅水⇅土⇅火。これは円環的である。(b) 水⇅空気⇅火。これは直線的である。しかし (a)(b) いずれの転化も絶え間ないという点では、天界の円環的な永遠の移動を模倣している。

（2）ジョウアキム（p. 267）は、誰を指すのか不明としている。ショレイ（Shorey, P., 'Aristotle on "Coming-to-be" and "Passing-away"', *Classical Philology*, 17 (1922), pp. 334-352）はプラトンおよび彼の『ティマイオス』五八Aだとしていることを、ウィリアムズ（p. 195）は報告している。

（3）宇宙はそれ自らのうちに無限の時間を包みもっている。『天について』第二巻第一章二八三b二九参照。

（4）四つの元素についての言及である。土は本来宇宙の中心へ、火は中心から最も遠い上方へ、水は土の上へ、空気は火の下へ運ばれる。したがって、無限の時間の経過とともに――あたかもエンペドクレスの宇宙周期において、争いによる完全支配期のごとく――土はすべて中心へ、火はすべて最も上方へ、空気と水はそれぞれ土と火の中間領域へというように、離ればなれになってしまわないのはなぜかということ。なお、『気象論』第一巻第二章三三九a一三―一五参照。

（5）太陽の接近と遠のき。

（6）この一文は、本巻第九―十章の課題についてのみならず、この作品全体の課題（第一巻第一章三一四a一―六参照）についても論じ終えたことを示している。したがって、以下章末までは本章に対する脚註である。（ウィリアムズ p. 195）

（7）ここの文章（三三七a一八から二二の「……すでに語られている」まで）は *ἐπεί* で始められているが、*ὥσπερ εἴρηται πρότερον ἐν ἑτέροις* という句の挿入によって元の構文が忘れられ、主動詞はあたかも同句中の *εἴρηται*（……はすでに語られている）であるかのごとき構造になっている。そのうえで、以後、『自然学』（とりわけ第八巻）で述べられたことの要点が記されている。（ウィリアムズ p. 195）

なお、ジョウアキム（p. 268）によると三三七a一八の「しかし……」から章末三一の「……という具合に連続的である」までは大がかりなプロタシスであり、アポドシスは三二―三三である。

（8）『自然学』第八巻第四章二五五b三一―第六章二六〇a一〇、『形而上学』Λ巻第七―八章参照。

（9）『自然学』第四巻第十―十四章、『形而上学』Λ巻第六章一〇七一b六―一一参照。

ある連続的な運動の数(1)、つまり円環的な運動の数である。(c)(2)しかし、運動が連続的であるのは、運動するものが連続的であることによるのか、それとも、それにおいて運動がおこなわれるその当のもの、たとえば場所とか受動的性質が連続的であることによるのか。運動するものが連続的であることによるということは明らかである（というのは、受動的性質は自らが付帯したところの当の事物が連続的であるということによるのでなければどうして連続的でありえようか。また、［運動が連続的なのは］運動がそれにおいておこなわれる当のそれが連続的であるという根拠によるとしても、この根拠は場所についてのみ成立することである。なぜなら場所は何らかの大きさをもっているからである）。(d)だが、運動するもののうちでは、円環的に動くもののみが自らと繋がっているという具合に連続的である。

---

(1) 時間の定義は『自然学』第四巻第十一章二一九b一―二において「より前とより後に関しての運動の数 *ἀριθμὸς κινήσεως κατὰ τὸ πρότερον καὶ ὕστερον*」として与えられている。切り詰めた仕方で与えられているため、理解困難な定義であるが、手短かに解説すると、時間とは次のものである。(イ)時間は運動の何らかの属性（*πάθος*）である。したがって、運動がなければ時間はありえない。(ロ)運動は連続的なものである。したがって、いかに小さな運動であっても、運動であるかぎり連続的である。(ハ)連続的なものは可分的である。(ニ)連続的な運動は今（*τὸ νῦν*）によって限定され、より前の今とより後の今は異なったものとして区別される。(ホ)それら二つの異なった今によって限定された隔たりが時間であり、それは運動の数、すなわち尺度となっている。(ヘ)ところで、数えるものとしての数は不連続である。したがって、時間は運動の数と言われる場合、その数とは、数えられた数である。数えられるものは連続的でありうるからだ。(ト)時間がそれの何らかの属性であるところの当の運動は、一つの連続的で均一な運動でなければならない。(チ)時間が存在するために

は、今ということを認識するのみならず、前の今と後の今は異なるということを認識する魂がなければならない。

（2）この(c)は、運動が連続的であることの根拠は、(イ)動いている当のもの、すなわち、実体にあるのか、それとも(ロ)運動がそれにおいてあるところの、他の範疇におけるものにあるのかを問題としている。他の範疇とは場所、性質、量である。というのは運動はこれらの範疇においてあるからだ（五頁註（8）参照）。これらの問いの直後、運動の連続性の根拠は(イ)に挙げられた、動いている当のもの、すなわち実体にあるとする。そのうえで(ロ)に挙げられた範疇におけるものは、根拠となりえないことを消去法的な仕方でやや曖昧に論じている。しかも、量の範疇におけるものは根拠でないとする論はまったく省略されている。

まず、運動の連続性の根拠を受動的性質（性質の範疇）の連続性によるとすることはできない。なぜなら、受動的性質（たとえば白）が仮に連続的であるとしても、それが付帯しているところの当のものの連続性によるからである。次に、ピロポノス（p. 301）も指摘するように、成長（量の範疇）するものは大きさの付加で成長するのであり、したがって成長は連続的であるとひとは言うかも知れない。しかし、次々と無限に付加がなされることはありえないので、連続性は成立しえない。それゆえ、もし連続性が(ロ)に挙げられた範疇において成立するとすれば、場所においてだということになる。しかも連続性は場所のすべてにではなく、円い場所にのみ属する。しかし、だからといって、運動は、場所の連続性のゆえに連続的なのだろうか。この問題をさらに追求することをせずに、連続的に動くもの（実体）だけが連続的であるとアリストテレスは言う。というのは、場所は連続性をもつとはいえ、自らによってではなくて、場所のうちに存在するものからそれを得ているのだからである。なぜなら、アリストテレスによると、場所はそれ自体で存在するのではなくて、それの場所であるその当のものと共在しているからだ。それゆえ、運動の連続性の根拠は動くものにある。

したがって、これ、すなわち円環的に動く物体[1]が連続的な運動を生ぜしめるのであり、また、それの運動が時間を連続的なものとしているのである。

第十一章[2]

337b

生成あるいは質的転化、あるいは一般にどのような転化においてであれ、ともかく連続して動くものにおいて、継続的に存在するものを、つまり、このものの後には別のものが生じて途絶えることがないのをわれわれは観察している。したがって、〔継起するもののうちには〕将来存在することが必然であるようなものがあるのか、それとも、そういうものは何一つなくて、どれもみな生じないということもありうるのかどうか考察してみなければならない。なぜなら、或るものは生じないこともありうるという事実は明らかであり、したがって、「あるであろう[3]」と「ありそうだ[4]」とが異なることはその事実に基づくからである。というのは、それについて「あるであろう」と語ることが真実であるものは、「ある」と語ることが、いつか真実であるものでなければならないが、しかし、「ありそうだ」と語ることがいま真実であるものは、生じないとしても何ら差し支えないからである。というのは、ひとが歩くつもりでいても、歩かないことだってありうるからだ。一般的に言って、存在するもののうち、或るものはまた存在しないことも可能なので、生成するものにしても、そのようなものがあるだろうことは明らかである。つまり、それらは必ずしも生成するとはかぎらないであろう。

では、生成するもののすべてが、必ずしも生成するとはかぎらないものなのだろうか。それともそうではなくて、或るものにとっては、生成することが無条件に必然なのであろうか。そして、存在するということに関しても、或るものは存在しないことが不可能であるが、或るものはそれが可能であるように、生成についてもそのような違いがあるのだろうか。たとえば、至は必ず生じなければならず、生じえないということはありえないというように。

それでは、より後なるもの(5)があるべきならば、より先なるもの(6)はすでに生じていなければならないとした場合（たとえば、もし家があるべきならば土台はすでに生じていなければならず、またもし土台があるべきならば、粘土がすでに生じていなければならないというように）、土台がすでに生じているときには、家が生じなければならないのだろうか。それとも、かのもの［すなわち、後件］の生成が無条件に必然であるとい

(1) 恒星天球が想定されている。
(2) 補註G参照。
(3) 原語は ἔσται. εἰμί 動詞の未来三人称単数形。そして、未来形は「……であろう、……べきだ」というように、将来の確かな見込みを表わす。なお、補註GのⅡ参照。
(4) 原語は μέλλει. 不定法とともに用いられて「……しそうだ、……するつもりだ、……らしい」などの意味をもつ。なお、補註GのⅡ参照。
(5) 後件。
(6) 前件。

(337b)

うのでなければ、もはやそういうことはないのではあるまいか(1)。だが、もし無条件に必然だとすれば、土台が生じた場合には家も生じるのでなければならない。なぜなら、もしより後なるものがあるべきならば、その前に、より先なるものも生成していなければならないという具合に、より先なるものはより後なるものに関係していたからである。そこでもし、より後なるものの生成が必然だとすれば、より先なるものも生じていなければならないし、また、もしより先なるものが生じているならば、そのときには、より後のものも生じなければならない(2)。しかし、だからといって、より後なるものが生じるのは、より先なるもののゆえではなくて、より後なるものの生ずべきことが、必然的なこととして［より後なるもののうちに］前提されていたからである(3)。したがって、より後なるものが必然的に存在するような関係にある事物間では、逆の関係が成立するのであって、より先なるものが生じている場合には、つねに、より後なるものも生じるのでなければならない(4)。

ところで、もし継起の系列が下方へ(5)と無限に進むとすれば、より後なるもののうち、特定のものが生じるのは、無条件に必然なのではなくて、一定の条件に基づいて必然なだけであろう。というのは、このものの生成がそれのゆえに必然であるような他のものが前もって生じていることがつねに必然的であろうからだ。したがって、無限なものにははじめというものがないのだとすれば、他のものの生成がそれのゆえに必然で

(1) すぐ前には、生成の必然性ということについて、粘土—土台—家の例が挙げられている。この場合、土台や家は存在することもしないことも、また、生成することもしないことも可能なもの（ἐνδεχόμενον）である。このようなものに関して

は、「もし後件が生成するのであれば、その前に前件が生成していなければならない」という仕方で必然性は成り立っている。その必然性は一定の前提なり条件に基づく、条件的必然性である。では、生成することもしないことも可能なものについて、いまとは逆に、前件が生成していれば、後件の生成は必然なのか。土台がすでにあれば、必ず家が生成するのか。否。そういう必然性が成立するのは、無条件的必然性においてである。なお、補註GのI—V参照。

(2) 無条件的必然性の場合には、「後件が生成すべきならば、その前に、前件が生成していなければならない」という条件的必然性に与かっているのみならず、前件が生成していれば後件も必然的に生成するのである。なお、補註GのV参照。

(3) 無条件的必然性においては、後件が前件に継起するとしても、そのことは前件のゆえなのではなくて、後件そのものの本性に基づくことなのである。なお、補註GのVI参照。

(4) 条件的必然性の成立する事物間では(a)「後件が存在しているのであれば、その前に、前件が必ず存在していなければならない」という仕方で必然性は成立する。しかしこの場合、(b)「前件が存在しているから、後件が必ず存在しなければならない」という逆の関係は成立しない。このようなことは、前件にせよ後件にせよ、存在することもしないことも可能なものについて成り立つことである。

しかし、無条件的必然性の成立する事物間では(a)、およびそれに対して逆の関係にある(b)も成立する。このようなことは、必然的に存在しているゆえに、存在しないことの不可能なものについて成立することである。なお、補註GのI—V参照。

(5) 未来の方向へ。ただし、ピロポノス(p. 304)は過去の方向への意味に解している。

あるような当の第一のものは何もないであろう[1]。

　しかしまた、継起が有限である事物の場合にも、特定のものについて、生じることが無条件に必然的であると語ることは真実ではないであろう。たとえば、土台が生じているならば家の生じるのは無条件に必然的だと語るような場合である。なぜなら、その特定のものが生じた場合には、それがつねに必然的に生じるのでないかぎり、「つねに存在するとはかぎらないものが、つねに存在する」ということになるであろうからだ[2]。いや、むしろ、当の事物の生成が必然的であるならば、その生成には「つねに」ということがなければならない。というのは、必然的に存在するものは、同時にまた、つねに存在するからである（なぜなら、存
338a 在することが必然であるものは、存在しないことはありえないからである）。したがって、もし必然的にあるとすれば、それは永遠なるものであり、また、もし永遠なるものであれば必然的に存在するのでなければならない。それゆえまた、もし当のものの生成が必然であれば、それの生成は永遠的であり、また、もし永遠的であれば、必然的である。

　それゆえ、或るものの生成が無条件に必然であるならば、円環をなし、再び元へ還るのでなければならない。なぜなら、生成は限界をもつか、もたないかでなければならず、もし、もたないとすれば、直線的におこなわれるか円環的におこなわれるかのいずれかでなければならないからだ。これら後の二つのうち、もし生成が永遠的であるとすれば、その生成の仕方は、直線的な仕方ではありえない。なぜなら、直線的な仕方であれば、その生成には決してはじめがないからである[3]（そのはじめは未来のものに関するごとく、下方に向けて解された継起のそれであろうと、過去のものに関するごとく、上方に向けて解された継起のそれであ

ろうと変わりはない）。しかし、生成が限られてはいないとしても、それにははじめがなければならず、また、それは永遠でなければならない[4]。それゆえ、生成は円環的におこなわれるのでなければならない。したがって、相互に転換可能な関係にあるのでなければならないだろう。たとえば、これが必然的にあるならば、そのことによってまた、より先なるものも必然的になければならない。しかし、もし、より先なるものが存在するのであれば、より後のものも必然的に生じなければならない。しかも、この関係はつねに連続的に成

（1）この段落における議論の展開は次のようになっている。

無条件的必然性は、後件が前件に必然的に伴う場合に成立する。しかし、無限な直線的継起においては、より先なるもの（前件）とより後なるもの（後件）は存在しない。したがって、無条件的必然性は成立しない。それゆえ、必然性が成立するとすれば、条件的必然性であろうが、しかし、これとても成立しない。というのは、継起が無限に進むと想定されているので、それに基づいて前件の存在する必然性が規定されるところの後件、すなわち終極のもの（アリストテレスはそれを「第一のもの」と呼んでいる）は存在しないからである。

この議論は、すぐ後で展開される議論とともに、無条件的必然性が成立するのは、円環的継起においてだけであることを確立するための布石である。なお、補註GのⅦ—Ⅷ参照。

（2）無条件に必然的なものはつねに存在する。しかし、有限な直線的継起におけるいずれの項目も、前件があれば後件が必然的にあるというあり方をしていない。

（3）三三七b二五—二九、および前註（1）参照。

（4）ジョウアキムはテクスト上に問題のある一文としているが、ベッカー版に従って読む。それによると原文は *ἀνάγκη δ' εἶναι ἀρχήν, μὴ πεπερασμένης οὔσης, καὶ ἀΐδιον εἶναι* である。

この一文の意味は、三三八a四の「それゆえ……」以下を辿れば明らかである。すなわち、限界のある生成ははじめをもつが無限（永遠）ではない。限界をもたぬ生成（すなわち、無限な直線的生成）ははじめをもたない。したがって、「はじめをもち」、かつ、「限界をもたない」という条件を充たす生成は円環的生成にしかありえない。それのみが無条件的必然性の用件を充たす生成である。

立する。というのは、二者間で成立すると言おうと、もっと多くのものの間で成立すると言おうと、何ら異ならないからだ。したがって、「無条件に必然である」ということは、円環的な運動や生成のうちにある。また、もし或るものたちの生成が円環的であれば、それぞれのものが生成し、また生成し終えていることは必然だし、また、もし必然であれば、それらの生成は円環的である[1]。

　円環的な運動、すなわち天界の運動が永遠的であることは別の仕方でも明らかにされているので[2]、上に語られたこと[3]はたしかにもっともなことである。というのは、円環的な運動に属するかぎりの、また、その運
338b 動に依るかぎりの運動は、必然的に生じそして存在するだろうからである。なぜなら、もし円環的に動いているものが或るものをつねに動かしているならば、動かされているものの運動も円環的でなければならないからだ。たとえば、上方の移動があるので、太陽は現にそうであるように特定の仕方で円環的に動き[4]、また、太陽がそのように動くので、季節が円環的に生じ、元へ還るのである。また季節が円環的に生じるので、今度は、季節の支配下にあるものもそうなっている。

　では、あるものは明らかに、このような仕方で円環的に生じるのに（たとえば、雨と大気とは円環的に生成しているのであって、もし雲があれば雨が降ることになり、また逆に、雨が降るためには雲がなければならない）、人間や動物は、同じものが再び生じてくるような仕方では自らへと還らず（というのは、父が生じたからといってあなたが生じる必然性はないが、しかしもしあなたが生じたのであれば、父が生じていなければならないからである）、このような生成は直線的であるように見えるのは一体何ゆえなのか。この問題に対する考察の出発点をなすのは、今度は、次のように問うことである。——すべてのものは同じ仕方で

元へ還るのか、それとも、そうではなくて、あるものは数的にそうするが、しかし、あるものは種［形相］的にのみそうするのかと。たしかに、継起の過程にある実体が不滅であるかぎりのものについては、数的にも同じものが存在するであろうことは明らかであるが（なぜなら、運動は運動するものに依存しているから）(5)、しかし、不滅ではなくて、消滅的であるかぎりのものに関しては、元へ還るといっても、それは種［形相］的にであって、数的にではないのでなければならない。したがって、水が空気から、また空気が水

（1）生成が円環的である場合にのみ無条件的必然性が成立する。円環的生成において、継起をなす項は二つであろうと、もっと多くであろうと変わりはない。AとBという二つの項で、しかもBはAに続くとした場合、「AがあればBがあり、Bがあるのであればそれよりも前に必ずAがなければならない」という無条件的必然性は、もっと多くの項連関の間でも当然成立する。このことを具体例で示すなら、大地の湿り→蒸発→雲の形成→降雨→大地の湿りという円環をなす必然的継起は、降雨があるのだとすれば、その前に雲の形成がなければならず、雲の形成のためにはその前に蒸発がなければならず……という必然的継起と同時に成立している。

（2）『自然学』第八巻第七―九章。

（3）三三八a一四の「したがって……」から一七の「……それらの生成は円環的である」までを指す。

（4）太陽は恒星天の回転による支配を受けつつ、黄道上の年周運動をする。

（5）一九一頁註（1）参照。

(338b)

から生じる場合、空気や水は種的に同じものとして生じるのであって、数的に同じものとしてではない[1]。また、[あるひとびとが主張するであろうように]水や空気は数的に同じものが元へ還るのだとしても[2]、このこと[3]は本来生成するもの、つまり、本来消滅可能なものについては当てはまらない[4]。

(1)三三八b六の「では、あるものは……」以下ここまでは、『自然学』第五巻第四章における考察を踏まえてなされている。同章では、「運動が一つである」と言われる場合の諸意味について考察されている。
それによると、運動には三つのものが含まれている。(1)動くもの、(2)それにおいて動くところの当該領域、(3)動くときである。

運動が端的に、すなわち数的に一つであるのは、これら(1)―(3)のいずれにおいても一つの場合である。

ところで、三三八b六以下では三種の運動（生成も含める）が取り上げられている。(a)天の回転、(b)雲と降雨との円環的生成、(c)父子関係における直線的生成である。

これらのうち、(a)天の回転の場合、同一天球が同一の運動領域（回転）で同一のとき（＝絶え間なく連続的に）にという仕方で、上に挙げられた(1)―(3)のいずれにおいても同一であり、数的に一つの運動であって、自身へと巡り還る。つまり同一の定点へと巡り還る。(b)雲と降雨の場合、同一のものが連続的に生成するのではないため、種的に同じものが元へ還るだけである。(c)の場合にも種的に同じものがそうするだけである。

なお、三三八b一五の括弧の中（一八九頁註番号（5）を付した箇所）は、運動は運動するものに依って存在していること、また、運動するものが不滅であって(1)―(3)のいずれにおいても同一であれば、それの運動は数的に一つであることを意味している。

(2)エンペドクレスを指す。彼の場合、四元素はそれぞれ他の元素から生じたり、他の元素へ還元されたりはせず、その意味では不滅である。したがって、空気や水は数的に同じものが元へ還るのだと彼は主張するかも知れない。

(3)「数的に同じものが元へ還る」こと。

(4)エンペドクレスの立場では水や空気は不滅であるが、アリストテレスの立場では四元素は相互に生成消滅し合うので、想定されたエンペドクレスの主張は斥けられる。

補註

A　第一巻第一章に対するブランシュビックの見解

『生成と消滅について』の第一巻第一章であるべきは、今日のわれわれのテクストにおける第一章ではなくて、第二章であることを、ブランシュビック（pp. 25-63）は示唆している。その根拠として以下のことを挙げている。

第一章は「生成と質的転化とは同じであるか異なるか」という問題（ブランシュビックはこれをG/A問題と名づける）をめぐって展開されているが、(a) 質的転化について、広義に解するか、狭義に解するかに関して、アリストテレスにぶれがある（たとえば三一四b三―四と三一四b二八―三一五a三）。(b) 今日のわれわれのテクストには二つの序文があるように見える。一つは第一巻第一章三一四a一―六、もう一つは第二章三一五a二六―二九。

G/A問題に関して、生成と質的転化とは「同じである」と答える（S answer）のは一元論者であり、「異なる」と答える（D answer）のは多元論者である。アリストテレス自身はもちろんD answerに与する。しかし、(c) それに与することを明言するための論理的根拠を、アリストテレスはいまだ、第一章ではもっていない。だが、その論理的根拠は、第四章で、生成と質的転化のそれぞれにおいて、転化を通じて存続する基体を区別することによって得られる。生成の場合、基体は感覚されうるものとしては存続しない。しかし、質的転化の場合、基体は感覚されうるものとして存続する。第一章では、この区別がいまだなされていないために、S answerに与しないアリストテレスは、自らの立場（第一質料の存在をアリストテレスが認めていると想定されるかぎりにおいての立場）を否定することに繋がる。(d) アリストテレスはアナクサゴラスやエンペドクレスといった先哲の説から、「多元論とG/A問題におけるD answerとは結びつく」という命題を引き出したいのである。しかし、その目論見は挫折する。

以上、(a)―(d)、あるいはその他のことにより、第一章は漂流の末、難破したのであり、新たな出発点は第二章によって置き換えられなければならなかった。第一章は後に付加されたものである。

しかし、ブランシュビックのこのような説に対して、ナタリ（p. 195）は次のように反論する。第一章では、生成と質的転化の同異如何をめぐって、一元論者と多元論者の見解の相違が考察されている。第六章では作用と受作用に関して、同様に、両論者の見解が考察されている。したがって、第一章は後になって付加されたものなどではなくて、はじめからわれわれの作品の真正な一部を成していたのである。

第一―二章に関して、このように異なる見解があるけれども、訳者は次のように考える。両章では生成と消滅に関する一元論者、多元論者の見解をアリストテレスは批判している。ところで、『生成と消滅について』の主題は、生成消滅の質料因に関するかぎり、同質体の生成を根拠づけることだと考えられる。したがって、その根拠づけのために、アリストテレス自身が改めて考察すべき諸概念――生成と消滅、質的転化、成長と萎縮、接触、作用と受作用、混合、元素――を、先哲の批判を通して取り出すこと、これが第一―二章の課題である。なお、解説の四を参照。

B　生成が絶え間なくあることの原因

以下、ミュグレル（p. 13, n. 2）の註を挙げておく。

アリストテレスが自らに課す問いは、ギリシア哲学の根本的な諸問題のうちの一つである。ソクラテス以前の哲学における世界の諸体系のそれぞれは、この問いに対する答えである。諸体系は、その体系の創始者たちが宇宙的な実在を、あるいはアリストテレスがここに説いているように、生成の絶えざることを正当化しようとする方法によって区別される。変わらない大きさをもつ有限な宇宙を容認するひとびとは、ヘラクレイトスのように、短期間での復元の諸周期による現実的な状態のうちに世界を維持し、あるいは、エンペドクレスのように、長期間での復元の周期による現実的な状態への回帰によって世界を維持する。アトミストたちは、諸々の物体やあらゆる類の存在者――最も高いレベルの諸世界に至るまで（彼らは現実的に無限な時空のうちに、複数の宇宙があることを容認する）――の際限のない生成を、形と大きさにおいて無限に多様な、また無限に多くあるアトムから汲み取ることで供給する。アナクサゴラスの有限な宇宙は、分割において無限な能力のおかげで、つまり、同質的なものたちの分離過程の未達成によって、その生命が維持されている。

生成の際限のない持続を救うための、これら四つの方法をアリストテレスは以下において斥ける。アトミストたちの方法に対しては現実的な無限に訴えているとして――アリストテレスにとって現実的な無限は存在しない――また、アナクサゴラスの方法に対しては、観察される事実とは合致しないとして。アリストテレスはエンペドクレスの主張するような長期間による復元の周期という体系には言及しない。彼の取り上げる唯一の解決は、短期間における復元の周期による世界の生命の維持である。アリストテレス的な自然学の言葉では、この復元は形相を与えられた質料の相互的転換によってなされる。その形相を与えられた質料とは、生成を含めて、あらゆる転化の永遠的な主体である。

C　粘るものと脆いものについて（三三〇a四以下）

ジョウアキム（pp. 209–210）は『気象論』その他によって、両者の特性を丹念に追っているのでそれをここに記しておきたい。

粘るものについては第一巻第十章三二八b四を参照されたい。しかし、以下のようなさらなる情報が『気象論』から得られる。(i)粘る液体は固形の物体を含んでいる場合でも、粘性のゆえにそれを沈澱させない（第四巻第五章三八二b一三―一六）。(ii)粘り気のある若干のもの――たとえば鳥もちのような――は、自らの粘性のゆえに凝固しない。しかし、熱によろうと冷によろうと油が凝固しないのは、粘性によるよりも、むしろ、油のうちに充ちている空気のせいである（同、第七章三八三b二〇、第八章三八五b一―五）。『動物の諸部分について』第二巻第二章六四八b三〇―三三によると、熱湯や血液よりもゆっくりではあるが、油も冷たくなり凝固する、つまり凍る。(iii)粘るものは伸ばすことのできるもの、あるいは粘着力のあるものなのでときには砕けやすいもの（ψαθυρόν）と対比される。これは非粘着性で脆い（『気象論』第四巻第八章三八五a一七、第九章三八七a一一―一五）。だから、たとえば水は油と比べてψαθυρόνである。水はばらばらの水滴になる。それゆえまた、手中に保つのは油の場合よりは困難である。油は自らの粘着性のおかげで拡がることができる（『感覚と感覚されるものについて』第四章四四一a二三―二六）。

アリストテレスはここ（三三〇a四―六）で、粘るものは湿ったものの変態だと言っているのである。しかし変態とは何か、それはどのようにして生じるのかを説明しないままである。ツァバレラによると、粘るものとは「小量の乾へときわめて効果的に結びついた湿ったもの」である。われわれとしては、アリストテレスの挙げている例（油）から、粘るものとは、「空気で充ちている湿ったもの」――というのは、それが油の特性であるから――とでも考えたらよいのであろうか。しかし、その湿ったものを空気とともに充たしているものは何なのか、たとえばそれは熱による働きなのか、冷による働きなのか、アリストテレスはわれわれに告げていない。

脆いものとは「完全に乾いており、湿り気がないために凝固しているもの」のことだとアリストテレスは言っている（三三〇a六―七）。したがって、脆いものに関しては『気象論』第四巻第五章三八二a三一以下、および第八章三八五a一二―三三によって何らかの手がかりが得られよう。なぜなら、それらの箇所では、凝固したり硬くなる物体のうち、(a)水から成るものと、(b)土から成るものとを区別することが語られているからである。(a)水から成るものは熱いものを――消えゆく熱いものとともに蒸発してゆく湿ったものを

——制圧する冷によって凝固させられる。それゆえ、水から成るものは熱の不在によって凝固する。またそれらは、熱によって再び液化する。それらの例として氷や鉛、青銅が挙げられている。(b)土から成るものは熱によって凝固させられる。熱はそれらの内にある湿ったものを干上がらせる。それゆえ、土から成るものは湿り気の不在で凝固しているのである。それらの例として κέραμος(テラコッタ?)、ソーダ、塩、γῆ ἡ ἐκ πηλοῦ(?)が挙げられている。土から成るものの大半は湿ったものによって再び液化する。κέραμος は例外であって、それの液化拒絶はアリストテレスによって別の見地から説明される。

いまの文章(三三〇a六―七)からして、われわれは当然次のように考えてよいであろう。すなわち、脆いものとは土から成るものであり、自らのうちにある湿り気が熱によって完全に排除されることで凝固しているものである。ところで、もしそうであるとすれば、氷は、厳密な意味では脆いものではない。というのは、氷は脆いものと同様「砕かれうるもの(θραυστόν)」という特性をもってはいるが(『気象論』第四巻第九章三八六a一〇、『動物の諸部分について』第二巻第九章六五五a三一―三二)、しかし、水から成るものであり、それの凝固化は湿ったものの不在によるのではなくて、元来、熱の不在によるのだからである。しかし、アリストテレスは卵の殻について、それが十分に完成されている場合には硬くて脆いものとなると言い、その凝固を冷のせいにしている。卵は生まれるときには軟らかいが、すぐ冷やされて硬くなるのである――殻のうちにあるわずかの水がすぐ蒸発し、ずっとある土的要素だけが残る(『動物の発生について』第三巻第二章七五二a三〇以下参照)。

D 第二巻第十章を理解するために、アリストテレスによって前提されている天界について、ここに簡単に説いておきたい。

アリストテレス哲学において、究極的な実在として想定されているのは、言うまでもなく神である。神は、アリストテレスにおける学のそれぞれの領域において、究極的な実在として捉えられるものの綜合であるかの観を呈している。しかしそうだからと言って、神は部分をもつ多なるものではない。どこまでも唯一者である。綜合と見えるのは、それぞれの学の領域において神はいかなる観点から捉えられるかという、われわれの側におけるアスペクトの相違を反映しているにすぎない。

神は生物学や魂論の観点からしたならば、生命であり、思惟の思惟である。形而上学的な観点からしたならば、存在そのものであり、完全現実態であり、自己目的的な思惟活動である。倫理的な観点からしたならば、理性による観想活動、すなわち至福者である。自然学的観点からしたならば、運動の第一の原因、不動の動者である。

自然的世界との関係で、したがってまた、生成消滅のある月下界との関係で、神は運動の第一の始源という仕方で捉えられる。神は自らは不動でありながら、自然的世界を動かす第一動者である。しかし、神が自然的世界を動かすといっても、意図あるものとして自らの側から何らかの仕方で、能動的に動かすわけではない。神は完全な思惟現実態として自己思惟に浸るのみであって、世界は思惟対象ではないし、神の意図がそこにおいて実現されるべき場でもない。神は永遠に自己思惟を楽しみ、そのことによる幸福を享受するのみである。神は世界の営みに対して自らの側から関与しないのである。

では神は世界に対して、それの運動の第一の始源であるとはどういう意味か。神が世界を動かすのは、愛される者が愛する者を動かすような仕方であり（κινεῖ δὴ ὡς ἐρώμενον『形而上学』Λ巻第七章一〇七二b三）、欲求や思惟の対象が動かすような仕方で動かす（κινεῖ δὲ ὧδε τὸ ὀρεκτὸν καὶ τὸ νοητόν 一〇七二a二六）。つまり神は目的因として動かす。その目的の達成なり獲得の動機は、自発的に愛し求めるものの側にある。その動機は、自然界に存在する個々のものの「自然・本性（φύσις）」の内にある。自然界全体としても、また、それの内にある個々のものも、そのような動機を内在せしめているゆえにこそ自然界であり、自然物なのである。

自然界は、それを構成している物体と、その物体の在り方において二つに分けられる。いわゆる月より上の天界と月下界とである。天界を構成する物体は第五元素すなわちアイテール（αἰθήρ）であり、月下界を構成する物体は、通常、四元素と言われる火と空気、水、土である。アイテールは透明で永遠的な物体である。それは、月下界の四元素やその四元素から成る自然的物体のごとく、生成や消滅、質的転化、量的転化に服することはない。しかし、場所的転化（すなわち、天の回転）のみを受け容れる。

天界は二種に分けられる。一つは恒星のある恒星天と諸々の惑星のある惑星天である。恒星天は恒星を付着させている恒星天球とそれに付着している恒星から成る。その天球はすでに述べたようにアイテールから成りただ一つある。その一つの天球に無数の恒星が付着している。この天球は宇宙の最外部に位置し、それぞれの惑星を付着せしめている多くの天球および月下界をそれのうちに包んでいる。その恒星天球は次のような特徴をもつ。(a)二四時間で一回転する日周運動をおこなっている。(b)その運動は規則的であり、均一な運動である。(c)天の南極を上、北極を下として、両極を結ぶ軸のまわりを右から左へ（つまり、南極の方向を頭にしてわれわれが仰臥した場合、右手側から左手側へ、つまり東から西へ）回転している。(d)この天球の日周運動は惑星天球の日周運動にも影響を与えている。(e)その天球の回転速度は他の天球のいずれの回転速度よりも速い。(f)恒星天球は一つであり、その動きは規則正しく一様であり、最速であることによって、天文学者たちはその運動を天の運動すべての単位もしくは規準としている（『天について』第二巻第四章二八七a二三―二六、『形而上学』Ⅰ巻第一章一〇五三a八―一二参照）。

恒星天球がその日周運動を永遠に続けるのは、神の永遠性を模倣し、それに与かるためである。神は理性であり、他のあり方も可能な質料を何ら有しない完全現実態である。しかし、物体である恒星天球にとって、理性や自足的な思惟現実態としての永遠性には与かりえない。己に可能な仕方での永遠性への参与、それが、天球の永遠的な回転という活動形態である。そしてその回転が天球の自然であり本性である。

このような恒星天球の内側に、同心的な諸々の惑星天球がある。

諸惑星の複雑な動きを説明するために、エウドクソスやカリッポスはそれぞれの惑星について、複数の天球を想定した。アリストテレスも彼らに倣っている。彼らの説がどのようなものであるかについては『形而上学』Λ巻第八章およびヒース（Heath, T. L., *Aristarchus of Samos*, a history of Greek astronomy to Aristarchus, Oxford, 1913, repr. 1959, pp. 190–244）を参照されたい。

いまこの第十章で、月下界にある生成消滅の連続性に直接影響を与えているのは熱源としての太陽の運動である。その太陽の複雑な動きを説明するために、アリストテレスは九つの天球を想定している。日周運動をするための天球、すぐ上の惑星天球の動きを相殺するための天球、年周運動を説明するための天球等々である。月下界にあるものの生成と消滅は、太陽による黄道上の年周運動に起因する。月下界にあるものはしかし、生成消滅を通して、それぞれの分に応じた仕方で、神の永遠性に与かっているのである。四元素の相互転化、生物における世代の交代、水の蒸発から降水に至るまでの過程等である。

E 太陽が接近し、近くにあることによって生成せしめるのであれば、遠のき、離れることによって滅ぼす（三三六b六―七）ということについて

その内容に問題のある一文である。ジョウアキム（pp. 259–260）は次のように要約される註釈を与えている。

太陽の年周運動は、方向において反対な、また、速度において対照的である部分的な動きを含んでいる。それゆえ、太

陽の動き全体は生成と消滅の交代の始動因であり、一部の動きは生成を引き起こし、一部のそれは消滅を引き起こす。

アリストテレスは次のような事実から、生成は太陽の接近の結果であり、消滅は太陽の遠のきの結果であることを確信する。その事実とは、(a)春と夏における植物の成長と、秋と冬における萎縮、(b)冬には生きていない種類の昆虫の誕生と死、(c)多くの年月をかけて成長し、また、それだけの年月をかけて萎縮していく動植物の成長や萎縮（三三六b八―一〇参照）、(d)年毎の季節の巡り、すなわち旱と暑、雨季と寒季という両季節の交代などである。

では、太陽の接近と生成、遠のきと消滅という上のごとき説は、生成と消滅についてアリストテレス自身の主張する説（第一巻第三章三一八a二三―二五）とどのように折り合いがつくのか。その主張によると、ある物の生成は他の物の消滅であり、またその逆も成り立つ。では、太陽の接近はいかにして生成だけの原因であり、遠のきは消滅だけの原因でありえるか。というのは、植物や動物が生成するならば、それらの種子は消滅するのであり、また植物や動物が消滅するならば、それらを構成していた要素が生成するからである。

この困難を解くためには、生成するものにおける実在性の差異ということを想定しなければならない（第一巻第三章三一八b一四―一八）。植物や動物は種子よりもいっそう実在である。それゆえ、太陽の接近は、より実在的なものの生成をもたらし（このことは、実在度の低いものの消滅を含意している）、太陽の遠のきは、より実在的なものを消滅せしめる（このことは、実在度の低いものの生成を含意している）のである。

生成と消滅を太陽の接近と遠のきで説明しようとするアリストテレスの考えには、たしかに困難がある。ジョウアキムは生成消滅するものの実在性の差異という観点から、その困難を解こうとするのであるが、この見解はトリコ（p. 142, n. 二）にも受け継がれている。

上に挙げたジョウアキムの解釈はアリストテレスに対して好意的であるが、それに反して、ウィリアムズ（pp. 190-191）の説くところは素っ気ない。生成と消滅とを太陽の接近と遠のきで説明するなら、農事用語でも播種期や収穫期と語られるごとく、それは自明の理である。また、すべての植物が単年生であるわけでもなく、すべての昆虫が春に生まれて冬に死ぬわけでもないので、アリストテレスの説には無理がある。これがウィリアムズの指摘である。

F　〈相互に対する混合が原因で〉について（三三六b二〇―二一）

括弧中の原文は *διὰ τὴν πρὸς ἄλληλα σύγκρασιν* であるが、

問題とされる箇所である。

ピロポノス（pp. 295-296）は次のように解釈する。それぞれの種にはその寿命について一定の限りのあることが前に語られたが、いまここでは、個物についてしばしば見られる短命の原因が語られている。ではその原因をいかなるものと解するか。このことについては括弧中の*σύγκρασιν*を(a)このまま読むか、(b)*σύγκρουσιν*と読むかによって解釈は異なる。

(a)*σύγκρασιν*（混合）と読む場合、「混合」しているのは構成要素であり、それの混合の仕方がまずいため、個々の生きものは、それの種に限定されている寿命よりも短命になると解される。(b)*σύγκρουσιν*（衝突、対立）と読む場合、解釈は二つに分かれる。(イ)短命は生まれてくるものにおける諸々の原因の不適合によると解される。たとえば、父親に由来する始動因、母親に由来する質料因、懐妊中における母親の生活法などが原因となって、諸天が生まれてくるものに与えようとする秩序ある配列が妨げられるとき、短命となる。あたかも、細工師の腕がよくとも、材料が悪いと良品ができないようなものである。(ロ)*σύγκρουσιν*はまた、恒星、太陽および惑星による合を意味する。したがって、短命は合に起因すると解される。

しかし、ジョウアキム（pp. 262-263）は*σύγκρασιν*および*σύγκρουσιν*のいずれもアリストテレス的な用語ではないことなどを理由に、ピロポノスによる(a)、(b)(イ)、(b)(ロ)を斥け、問題の句に疑句標を付けるのが最善だとしている。

ウィリアムズ（p. 192）は括弧内の*σύγκρασιν*がいかなるものの混合を意味するかについて、註釈家たちによる答えは多様であるが、いずれも納得のいくものではないことを指摘したうえで、疑句標を付けないまま読んでいる。

後続箇所（三三六b二一—二四）からすると、個々のものの生成消滅の期間は、質料の不規則性によるとされている。したがって、括弧内の「混合」の主体をなすものは個体の構成要素と解される。そうとすれば、ピロポノスの挙げる解釈のうち、(a)が適当と考えられる。

G　第二巻第十一章について

ジョウアキム（p. 270）およびウィリアムズ（p. 195）はこの章を補足的な章と見なしている。この章では、生成するものについて、必然性はいかなる仕方で存在するのかが主として（三三七a三四—三三八b五）考察されている。

以下、ピロポノス（pp. 302-305）によってこの章における議論の筋道を辿っておきたい。

Ⅰ　生成の連続性、すなわち生成が絶え間なくあることはすでに証明されている。

ところで、生成が絶え間ないことは、より先のもの（前件）に続いて、より後のもの（後件）があるという継起で成り立つ。

その継起においては

- (1) 後件は前件に必然的に伴うか
- (2) 後件は前件に必然的に伴うとはかぎらずに、伴うことも伴わないことも可能なもの（ἐνδεχόμενον）、つまり不確定なものか

のいずれかである。生成するものには(2)に該当するものの存在することは明らかであるが、しかし、すべてが(2)に該当するというわけではないかどうかが考察されなければならない。

すべてが(2)に該当するわけではなくて、(1)に該当するものも存在することを

- (A) 語の用法の点から
- (B) 生成する事物そのものの観点から

考察する。

Ⅱ (A) 語の用法の点から

いまだ存在しないが、しかし、将来存在しうるものについて、通常、二つの言い方がなされる。

- ἔσται（「……であろう、……べきだ」というように、将来の確かな見込みを表わす）
- μέλλει（不定法とともに用いられて、「……しそうだ、……するつもりだ、……らしい」などの意味をもつ）

これらのうち、μέλλει はⅠの(2)について用いられ、ἔσται はⅠの(1)について用いられるという事実をアリストテレスは指摘する。したがって、生成するもののすべてがⅠの(2)に該当するというわけではない。

Ⅲ 先の(B)の観点から

存在するもの
- (a) 或るものは必然的に存在していて、存在しないことは不可能
- (b) 或るものは存在することも、しないことも可能

これと同様に、

生成するもの
- (a′) 或るものは必然的に生成
- (b′) 或るものは生成することも、しないことも可能

ところで、(a′)は(a)に対応する。なぜなら、もし或るものの存在が必然的であれば、それの生成も必然的でなければなら

ないからである。たとえば、太陽が白羊宮にあるとき、そこでの存在を必然的に有している。なぜなら、太陽はそこにあらぬことは不可能だからである。また、そこにいまだあらぬときには、そこにあるようになることは必然であり、そこにあるようにならぬことはありえない。

また、(b′)は(b)に対応する。なぜなら、存在することもしないことも可能なものは、生成することもしないことも可能なものだからである。たとえば、家にとって存在することもしないことも可能であるならば、家は生成することもしないことも可能である。

Ⅳ　では、(b)、(b′)にはいかなる必然性も存在しないのか。否、それらにも何らかの必然性は存在する。すなわち、「後件が存在するのだから、前件が必然的に先行しなければならない」という必然性がなければならない。というのは、「実り」があるべきならば、その前に「播種」がなければならないからだ。アリストテレスはこれを「条件的必然性（τὸ ἐξ ὑποθέσεως ἀναγκαῖον）」と言う。

したがって、二種の必然性があることになる。

必然性
- (イ) 無条件的必然性（τὸ ἁπλῶς ἀναγκαῖον）
  これはⅢの(a)、(a′)における必然性、すなわち、前件から後件が必然的に存在する、あるいは生成する必然性
- (ロ) 条件的必然性
  これはⅢの(b)、(b′)における必然性、すなわち、後件が存在する、あるいは生成すべきならば、前件が存在する、あるいは生成していなければならないという必然性

Ⅴ　ところで、すべて存在するもの、あるいは生成するものは、(ロ)の条件的必然性に与かっている。というのは、この種の必然性はすべてのものに見られるからである。

しかし、すべてのものが(イ)の無条件的必然性に与かっているわけではない。

したがって、(イ)の必然性のあるところのすべてには、(ロ)の必然性もあるが、しかし、(ロ)の必然性のあるすべてについて、(イ)の必然性もあるというわけではない。

Ⅵ　無条件的必然性について

無条件的必然性において、後件が継起するのは前件のゆえではなくて、後件それ自体のゆえに継起するのである。なぜなら、この種の必然性においては、後件は本性上、継起しな

いことは不可能だからである。それゆえにこそ、アリストテレスはこの種の必然性を無条件的と呼んだのである。なぜなら、後件はその必然性を自身から得ており、本性上必然的だからである。

Ⅶ　次に、無条件的必然性は円環的に継起するものにしかありえないことを証明する。

　ところで、

継起するもの
- (α) 円環的に継起するか
- (β) 直線的に継起するか

であり

(β) の場合
- (β_1) 無限な直線的継起においてか
- (β_2) 有限な直線的継起においてか

である。これらのうち、無条件的必然性は(β_1)においても(β_2)においてもありえない。したがって、それは(α)においてのみありうる。このことは以下のように証明される。

Ⅷ　(β_1)においては無条件的必然性はありえないことの証明

　無条件的必然性は、後件が前件に必然的に伴うことにおいて存在するが、しかし、継起が直線的に無限の場合には、前件と後件に該当するものがない。なぜなら、無限なものには、より先なるものと、より後なるものが存在しないからである。

　というのは、(1)過去の出来事において、無条件的必然性を想定することは不可能だからだ。つまり、後件の継起は必然的に前件に伴うとは言えないからである。というのは、無限なものについては、はじめや前件を想定することは不可能だからであり、また、もし前件を想定することが不可能であれば、後件も存在しないだろうからだ。

　それゆえ、条件的必然性もないであろう。というのは、何らかのものが無限において生成することは不可能だからだ。なぜなら、生成したと想定される個々のものは始点（すなわち終点。条件的必然性の場合には、後件あるいは終点が出発点となって、前件の存在すべき必然性が成立する——訳者——）から無限の隔たりをもっているので、このものはその隔たりを辿ることができないし、生成したであろう点に達することはできないからである。

　同様に、(2)未来の事柄についても、無限においては、無条件的必然性は成立不可能であろう。というのは、無限なるものにおいては、より後のものは存在しないからである。それゆえ、もしこれが生じるならば、後件がそれに伴うであろうと語ることは不可能である。

　以上、(1)と(2)により、無限な直線的継起においては無条件的必然性はありえない。

IX (β_2)においては無条件的必然性はありえないことの証明

無条件的な継起の必然性とは、継起するものにとって継起しないことはありえないということである。そしてこれは、「つねに継起する」ということを意味している。しかし、「つねに継起する」ということは二つの意味で解される。

(a) 継起は連続的であり、つねに一つである。
(b) 継起が何回も繰り返してある（これは次のことを意味する。たとえば、「太陽が白羊宮にあるようになる」と言われるとき、太陽が連続的にずっと白羊宮にあるようになっているという意味ではなくて、何回も繰り返し、それゆえにつねに、あるようになるという意味である）。

さて、(i) 有限な直線的継起における必然性を(a)の意味で解する場合、それは不可能である。なぜなら、アリストテレスの言うように、「つねに存在するとは限らないものが、つねに存在する」というようなことになる（三三七b三二―三三）からである。

このことをピロポノスは以下のように論じている（ただし、彼は以下の論を、直線的生成あるいは継起に通用する、直線上の運動についての一般論として展開している）。すなわち、有限な線上において動くものは、直線が完結しているときには運動は止み、もはや動かない。したがって、有限な線上を動くものは必然的に動くと語る者は、つねに動いていることの不可能なものが、必然的につねに動いていると見なしているのである。

(ii) 有限な直線的継起における必然性を(b)の意味で解する場合、それは不可能である。

なぜなら、(イ)「つねに動いている（つねに継起する）」ということを(b)の意味に解する場合、そのひとは円的循環にのみ属するところの一種の永遠回帰を導入しているからである。というのは、直線上では永遠に出現するような回帰はないからだ。このことは事実から明らかである。(ロ)永遠的に動いているものは永遠的なものであり、また、永遠的なものは永遠的な力をもっているので、あるときには動きあるときには動かないということはなく、連続的に動くであろう。しかし、直線上の動きはたとえ回帰するとしても、連続的なままではなく、折り返し点で中断する。それゆえ、有限な線上では連続的に動くことはできない。(ハ)直線的に動くものは永遠的なものではなくて、生成消滅するものである。

これら(i)と(ii)により、VIIの(β_1)、(β_2)について、無条件的必然性はありえない。

X　したがって、無条件的必然性はⅦの(α)にしかありえない。

円環的な運動のみがそういう必然性をもつ。なぜなら一つで連続的な運動だからである。このような運動の諸部分に関して言えば、それらは数においては異なるが、種的には同じである。というのは、白羊宮から金牛宮への動きは、後者から双子宮への動きと、数的には同じでないが、種において同じだからである。

したがって、太陽は必然的に白羊宮にあるようになる、とわれわれが言うように、必然的で永遠に繰り返す生成は、循環にのみ属する。というのは、太陽は年周運動を通して、白羊宮にあるようにはならないということはないからだ。

以上のことから、無条件的必然性はⅨの(a)の意味においても、(b)の意味においても円環的に動くものにのみ属する。

解説

一、この作品の正真性と著作年代について

Περὶ γενέσεως καὶ φθορᾶς と名づけられているこの作品は、ベッカー版アリストテレス全集では三一四頁から三三八頁の途中までを占めている。アリストテレスにおける自然学領域の作品としては、『自然学』、『天について』に続いて第三番目の位置を占めている。

この作品の正真性は一般に疑いないものとして受け容れられている。したがって、ピロポノスをはじめとして、ジョウアキムやウィリアムズ、その他のひとびとの、この作品に関わる著作においては、正真性如何の問題について何ら言及されていない。しかし、ミュグレルは *Aristote, De la génération et de la corruption* の序文で、その問題および著作年代について述べているので、以下の大部分をそれに拠りつつ記しておきたい。

この作品は冒頭に記した書名のもとに、あるいは別の名のもとに、アリストテレスの著作に関する諸々の目録によって挙げられている。その伝統的な書名は、後五世紀の、アレクサンドレイアの辞典編集者ヘシュキオスによって伝えられた、無名氏による目録の補遺中、第百四十九番目に記されており、また、プトレマイオス(1)による目録(2)の中にも見出される。

ディオゲネス・ラエルティオスによる、アリストテレスの作品目録には、当の書名のものは含まれていないが、それと同じ作品か、あるいは類似した二つの作品が報告されている。(1) 第三十九番目の *Περὶ στοιχείων α΄, β΄, γ΄* および (2) 第二十五番目の *Περὶ τοῦ πάσχειν ἢ πεπονθέναι α΄* がそれである。(1) については研究者間で意見が分かれる。その作品の表題は事物の構成要素を表わす *στοιχεῖα* という名辞を含むゆえに、われわれの『生成と消滅について』の二つの巻を含む作品であると解する研究者もいるし、また、*στοιχεῖα* という名辞はアリストテレスにとって、しばしば弁証術におけるトポスと同義であり[3]、したがってその作品は弁証術に関するものを指すという反論も成立する。(2) に挙げられている表題は『生成と消滅について』に、あるいはそれの一部に関わる。というのは、『魂について』第二巻第五章四一七a一、および『動物の発生について』第四巻第三章七六八b二三で「以前に *ἐν τοῖς περὶ τοῦ ποιεῖν καὶ πάσχειν* に記しておいた」として、アリストテレスは言及しているからである。ところで、『生成と消滅について』の中で、作用および受作用について述べられた第一巻第七―九章は、*περὶ δὲ τοῦ ποιεῖν καὶ πάσχειν λεκτέον ἐφεξῆς* という文で始まっている。これらの章はアリストテレスによって、『生成と消滅について』の中に入れられる前には、独立した作品として公けにされたものか、あるいは、アリストテレスは先に記した言及[4]において、『生成と消滅について』と名

(1) 後一―二世紀頃のギリシアの著作家。ペリパトス派の人で、アリストテレスの伝記作者。

(2) Moraux, P., *Les listes anciennes des ouvrages d' Aristote*, Louvain, 1951.

(3) 弁証的議論で用いられる場合の論理的根拠の意味。

(4) 『魂について』第二巻第五章四一七a一、および『動物の発生について』第四巻第三章七六八b二三での言及。

づけられる前に *Περὶ τοῦ ποιεῖν καὶ πάσχειν* と呼ばれていた作品全体を指していたかは、われわれにはわからない。

『生成と消滅について』が真正なものであることは、アリストテレス自身によって確証される。この作品はその表題からして明らかなように、自然学領域に属する作品であり、アリストテレスの自然学領域の作品群中、体系的順序において、『天について』と『気象論』との間に位置すべきものである。[1] その位置はプトレマイオスの目録によっても指定されている。また、この作品がアリストテレスの自然学領域に属する真作であることは、作品中の多くの言及と示唆によっても明らかである。[2] そのうえ、第一巻第四章三一九b八以下や、第六章三二三a九、一四その他いたる所で、『自然学』や『天について』の中で大がかりに展開された説を要約している。また、第二巻第十章三三七a一八a以下の、さらに第十一章三三八a一八以下の言及は『自然学』の第八巻に関係し、第一巻第三章三一八a二以下の言及は『自然学』第八巻および『形而上学』Λ巻に関わる。さらに、『気象論』の冒頭[3]でアリストテレスは『天について』および『生成と消滅について』の主題に言及しており、また、四元素に関わる同書第四巻は『生成と消滅について』の中で展開された元素論に従っている。

『生成と消滅について』における説と、自然学領域の他の作品におけるそれとの親近性に加えて、文体の似ていることも、われわれの作品が真作であることを証するのに有利である。『生成と消滅について』の哲学的言語は、真作であることの確かな全集の諸部分における特徴をはっきりと示している。*οὐσία* とか *δύναμις*, *ἐντελέχεια*, *τὸ τί ἦν εἶναι* などのむずかしい専門用語は、日常の身近かな対象を指す語彙（金属、構成要素、液体、植物、栄養分）と隣り合っている。日常的な対象を指す語彙は可能態と現実態、質料と形相、能動者と受動者などについて具体例を示すために著者が選んだものである。

『生成と消滅について』の成立年代を決定する文章は、『気象論』第三巻第二章三七二a二八―二九に与えられている。アリストテレスはその箇所で、夜中に現われる虹は、五〇年の生涯で二回しか観察されていないほど稀な現象だとしている。アリストテレスは前三八四あるいは三八三年生まれなので、『生成と消滅について』は前三三四年よりも前に書かれたことになる。他方、天文に関しては、アリストテレスの助言者であるカリッポスは、前三三六年以前にはアテナイに来ていなかったので、カリッポスの影響の跡をはっきり示している『天について』、および、それよりも後の『生成と消滅について』は、前三三六年よりも後で書かれたものである。

二、アリストテレスの自然学領域の作品中、『生成と消滅について』が占める位置について

『形而上学』E巻第一章で、アリストテレスは学を観想的な学、実践的な学、製作的な学の三つに分けて

（1）このことについては解説の二を参照されたい。

（2）たとえば第一巻第二章三一六b一七、第三章三一七b一三、三一八a三その他多くの箇所で『自然学』へ言及され、第一巻第八章三二五b三四、第二巻第四章三三一a七では『天について』に言及されている。

（3）『気象論』第一巻第一章三三八a二一―二五。

いる[1]。そのうえで、観想的な学を神学と自然学と数学に分ける。これらのうち、神学は不動で永遠的な実体を考察し、自然学は特定の類の存在、すなわち、運動や静止の原理（＝自然）を自らのうちにもち、形相と質料から成る自然的物体を考察するとしている。

自然学のうち、体系的順序において最初にくるのは『自然学』である。自然、すなわち、運動と静止の原理を自らのうちにもつところの、形相と質料から成る物体の諸現象に関わる、最も基本的な事柄を、一般的に考察するのが『自然学』である。自然とは何か。それは運動と静止の原理として規定される。では運動とは何か、原理とは何か、運動の種類はどれだけあるか等々を『自然学』は考察する。また、運動をめぐるさまざまな事柄、たとえば、時間や場所、空虚や無限の有無、連続性、運動の究極的原因などが考察の対象となる。『自然学』は、自余の自然学領域の学の対象全般に通用する原理的な事柄の考察に充てられており、自余の学は、その考察によって得られた成果を前提として成立している。

『自然学』の次にくるのは『天について』である。天、すなわち *οὐρανός* という名称は、ギリシア初期の時代には、世界全体を指していた。したがって、『天について』は場所的な運動の考察に充てられているが、第一—二巻は天界を構成するアイテールと、その要素から構成されているところの、また、全体としても部分としても永遠的な天球の運動と、それに伴う諸々の事柄を考察している。第三—四巻は、全体としては永遠的であるが、部分的には生成と消滅のある月下界を構成する四元素を、重さ、軽さとの関係で、つまり、場所的運動との関係で考察している。

体系的順序で『天について』の次にくるのは『生成と消滅について』である。この作品は、月下界の自然的に生成消滅する事物について、質料因および始動因[2]の観点から考察している。質料因については第一巻―第二巻第八章、始動因については第二巻第九―十章が充てられ、第二巻第十一章は補足的な章である。これらのうち、質料因の考察が目指す最終目的は、同質体の生成までの過程を解明することである。このことについては解説の四を参照されたい。

さて、第一巻第一―二章は質料因について考察する残余の部分[3]への序論的な性格が濃い。それらの章は、(a)月下の生成消滅界を構成する根本的な要素（元素）に関して、一元論か多元論か、(b)生成と質的転化とは同じか異なるか、(c)生成と消滅、その他の転化を元素の結合と分離でもって説明することが可能か否か、(d)元素とされるものは何か、またいくつあるか、という問題をめぐって、先人たちの説くところを考察し、批判する。批判される相手は一元論者たち、および、多元論者たちのうち、主としてエンペドクレス、アナクサゴラス、アトミストたち、プラトンである。

これらの考察と批判を通して問題点を指摘し、アリストテレスが改めて考察し直すべき課題を抽出する。それは、(a)生成と消滅（第一巻第三章）、質的転化（第四章）、成長と萎縮（第五章）といった転化の仕分けと、それぞれの転化の本質の考察、(b)先人たちの説く結合と分離に代わる接触と作用受作用、混合の考察（第六

(1)他に、『トピカ』第六巻第六章一四五a一五、『ニコマコス倫理学』第六巻第二章一一三九a二七参照。

(2)アリストテレスは一般に、事物の原因を形相因、質料因、始動因、目的因の四つに分ける。『分析論後書』第二巻第十一章、『自然学』第二巻第三章、『形而上学』Δ巻第二章参照。

(3)第一巻第三章―第二巻第八章。

―十章）である。これらの考察は最終的に、同質体の生成過程の解明を目指している。

ところで、四元素（土、水、空気、火）は同質体を構成するための質料である。したがって元素論が展開され（第二巻第一―六章）、同質体の生成（第七章）その他（第八章）が説かれる。

すでに述べられたように、生成消滅の始動因については、第二巻第九―十章が充てられ、補足的な第十一章では、生成における条件的必然性と無条件的必然性について考察されている。

『自然学』は自然的事物と、それの諸現象に普遍的に妥当する諸原理の考察であったように、『生成と消滅について』は、生成消滅する事物について普遍的に妥当する諸原理の考察である。その考察を前提として成立する諸々の学がある。

生成消滅するものは一般に次のように分けられる。(1)

- 生成消滅するもの
  - (a) 地上を越えた領域のもの
  - (b) 地上的なもの
    - (イ) 生物
      - (イ′) 感覚能力をもつもの
      - (イ″) 感覚能力をもたぬもの
    - (ロ) 無生物

これらのうち、(a)を対象とするのは『気象論』であり、(イ′)を対象とするのは『動物の諸部分について』、『動物の発生について』、その他動物研究に関する作品である。(ロ)を対象とするのは、『気象論』第四巻や、その他鉱物に関する研究である。いずれの作品も『生成と消滅について』において考察された原理的な事柄を、そしてとりわけ、同質体の生成を前提している。

三、各巻各章の内容

第一巻第一―二章は『生成と消滅について』全体に対する序論としての性格の濃い章である。自然的に生成消滅するすべての物体について、(a)その原因と定義、(b)成長や質的転化について、それぞれは何であるか、(c)生成と質的転化とは同じであるか否か、解明しなければならないと言われている。しかし、これらの問題について、アリストテレスはただちに自説を展開することなく(そのことは第三―四章へ先送りされる)、まず、初期哲学者たちによる説の検討に入る。

初期哲学者たちのうち、一元論者は端的な生成と質的転化とを同一視し(なぜなら、基体は同じものとして存続しているから)、多元論者は両者を異なると主張する。しかし、アリストテレスの観点からすれば、多元論者のそういう主張は成立しえない。アリストテレスはこのことを、多元論者のうち、エンペドクレス説についてのみ示す。

以下、エンペドクレス説への批判である。(1)それらにおいて質的転化をすると、われわれが言うところ

---

(1) ピロポノス(p. 2)参照。

の受動的性質、たとえば熱や冷、白や黒、乾や湿などはエンペドクレスにとって、本来元素の違いを表わしている。ところで、エンペドクレスの場合、四元素は相互に転化し合うことはない。したがって白いものから黒いものが、軟らかいものから硬いものが生じるという質的転化はありえないことになる。(2)エンペドクレスの語るところに矛盾がある。(a)一方では、元素は相互から生じないと主張しながら、(b)他方、争い以外のすべてを一つにまとめるとき(すなわち、愛の完全支配期における球体)、その一つのものから個々のもの——したがって、四元素の各々——も生じると主張している。(3)もし受動的性質が元素と一体をなしていないで、それぞれの元素から除去されうるものであるとすれば、それぞれの元素は相互から生成することが可能だということになる。(4)始源(ἀρχή)は、(a)四元素という多くのものなのか、(b)一つのものとして描かれている質料(愛の完全支配期における球体)なのか、不明である。(b)とした場合、争いの介入によって、一つのものから四元素が分出されるというように解される。(a)とした場合、一つのものは四元素の集合と考えられるかぎり、四元素が始源だと考えられる。

生成や消滅、質的転化、成長について語らなければならないとアリストテレスは言いつつも、それらについての自説を展開することは、第二章でも先送りされている。このことは第一章の場合と同様である。そのうえで先人たちの説が引き合いに出される。(1)プラトンは生成と消滅、諸元素の生成について語るが、同質体の生成や質的転化、成長については考察していないことが指摘される。(2)アトミスト以外の者は生成や消滅、その他の転化について聴くべきほどのことを語っていない。また彼らは混合や作用受作用については何も規定していない。(3)アトミストは生成と消滅を結合と分離で説明し、質的転化をアトムの配列と位置で説明した。

このように指摘したうえで、多元論者の多くは生成と消滅を元素の結合と分離であるとし、質的転化は受動的性質の転化だとしているとする。しかし、(a) 生成は元素の結合であるとすることには多くの困難があり、また、(b) もし生成は結合ではないとすると、生成は存在しないことになるか、あるいは、生成は質的転化であることになる。

したがって、これらの困難を解くよう試みなければならないとしつつ、アリストテレスは吟味の対象をアトミストの説に限定する。そこで、問題は次のように設定される。「デモクリトスは生成や消滅と質的転化とは別であるとし、かつ、生成はアトムの結合であるとするが、そもそもアトムなるものが存在するのか否か」。

この問いの後、アリストテレスはアトミストの立場に立って、二つのアトム擁護論(1)を展開してみせる。それら擁護論の主旨は次のものである。「もし物体はあらゆる点で、しかも同時に分割されるならば、物体は点や無から成っていることになる。しかし、物体は点や無から成ることは不可能である。したがって、アトムが存在する」。

このようなアトム擁護論は「点は点に接続している」という考えに支えられている。それに対してアリストテレスは、物体の可分性について次のように考える。「物体はたしかにあらゆる点で分割可能であるが、

(1) 擁護論(1)三一六a一四―b一六、(2)三一六b一六―三四。

しかし、同時にではない。あらゆる点で分割可能であるとは、あなたの欲するどの点においてであれ、いつも、より小さな部分へと分割可能であることを意味する」。したがって、アリストテレスによれば、物体はどこまでも分割可能であるが、しかし、点や無に帰することはない。それゆえ、点は点に接続していないのであり、アトムは存在しない。

第三章以下では、アリストテレスの自説が積極的に展開される。

端的な生成や消滅、つまり、実体の生成や消滅があるかについて第三章では問われる。実体の生成や消滅があるとすれば、無からの生成や無への消滅があることになる。しかし、これは不可能である。そこでアリストテレスは、『自然学』第一巻第八章ですでに論じられている、可能態と現実態との区別という観点をここに導入する。それによると、実体は、現実的には存在しないが可能的に存在するものから生成することになる。

しかし、このように答えられるとしても、なお、次の困難がつきまとう。(a)可能的に存在するその実体には、実体以外の範疇における諸属性が現実的に属しているのか。もし、諸属性が現実的に属していないならば、何らの限定もされていない何ものかをわれわれは想定していることになり、無からの生成を再び認めることになる。(b)可能的に存在するその実体に、もし、諸属性が現実的にあるならば、諸属性は実体なしに存在することになる。しかし、これは不可能である。

実体の生成と消滅に関して、このように、可能態と現実態の区別という観点を導入してみても、やはり困難に出合う。そこで、アリストテレスは新たに、「生成が絶え間なくあることの原因は何か」を問い、この問いに答える過程で、実体の生成と消滅に関する難問に答えようとする。

実体の生成が絶え間なくあることの原因は二つある。(1)始動因と、(2)質料因とである。(1)については『自然学』第八巻第三章以下で述べられたとして、ここ第三章では取り上げられていない。[1] そこで、目下のところ、(2)の質料因について考察される。そして、実体の生成と消滅、および、生成が絶え間なくあることの原因についての答えは、「或る実体Aの消滅は別の実体Bの生成である（逆も可）」ということにある。そして、この答えは、Aの消滅とBの生成を通じて、或る基体、すなわち、或る質料の存続することを想定している。現実的にはAであるが可能的にはBであるところの、「存続する質料（＝第一質料）」は、第三章では想定されているままで明言されていないが、第四章では「感覚されえない質料」として言及されている。端的な生成や消滅について、第三章はじめで提出された問題については、以上で答えられたことになる。しかし、それにもかかわらず、或るものについては端的な生成や消滅ということが語られ、また、或るものについては、ある種の生成や消滅ということが語られるのはなぜか、さらに考察されている。

(1)実体の場合。(a)転化して行く先の質料の実在性の度合いの差によって異なる。たとえば、パルメニデスの語るところに即して言えば、火はあるものであり、土はあらぬものであるので、火の生成＝端的な生成、火の消滅＝端的な消滅、土の生成＝ある種の生成、土の消滅＝ある種の消滅。(b)転化において、質料が形相的な性質によって限定されているか欠如的な性質によって限定されているかの違いによる。たとえば、

(1) しかし、生成消滅の始動因については、『生成と消滅について』の第二巻第九―十章で考察されている。

熱は形相的なものであり、冷は欠如的なものである。火は熱により、また、土は冷によって限定されているので、火の生成と消滅、土の生成と消滅の場合、上記(a)の場合と同じことが言われる。(c)これは多くのひとびとの考えであるが、転化において、質料が感覚されうるものである場合、それの生成は端的な生成、それの消滅は端的な消滅。(2)実体範疇におけるものの転化であれば端的な生成、端的な消滅と言われ、他の範疇におけるものの転化であれば、ある種の生成、ある種の消滅と言われる。(3)いずれの範疇における転化についても、端的な生成と消滅、ある種の生成と消滅ということは言われうる。

第三章の末尾三一九a二二—b五は、アリストテレスが第一質料の存在を認めていたか否かという問題との関連で注目される箇所である。解説の五において、チャールズについて述べた箇所を参照されたい。

第四章では生成消滅と質的転化（受動的性質における転化）との相違が述べられる。この場合、質的転化とは、基体、すなわち質料が感覚されうるものとして存続し、新たな受動的性質が、存続している質料の性質となる場合に起きる転化である。しかし、生成消滅においては、転化を通じて質料は存続するが、感覚されえないものとしてである。この、「感覚されえない質料」は、第三章で、「実体Aの消滅は別の実体Bの生成（逆も可）である」と言われたとき、AとBとに共通して「存続する質料」として想定されていたものである。

質的転化と、実体の生成消滅との決定的相違は、転化を通じて存続する質料が感覚されうるものであるか否かということにある。

次に第五章では、成長と萎縮について考察される。生成、質的転化、成長はすべて可能態から現実態への転化であるという点では共通する。しかし、(a)それぞれの関わる範疇（領域）において異なる。生成は実体の、質的転化は性質の、成長は量（大きさ）の範疇における転化である。また、(b)転化の仕方においても異なる。質的転化の場合、必ずしも場所的転化をするわけではないが、成長の場合、移動するものとは異なった仕方においてではあるが、場所的転化をする。移動するものは全体として場所的転化をする。成長するものは全体としては留まっていて、部分的に場所的転化をする。

成長においては、大きさのない質料から大きさのあるものが出現するわけではないから、成長のための質料は現実的に存在するものとして、生成や質的転化において想定される質料と同じものである。成長が前提する質料は、感覚されうる物体であり、どの感覚されうる物体も、実体、性質、大きさの不可分なる全体である。したがって、それによって成長が生じてくるための質料は、現実的に存在する実体を構成する質料なのである。しかし、その同じ質料は成長に関わる質料という観点から捉えられるかぎり、大きさ、すなわち量の基体をなす質料である。実体の基にある質料と、大きさすなわち量の基にある質料とは、ものとしては同じであるが、定義の上では異なる。

では成長や萎縮はどういう仕方でおこなわれるのか。生物が成長するときには、それのどの部分も増大し、萎縮するときには、どの部分も縮小する。また、或るものが付加されて成長し、離れ去って萎縮する。成長は嵩が増大するのであるが、水から空気が生じるような具合におこなわれるのだと主張することは不可能である。なぜなら、これは生成であって成長ではないからである。成長を説明するのに、実際に存在する事態、すなわち、成長に関する三条件を守らなければならない。(a)成長するどの部分も大きくなる。(b)或るものが付加されて大きくなる。(c)成長するものが留まっていて成長する。

成長が関わるのは生物であり、生物は、それの同質体（組織）が成長することによって非同質体（異質体、すなわち器官）が成長するのである。ところで、同質体は形相および質料という二つの観点から解されうる。たとえば、肉なる同質体は、それの形相も質料も肉と呼ばれる。そこで、先に挙げた、成長に関わる三条件のうち、(a)は成長するものの形相の観点から充たされるが、(b)は成長するものの質料の観点から充たされる。

栄養分は、可能的には、成長するもののごとき性質のものである。たとえば、肉が成長するのであれば、栄養分は可能的には肉である。それゆえ、栄養分は現実的には肉とは異なったものである。では、栄養分は何を被ることで肉となったのか。成長するものである肉に内在しているところの、成長を司るもの、すなわち、栄養摂取的魂が栄養分に作用することによって、栄養分が現実的な肉となったのである。その魂の力（それは、質料である同質体のうちに、導管のように内在している）が衰えたとき、萎縮が進む。

最後に、栄養摂取（生命の維持）と成長とを論理的に分けるための考察がなされている。栄養分は(イ)可能的に肉であり、(ロ)可能的に或る量の肉である。栄養分が(イ)に即して現実化したときは形相の維持、すなわち生命体の維持であり、(ロ)に即して現実化したときには、肉の成長をもたらす。このように、栄養摂取と成長とは同じ営みであるが、定義の上では異なる。

以上、生成と消滅、質的転化、成長と萎縮について順次考察した後、第六章では同質体の質料因である四元素について、(a)それらは永遠的なものか、(b)何らかの仕方で生じるのかを考察しなければならないとしている。しかし、これらの問題は第二巻第一章以後へ先送りされ、その前に、四元素からの同質体の生成ということを念頭におきつつ、元素についての先人たちの諸説を顧みる。

元素を生じたのだとするひとびとも、また、諸々の物体を元素から生じたのだとするひとびとも、結合や分離、作用や受作用概念を用いている。彼らの言う結合とは混合のことである。また、作用や受作用なしには質的転化や、彼らの言う結合や分離はありえず、作用や受作用のもとに質的転化があるためには、作用者と受作用者に一つの共通的な質料がなければならない。

以上の考察に基づいて、作用と受作用、混合、および、それらの概念によってあらかじめ前提されているところの接触について、第六章以下第十章まで、順次考察される。(1)

まず第六章では接触について考察されるのであるが、その出発点をなすのは、「作用、受作用するもの、および混合するものは相互的に接触するのでなければならない」(三二二b二六—二九)ということである。

さて、接触は一般に極端をともにし、位置と場所をもつものについて成立する。したがって、数学的対象も接触するが、作用や受作用、混合の埒外にあるゆえ、そのような接触は考察の対象から除外される。ところで、場所のうち、第一の差異は上と下である。したがって相互に接触するものは重さをもつ(土)か、軽さをもつ(火)か、あるいは両方をもつ(水と空気)かである。そのようなもの、つまり元素および元素から

(1) 先人たちが単に結合と分離として捉えていたものを、アリストレスは第三—五章では生成と消滅、質的転化、成長と萎縮へ仕分けして考察し、また、第六—十章では接触、作用と受作用、混合へと分けて考察しているのである。

成る自然的物体のみが、本来の意味で相互的に接触し、作用と受作用が成立する。

動かすもの、動かされるものについても接触は語られる。動かすもののうち、(a)あるものは、己が動かすところのものによって、動かされることなしに動かし、(b)あるもの動かすとともに、己の動かすところのものによって動かされる。作用するものと作用を受けるものについても、同様の区別が当てはまる。ただし、作用するもの、作用を受けるものとは、それの運動が受動的性質の転化であるものについてのみ言われる言葉である(1)。

動かすもののうち、(a)は動かされるものに対して一方的に接触するだけであり、動かされるものの側からの接触はない。したがって、この場合には相互的な接触はない(2)。作用するものの場合も同様である。動かすもののうち、(b)において相互的な接触がある。作用するものの場合も同様である。

したがって、厳密な意味での接触は、それらの間に共通の質料があり、相互的な作用と受作用によって、受動的な性質において転化するものについてのみ存在する。

第七―九章では作用と受作用について考察される。先人たちは作用するものと作用を受けるものについて、相反することを主張した。(a)両者は反対のものである。(b)両者は似たものであり、同じものである。

しかし、これらのことを主張するいずれの側のひとびとも、事柄の全体を見るべきであるのに、単に一部を見ているにすぎないとして、アリストテレスは次のように主張する。作用するものと作用を受けるものとは、類的には同じものであるが、種的には同じでもなく似てもいないと。アリストテレスは(b)の例として「ひとが熱くする」、「ひとが熱くされる」と言われる場合を挙げ、(a)の例として「熱いものが熱くする」、

「冷たいものが熱くされる」と言われる場合を挙げている。(b)の場合には、作用受作用に関して、基体すなわち質料が着目され、(a)の場合には質料における属性が着目されているのである。

ところで、作用者は受作用者を自己に同化させようとするものである。このとき、作用者は受作用者から反動あるいは反作用を被るか否かに着目しつつ、アリストテレスは次の論を展開する。

動かす、動かされることについて言えることが、作用、受作用についても言える。(1)動かすと言われる場合、(a)運動の始源がそれのうちにある当のもの(第一動者)は動かすと言われる。(b)動かされるものとの関係で、最近の動者も動かすと言われる。同様に、作用すると言われる場合にも、(a′)作用の始源がそれのうちにある当のものが作用すると言われる。(b′)作用を受けるものとの関係で、最近の作用者も作用すると言われる。

ところで、動かすものの場合、(a)第一の動者は、動かされるものによって動かされることがなくとも構わない。しかし、(b)動かされるものとの関係で、最近の動者は己の動かすものによって反動を被る。これ

(1) 本書で質的転化を受動的性質における転化の意味に限定している(一一頁註(10)参照)のは、作用と受作用、ひいては混合、同質体の成立ということをアリストテレスは念頭においていたからであることがわかる。

(2) たとえば、神は恒星天球を動かし、恒星天球は下層の天球を動かすとしても、恒星天球から神への、また、下層天球から恒星天球への接触はない。

らのことは作用するものの場合にも言える。(a′) 第一の作用者は受作用者から作用されない。たとえば、医者は患者に薬を投与しても、患者から反作用を被らない。(b′) 最近の作用者は受作用者によって作用を被り、作用者と受作用者間に相互作用が成立する。たとえば、投与された薬は患者に作用する場合、患者の体液なり体熱によって溶解されなければならない。この場合、接触についての論ですでに見たように、作用者と受作用者は共通の質料をもち、相互に接触しているのである。

(b′) において、最近の作用者と受作用者間で成立する三つのこと、すなわち、相互接触、共通の質料をもつこと、相互的な作用と受作用は、混合、同質体の生成を説くための布石である。

作用と受作用について、第七章で確立されたことを前提としつつ、第八章では、先人たちのうち、とくにエンペドクレスとアトミストによる作用、受作用説をまず取り挙げ、後に批判する。

エンペドクレスの説——受作用者は通孔をもっているので、作用者はそれを通して浸透することによって作用する。われわれに感覚が成立するのもそのようにしてである。また、通孔のぴったりと合うもの同士は混合する。

アトミストの説——アリストテレスの場合であれば、受動的性質の転化として解される作用と受作用とを、生成や成長についても通用する、充実体と空虚の存在によって説く。

次に、アトミストの説が引き合いに出されたついでに、空虚や多の存在を否定し、一なる不動者の存在を主張するエレア派の説が批判された後、アトミストのうち、レウキッポスの説が取り挙げられる。それは次のものである。無数にあるアトムが空虚中を動きまわって、結合することで生成をもたらし、接触する所で作用したりされたりする。また、空虚を通して解体、すなわち消滅が起き、空虚を通してアトムが徐々に浸透することで成長が起きる。

エンペドクレス説に対する批判――作用と受作用を通孔によって説くエンペドクレス説は、空虚の存在を説くレウキッポスの説と等しいことになる。また、エンペドクレスの場合、生成や質的転化がどういう仕方であるのか不明である。

アトミストへの批判――アトムは受動的性質[1]に関しては作用を受けないことになる。なぜなら、空虚を通してでなければ作用を受けないからである[2]。また、アトムは作用しないことになる。なぜなら、アトムは冷たかったり硬かったりすることはないからである。さらに、球形のアトムにのみ熱を帰するのは間違いであるし、アトムに軽さや重さがないというのもおかしい。その他数項目にわたって、アトムに関する不都合を指摘した後、アリストテレスは再度、エンペドクレスによる通孔説への批判へ戻る。

第九章では、物体は作用を受けるときには、それの部分のいたる所で全体として受けるのであって、ある部分では受けるがある部分では受けないというわけではないことが語られる。

あるものが可能的に、あるいは現実的に作用を受けるのであれば、ある部分では作用を受けるがある部分では受けないというのではなく、全体として作用を受けるのである。ただし、生来一体をなしているものに

(1) アリストテレスの立場では、作用受作用は受動的性質に関してである。

(2) アトムは充実体として想定されている。

おいては、作用者と受作用者を分けることができないゆえ、自らが自らによって作用を受けることはない。また、互いに触れ合うこともなければ、本来作用したり作用を受けたりする媒体と接触していないものも作用を受けることはない。

「物体はある部分では作用を受けるが、ある部分では受けない」という説に対しては、次のことが言われるべきである。(a) 物体はあらゆる点で可分的なのではなくて、不可分な物体（アトミストの場合）なり面（プラトンの場合）があるとするならば、物体はそれの部分のいたる所で作用を受けうるものではないということになるし、また、連続的なものは何もないことになる。(b) 物体はすべて可分的なものであるとすれば、「物体は分割されてはいるが、それの諸部分は接触しているのだ」ということは、「物体はあらゆる点で分割されうるものだ」ということと何ら変わりはない。(c) 物体は切り裂かれている部分でのみ作用を受けるとするならば、それはばかげたことである。というのは、そういう説は(イ)質的転化をなきものとするからであるが、しかし実際には、同じ物体は連続体のままで、ときには液状であったり、ときには固体状であったりするからである。また、(ロ)成長も萎縮もありえないことになるからである。

第十章では混合について考察されるのであるが、叙述の簡略化のために、二つの要素間の混合のことが基本的に考えられている。次のことが考察される。混合とは何か、混合されうるものとは何か、混合はいかなる仕方においてあるか。そもそも混合はあるのか、それとも、混合があるとするのは誤りか。これらの問いに対しては、以下の考察を通して自ずから答えが与えられる。

あるひとびとは次のような理由で、混合の存在を否定してきた。(a) A＋B⇓A＋Bというように、混合要素が元のまま留まるのであれば、混合は成立していない。(b) A＋B⇓A、または、A＋B⇓Bのように、一方の要素が消滅するのであっても、混合は成立していない。(c) A＋B⇓Cのように、元の要素が消滅して、まったく別のものが生じるのであっても混合は成立していない。それゆえ、あるひとびとは混合の成立を否定している。しかし、そのような否定説は、混合とか、混合されうるものという言葉に対する誤解に基づくとともに、混合や混合されうるものを、生成や消滅、生成しうるもの、消滅しうるものと混同していることによる。

ところで、われわれは次のような場合には混合するとは言わない。(イ) 木材が火と混合するとは言わないし、また、木材が燃えるときにも、木材そのものが自らの部分と混合するとも火と混合するとも言わない。(ロ) 栄養分が身体と混合するとも、(ハ) 形が蜜蝋と、物体が色と、属性や性状が物体と混合するとも言わない。(ニ) 白が知識と混合するとも言わない。

また、「かつて、すべてのものは一緒であった」などと言っているひとびとも間違っている。

そこで、アリストテレスは混合についての自らの考えを手短かに示す。「存在するものは可能的なあり方と現実的なあり方をするので、A＋B⇓C′である場合、C′は現実的にC′なのであるが、可能的にはAとBと

(1) アトミストの主張する意味で「あらゆる点で可分的」なのではなく、アリストテレスの主張する意味で「あらゆる点で可分的」。なお、三一頁註（5）参照。

(2) アリストテレスの場合、物体は連続的なもので、あらゆる点で可分的なものであり、それゆえまた、あらゆる点で全体として作用を被りうると想定されている。

に戻りうるあり方をしている場合、つまり、C′においてAとBとの能力が保持されている場合」混合が成立している。

このことに基づいて見るならば、混合要素AとBとが感覚では不明なほどに細分化され、混ぜられていて、(a)いずれがAの小片でいずれがBの小片かわからない状態も、(b)一方の要素の小片がいつも他方の小片の脇にあるように並置されている状態も混合とは言われない。その理由は、「混合によって成立するものは、それのどの部分を取ってみても、全体と定義（λόγος）を同じくするような同質体でなければならない」からである。

存在するものには作用しうるものと作用を受けうるものとがある。すでに第七章でも言われたことであるが、相互的に作用し、受作用しうるものは共通の質料をもたなければならない。

混合するものとは、(イ)容易に分割されうるものであり、(ロ)それらの能力において何らかの仕方で等しいものである。また、(ハ)作用するもののうち、反対の性質をもったものである。これらの条件が充たされると、それぞれの要素は他方を、自分たちの元々の本性の「中間のもの」へと変えるのである。

以上により、(a)混合が存在すること、(b)混合とは質的に転化された、混合するものたちの一体化であること、(c)混合の原因は、混合する両要素の基に共通の質料があり、両要素が相互的に作用と受作用をしうることにあること、(d)容易に限定され分割されうるものが混合するものであることが明らかである。

第二巻第一章以下では、生成消滅する自然的物体を構成する最も基本的な質料因である元素について考察される。この考察は第一巻第六章で先送りされていた課題である。

生成消滅は感覚される物体なしにはありえず、感覚される物体の基には質料がある。その質料について、哲学者たちのうち、ひとによって一つあるいは二つ、あるいはそれ以上の数を、土、水、空気、火のうちから挙げている。それら質料の結合と分離あるいは質的転化によって生成消滅が起きるのだとするかぎり、それら質料を始源とか元素と呼ぶのは正しい。

しかし、⑴あるひとびとは、それら元素のほかに一つの質料を立て、それを物体的なものであり、かつ、諸属性から離れてあるものだとしているが、これは誤りである。また、⑵プラトンが『ティマイオス』で、「あらゆるものの受容者（πανδεχές）」について、元素を離れてあるものとしているのも間違いである。彼はそれを、一方では元素を離れてあるものとし、他方では、イデアの影を刻印されて、元素を生成せしめるものと解している。これら⑴⑵に挙げられたひとびとは、いわゆる元素と言われているものとは別に、もっと根源的な質料を想定している点では評価されるが、しかし、それについて、諸属性や元素を離れてあるものとしていることで間違っている。

アリストテレスは、元素とは別に、もっと根源的な質料[1]の存在すること、しかし、それは諸属性や元素とは別に、それらを離れてあるものではないことを主張する。その主張は次のものである。(イ)感覚される物体には質料がある。(ロ)その質料は元素から離れてあるものではない。(ハ)その質料は、つねに、反対的に対

(1) 伝統的に、第一質料と呼ばれているもの。

立する諸性質のいずれかとともにある。(ニ)その質料＋反対的に対立する諸性質で元素が成立している。そのようにして成立している元素は第一物体と言われる。

では、その根源的な質料とともにある反対的諸性質とは何であり、また、どれだけあるか。そのことは第二章で考察される。すでに第一巻第六―十章で規定された接触や相互的な作用と受作用、混合を念頭において考察は進められる。

感覚される物体に関して、触覚の対象となる反対的諸性質には、熱と冷、乾と湿、重と軽、硬と軟、粘と脆、「ぎざぎざした」と「滑らかな」、「きめの粗い」と「きめの細かい」などがある。ところで、元素は混合し、相互に転化し合うので、これら反対的諸性質のうち、相互的な作用と受作用ということを規準にして、根源的な性質を選び出す。それらは熱と冷、乾と湿である。これら四つのうち、(イ)熱いものは同類のものを結びつけ、また、そうすることによって、同類でないものを排除する。(ロ)冷たいものは、同類のものも同類でないものも同じようにまとめ、結びつける。(ハ)湿ったものは他のものの限界によって限定されやすいものでありながら、自らの限界によっては限定されにくいものである。(ニ)乾いたものは、自らの限界によって容易に限定されるが、他のものによっては限定されにくいものである。他の諸性質、たとえばきめの細かさと粗さ、粘と脆、硬と軟その他は、乾と湿から派生するものである。

アリストテレスはついでに、「乾いたもの」や「湿ったもの」は多義的に語られることの例を挙げ、最後に、他の触知される性質は熱と冷、乾と湿に還元されるが、これら四性質はもはや他の性質へ還元されないと結論する。

次いで第二巻第三章では、根源的な質料と、四性質の組み合わせによる一対とで、元素すなわち単純物体が成立していることが述べられる

四性質のうち、有効な組み合わせは熱と乾、熱と湿、冷と湿、冷と乾である。それぞれの一対は、単純物体と見えるもの、すなわち、われわれが火、空気、水、土と呼んでいるものに対応する。しかし、それらは単純物体ではない。単純物体は、

根源的な質料＋
- 熱と乾＝火に似たもの・穏やかな火
- 熱と湿＝空気に似たもの・穏やかな空気
- 冷と湿＝水に似たもの・穏やかな水
- 冷と乾＝土に似たもの・穏やかな土

である。各元素について「火に似たもの・穏やかな火」等々として捉え直すのは、やがて第七章で同質体の生成を説くための備えである。これに対して、われわれが火とか水と呼んでいるものは、それぞれ熱の過剰であり、冷の過剰である。真に単純物体である上記四つの元素はそれぞれ一つの性質で特徴づけられる。火は熱で、空気は湿、水は冷、土は乾で。

第四章では四元素の相互転化が考察される。それぞれの元素は一対の性質をもつが、(i)一つの反対性質をもつもの同士の間では、相互からの生成はより速く、また容易である。しかし、(ii)一方の元素のもつ性質が二つとも、他方の元素のもつ性質と反対である場合、相互からの生成はより遅く、しかも容易でない。

(iii) 二つの元素のそれぞれにおける二つの性質の一方が消滅して、二つの元素から一つの元素が生じる場合[1]、(ii) に述べられた仕方よりも容易に別の元素が生じるが、しかし、相互的ではない。

二つの隣り合った元素の場合、それぞれの元素における二つの性質の一方が消滅しても、二つの元素からはいかなる元素も生じない。たとえば、火（熱と乾）と空気（熱と湿）の二つからは他の元素は生じない。というのは、それらの場合、それぞれの元素における一つの性質の消滅は、二つの同じ、あるいは二つの反対性質を残すからである。

第三章で規定されたように、四元素はそれぞれ根源的な質料と一対の性質によって成立し、また、第四章で考察されたように、相互転化によって生じる。第五章ではそのことを別の観点から論じる。すなわち、四元素は、それらのうちの或る一つのものを根源的なものとして、それから導出されるものではない。さもなければ、たとえば、火は熱いと同時に冷たいというような帰結を招くことになる。その理由は次のことにある。

仮に火を根源的なものとし、それの質的転化によって空気が生じたのだとする[2]。ところで、質的転化においては、同一の質料（基体）が転化を通じて存続していなければならないので、転化において存続している「熱い火」が「冷たい空気」となったのであり、したがって、火は熱いと同時に冷たいことになる。他の元素を根源的なものとして措定し、それの質的転化によって別の元素を導出する場合にも、同様の矛盾に突き当たる。それゆえ、アリストテレスの主張するように、四元素に共通する根源的な質料において、反対的性質の転化によって、四元素は相互に生成するのでなければならない。

また、元素たちの転化は直線的に無限には進みえないことが付帯的に語られている。

第六章ではまたもやエンペドクレス説に対して批判が向けられる。[3] アリストテレスによれば四元素は相互に転化するのでなければならない。しかし、エンペドクレスの主張するように四つの元素があり、それらは共通の質料をもたず、しかも永遠的なものであるならば、量的に比較されえない。それゆえ「それらはすべて等しい」などとエンペドクレスが主張するのは間違いであることが指摘される。第六章ではその他、エンペドクレス説に対する批判が数項目にわたってなされている。

第七章では同質体の生成について語られる。元素間の相互転化に関しては(1)それを認めるか、(2)認めないかである。アリストテレスは(1)の立場を採り、したがって、四元素には共通的な質料[4]の存在することを認める。エンペドクレスは(2)の立場を採る。ところで、(1)、(2)のいずれの立場も同質体の生成に関して困難を含んでいる。まず、(2)とする場合、骨や肉といった同質体の生成をどのように説明するのか。エンペドクレスの場合、肉や骨といった混合物(同質体)のうちに、元素がそのまま存在しているが、小さいがた

(1) ここに、アリストテレスの推理における誤りのあることをウィリアムズは指摘している。一三九頁註(2)参照。

(2) 一元論者が生成と質的転化を同一視することについては、すでに第一巻第一章で論じられていた。

(3) 第一巻第一章ではエンペドクレスの元素説が、また、同巻第八章では通孔説が批判されていた。

(4) すなわち、第一質料。

め、並置されているのだということになる。したがって、肉のどの部分からも火や水が生じるというわけではないことになる。それは、塀のどの部分からも石や煉瓦が生じるというわけではなくて、塀のこの部分からは石が、また、この部分からは煉瓦が生じるといった具合である。

(1)の立場を採るひとにも、同質体の生成に関して困難のあることを指摘するが、しかし、アリストテレスは次のような解決を与える。熱い、冷たいというのにも絶対的な意味でそうであるものと、相対的な意味でそうであるものとがある。乾いている、湿っているについても同様である。したがって、中間的なもの[1]がある。その中間的なものは、可能的には冷たいよりはむしろ熱い、あるいはその逆であることに応じて、冷たくする能力よりは熱くする能力を、可能的には二倍あるいは三倍もっているとか、あるいは他の割合でもっていることになる。このようにして、同質体は中間的なものの混合によって成り立ち、その混合物はまた、中間的な元素に戻りうるものである

第八章では、同質体は宇宙の中心（大地）あたりにあるので、四元素のすべてから成ることが説かれる。それぞれの単純物体の最大量は自己固有の場所に存在するゆえに、土はすべての同質体に含まれていなければならない。すべての同質体は限定されていなければならず、土は水がなければ限定されえないので、水もまた含まれていなければならない。ところで、土は空気と、水は火と反対なものである。また、生成は反対のものからであり、二対の反対なもののうち、一方の極にあるもの（土と水）は同質に含まれているので、もう一方の極にあるもの（火と空気）も同質体に含まれていなければならない。

また、単純物体のうち、どうして火だけが「養われる」と言われるのかということについて注意書きが添

えられ、同質体形成において火の果たす役割について語られている。

第一巻第一章以後、生成消滅するものの質料因については以上で考察し終えたことになる。

第二巻第九章では生成消滅するものの始源と始動因について述べられている。永遠的で第一の物体（天界）にあるのと、数と種類において等しく、同じ始源があるのでなければならない。それらは質料因、形相因（目的因）、始動因である。生成消滅するものにとって、あることもあらぬことも可能ということの原因をなすのは質料因である。形相因は目的因でもある。また、始動因もなければならない。

その始動因を誰しもが莫然とは考えているのだが、しかし、明言はしていない。その例は⑴プラトンの『パイドン』におけるソクラテスであり、⑵質料因を始動因と見なしているアトミストやエンペドクレスなどである。アリストテレスは始動因に関する先人たちの見解をこのように捉えたうえで、次にそれぞれを批判している。⑴については、形相因（イデア）では始動因の役割を果たしえないことを指摘し、⑵については、質料に対してあまりに道具的な能力を与えすぎていることを指摘している。

続いて、第十章では始動因に関することがやや断片的に語られている。生成が絶え間なくあることの原因は、恒星天が永遠に一様な回転運動をしており、下層天球の回転はそれの支配下にあることに基づく。しかし、月下界には生成と消滅があるので、それらを引き起こす二種の運動がなければならない。その二種とは

（1）中間的なものについては第一巻第十章でも言及されていた。

黄道上の太陽の動きであり、月下界におけるものへの接近と遠のきである。これら二種の動きは、天の赤道に対する黄道の傾斜に起因している。太陽の接近に応じてものは生成し、遠のくにつれて消滅する。しかも、いずれも等しい時間でなされるのが観察される。しかし、個物は己の種に限定されている寿命よりも短時間で滅びる場合もある。また、生成の場合にも、ある生成は速くある生成はゆっくりしていて不規則である。

既述のように、生成と消滅とは太陽の年周運動によって絶え間なくある。そのことは目的論的観点からも説明される。同一のものとしてあり続けることは、すべてのものにとって必ずしもありえないことである。そこで神は、生成が絶え間なくあるようにすることで、存在することの永遠性に近づけたのである。相互に転化し合う単純物体も、太陽の円環的な動きを模倣している。その模倣によって生成に絶え間がない。単純物体のそれぞれは、本来己に固有の場所へ赴くのに、どうして単純物体は離ればなれにならないのか。その根拠は相互転化ということにある。

最後に、(a) 運動があるとすれば動かすものがあり、運動がつねにあれば、つねに動かすものがあること、運動が連続的であれば動かすものは同一で不動であること、円環運動が多数あればその原因も多数なければならないが、しかし、それらの原因は一つの根源的な原理に服していなければならないこと、(b) 時間の連続性は運動の連続性に基づくこと、(c) 運動の連続性は運動するものの連続性に基づくこと、(d) 運動するものの連続性は、円環的に動くものが自らと繋がっているという仕方で連続的であることに基づくことが語られている。

アリストテレスは以上で、はじめに自分に課した仕事[1]を終えているのである。したがって、第十一章はジョウアキム（p. 270）やウィリアムズ（p. 195）の言うように、補足的なものと見なされるべきである。この章の大半（三三七a三四—三三八b五）は、いかなる意味で、またいかなる条件のもとで、生成するものは必然的なのかを説いている。アリストテレスは何らかの継起する生成——それは円環的な生成である——は条件的必然性によるのと同様、無条件的必然性によることを確立する。

この章の残りの部分（三三八b六—一九）は、他の諸例では生成は元へ還ることなく直進するのに、あるいはそう見えるのに、ある諸例ではどうして円環的なのかを手短かに説明する。

四、同質体の生成

テクストの冒頭に言われているように、この作品の目的は「自然的に生成し、消滅するもののすべてに関して、同じように語られる生成と消滅について、原因と定義を見分けること」であり、さらに「成長や質的転化について、それぞれの何であるかを解明すること」である。第一巻第二章のはじめにも同様のことが言われている。したがって、事実そのとおりなのであるが、しかし、生成消滅するものの質料因について考察している第一巻—第二巻第八章の内容を相互関連の中で捉えようとすれば、ゆったりと全体を貫く主要なテーマのあることがわかる。それは(i)生成消滅裡にある物体界を構成する最も根源的な要素から、同質体

（1）五頁註（4）参照。

の生成までを論理的に基礎づけ[1]、(ii) 同質体の存在を前提とする他の諸学――体系的順序において後続する諸学、たとえば気象論や生物学的諸学――のための基礎論を確立することである。このことを以下に見ておきたい。

第一巻のはじめの二つの章においては、一元論者、多元論者共、生成と消滅を結合と分離によって説明しようとすることに対して批判が向けられている。同質体の生成過程を解明するために、アリストテレスによってあらかじめ考察されるべき諸概念が、その批判を通して取り出される。(1) 先人たちの結合や分離概念に対する批判のうちに、「生成と消滅」、「質的転化」、「量的転化（成長と萎縮）」とを分けて考察しなければならないことが予見されている。(2) 元素についての先人たちの見解に対する批判のうちに、「元素」についてアリストテレスの立場から改めて考察し直さなければならないことが予見されている。すなわち、(a) エンペドクレスの場合、元素は四つあり、それぞれは永遠であって、相互転化はしないとされているが、これはアリストテレスの立場からすれば批判されるべき説である。また、愛の支配における宇宙の球体と元素との関係も問題視される。(b) プラトンの場合、四元素は要素的三角形から成るとされているが、物体としての元素を面に解体することは問題であるのみならず（第一巻第二章）、要素的三角形と「あらゆるものの受容者（πανδεχές）」との関係も問題視されなければならない（第二巻第一章）。(c) アトミストたちについては、彼らが元素と見なすアトムの存在が否定されなければならなかった。また、(d) アナクシマンドロスの場合、諸属性とは別に、それらを離れて存在すると想定されている無限定的なもの（τὸ ἄπειρον）が批判され（第二巻第一章）、(e) アナクサゴラスは同質体を最も根本的な要素と考えているが、アリストテレスによれば、同質体は四元素から成るものである。先人たちの元素説に対するアリストテレスのこのような批判は、同質体の構成要素である「元素」についての、やがて展開されるべき自説（第二巻第一―六章）を前提としてなされているのである。また、(3)先人たちの誰一人として「混合」や「作用と受作用」について考察していないことをアリストテレスは批判し、嘆いている。[2]ところで、作用と受作用、および混合があるためには、その前に物体は「接触」するのでなければならない。そして、これら三つの事態は四元素から同質体が生成するためには不可欠なものであり、あらかじめ考察されるべき諸概念である。

以上、(1)―(3)で挙げられた諸概念は生成と消滅に関する先人たちの説に対する批判を通して取り出されたものであり、以後、同質体の生成を確立する第二巻第七章にいたるまでの諸章の考察対象をなしている。[3]まず考察されるのは「生成と消滅」についてであるが（第一巻第三章）、同質体の生成との関連で捉えるならば、第三章の主要な論点は、(1)実体について端的な生成や消滅があるかという問題と、(2)生成の源が尽きない原因は何かという問題に絞られる。これらの問題に答えるに当たって、生成の質料因に関して前提されている事柄は、「無からの生成および無への消滅はありえない」ということである。この前提を踏まえつ

(1)『生成と消滅について』の早い段階から、アリストテレスは同質体について言及している。第一巻第一章三一四a二八、第二章三一五a三一―三二参照。

(2) 第一巻第二章三一五b四―六。

(3)「生成と消滅」（第一巻第三章）、「質的転化」（第四章）、「成長と萎縮」（第五章）、「接触」（第六章）、「作用と受作用」（第七―九章）、「混合」（第十章）、「元素論」（第二巻第一―六章）、「同質体」（第七章）。

つ、⑴と⑵の問いに対して簡潔に答える。それは「ある実体Aの消滅は別の実体Bの生成である（逆も可）」ということである。生成の質料因に関して、無からの生成も無への消滅もないゆえにこの答えは、Aの消滅とBの生成とを通じて、或る基体、すなわち或る質料（第一質料）の存続することを想定している。「Aが消滅してBが生成する」とは、「可能的にはBであるが現実的にはAである質料における、形相Aと形相Bとの交代」なのである。[1] その可能的な質料（＝第一質料）については、第三章では明言されていないが、しかし、明らかに想定されている。その質料は第一巻第四章では、「感覚されえない質料」として言及され、第二巻第一章では、同質体の要素であるところの四元素を構成する究極的な要素の一つとして言及されている。

　第一巻第四章は質的転化の考察に充てられているが、同質体の生成という観点からわれわれがこの章において注目すべきは次の二点である。⑴生成は実体的転化であり、質的転化は性質の範疇における転化であるが、この章で、生成と質的転化との決定的な違いが語られている。その違いとは次のことにある。生成の場合には転化を通じて存続する基体は「感覚されえない質料（＝第一質料）」であるが、質的転化の場合には、転化を通じて存続する基体は感覚されうるものである。この違いの指摘は、第二巻第一―六章における元素論のための布石である。[2] ⑵『範疇論』第八章において見られるように、アリストテレスは性質を四種に分ける。性状（ἕξις）や状態（διάθεσις）、自然的な能力や無能力、受動的性質、形である。しかし、第一巻第四章およびそれ以後の章において、質的転化を受動的性質における転化にのみ限定している。この限定は、以後の諸章における考察を同質体の生成まで導くために不可欠なのである。

同質体の生成について考察することは先送りにされたまま、第一巻第五章では同質体の量の増大と減少、つまり成長と萎縮について考察されている。そのうえ、成長との関連で、接触（三二二a一〇）、作用（三二二a一三）、混合（三二二a九）へ言及されているが、これら三つの概念は同質体の生成そのものを論ずるに当たって不可欠なものである。というのは、同質体の生成を論ずるためには、生成消滅する物体を構成する元素についての論（第二巻第一—六章）から始めなければならないのであるが、そのためにはあらかじめ元素間の混合について論じておかなければならないからである。しかし、混合について論じるためには、その前に元素間の作用と受作用について論じなければならず、さらにその前に、接触について論じなければならない。

そのような理由で、第一巻第六章では接触について考察される。自然学の対象となる領域において考察される接触は、相互に共通の質料をもち、しかも作用と受作用が相互的に成立する物体間の接触に限定されている。そのゆえは、同質体の生成へと繋がる接触が問題とされているからである。

（1）第二巻第一—六章における元素論によると、たとえば「形相A」は「熱と乾」、「形相B」は「冷と湿」とした場合、火からの水の生成は「可能的には水であるが、現実的には火であるところの質料（＝第一資料）における熱と乾が冷と湿に代わること」。

（2）その理由は次のことにある。四元素はそれぞれ第一質料プラス、二組の反対する性質のうちの二つの組み合せによる一対として捉えられている（第二巻第三章）。たとえば火は第一質料＋熱と乾、水は第一質料＋冷と湿である。したがって、火から水への転化は、その転化において存続する第一質料において、火における熱と乾が冷と湿へ質的転化をすることである。しかし、存続する第一質料は「感覚されえないもの」であるので、火から水への転化は質的転化ではなく、実体的転化であり、火の消滅そして水の生成である。

第一巻第七―九章は作用と受作用について論じられる。これらの語は『範疇論』その他で一〇の範疇のうちの二つに数えられ、一般的には広義に用いられるのであるが、上記の章ではきわめて限定的な意味で用いられている。すなわち、接触は互いに共通の質料をもち、相互的に作用と受作用が成立する物体間の接触であったので、作用と受作用もそのような物体間のそれらであり、しかも、受動的性質の転化に関するそれらに限定されている。そのゆえは、作用と受作用についての考察は混合による同質体の生成ということの考察のためになされているからである。

混合およびそれからの派生語も一般的には広義に用いられるのであるが[1]、第一巻第十章で考察される混合は、上記のごとき限定のもとに語られる接触や作用受作用に基づいて成立する混合である。それゆえ、「混合物は同質体でなければならない」(三二八a一〇)と言われている。

混合物は混合要素と異なったものとなるのであるが、混合要素のもっていた能力を可能的には保持し続けるのであり、したがって、混合物である同質体が解体したときには、混合以前の要素へと戻りうるのでなければならない。

では、接触し、相互的に作用受作用する混合要素とはいかなるものか。このことは、生成消滅裡にある物体を最も根源的な要素の次元で捉えようとする第二巻第一―六章の元素論で考察される。

(i)最も根源的な要素とは(a)第一質料[2]と(b)二組の反対な性質たちの組み合わせによる一対である。

(a)の第一質料については、(b)の一対の性質から(したがってまた四元素から)独立的なものとして存在するのではないことが、(イ)アナクシマンドロスの主張する「無限定的なもの」に対する批判、および、(ロ)プラトンの主張する「あらゆるものの受容者」に対する批判を通して説かれる。

(b)で言われている「二組の反対な性質」とは熱と冷、乾と湿であるが、これらはさまざまな受動的性質のうち、作用と受作用ということを基準にして選び出されたものである。第一巻第七―九章の作用受作用論に呼応しているわけである。(b)で言われている「組み合わせによる一対」とは熱と乾、熱と湿、冷と湿、冷と乾であり、これらは順次、第一質料とともに四元素を構成している。

(ii)四元素は単純物体であり、われわれが日常的に接している火や空気、水、土ではなくて、それらと似てはいるが、それらよりも性質の穏やかなものである。

その単純物体が接触し、相互的に作用受作用することにより、熱や冷、乾や湿に関して中間的なもの(τὸ μεταξύ)[3]が生成する。その中間的なものにより、同質体が生成する。

以上、同質体の生成までを辿った。

では次に、体系的な順序において『生成と消滅について』に後続する自然学的領域の作品では同質体には

(1) たとえば『自然学』第一巻第四章一八七a二三、b一、四、第八巻第八章二六一b二九、第九章二六五a一五、『気象論』第二巻第三章三五七a一六、『魂について』第一巻第四章四〇七b二七―四〇八a二八。

(2) 第一巻第三章では実体的転化において存続する基体として想定され、第四章では「感覚されえない質料」とされていたもの。

(3) 第一巻第十章三二八a三一、第二巻第七章三三四b一三。

どういうものが数えられているかをごく簡単に見ておこう。
無生物の場合には青銅、金、銀、錫、鉄、石など[1]。生物の場合には血液、血清[2]、軟脂、硬脂、髄、精液、胆汁、乳、骨、肉、軟骨、腱、血管、腸、毛髪、爪など[3]。また、幹、葉、樹皮など[4]。これらのうち、青銅など、無生物における同質体は『気象論』で考察され、血液その他、生物における同質体は、異質体（非同質体）である器官の構成要素として、生物学領域の作品で考察されている。このことによって、『生成と消滅について』は、体系的順序において後続する学のための基礎論であることがわかる。

五、第一質料について

第二巻第一─六章の元素論において明らかなように、アリストテレスは月下界の生成消滅する物体をそれらの構成要素である四元素へ還元し、さらに、四元素のそれぞれを二組の反対する受動的性質の組み合わせによる一対と、それらの「基にある質料（ὑποκειμένη ὕλη）」という要素へ還元している。したがって生成消滅する物体はすべて、終極的にはそれらの要素から成ると考えられている。

その質料は古来、「第一質料」と呼ばれ、次のごときものとして考えられてきた。それは四元素間の相互転化を通して存続するものであるが、それ自体では感覚されえない。また、無限定的なものであり、つねに可能的にのみ存在する。一対の性質とともに元素を構成し、現実的に存在する。それは物体ではなくて、可能的にのみ物体である。

スコラ哲学者たちはそのような第一質料を「純粋な可能態」と呼び、「純粋な現実態」である神に対して、存在の階梯の対極にあるものと見なしてきた[5]。

以下、われわれがこの翻訳において用いた参考文献の著者たちが、第一質料に対してどのような見解を抱いているか、具体的に見たうえで、最後に訳者の見解を示しておきたい。

第一質料を上記のような伝統的な仕方で解するのはピロポノス[6]やロス[7]の場合にも同じである。後者は、アリストテレスが第一質料の存在を認めていることを当然のこととして前提したうえで、第一質料とは生成において存続するところの、知覚されえない究極的な基体（p. 101）、四元素にとって共通的な基体（p. 105）、生成のための、論理的に識別可能な究極的基体（p. 105）と解している。

第一質料の存在をアリストテレスは認めていたこと、また、アリストテレスはそれをいかなるものと解していたかということに関しては、われわれが底本としたジョウアキムのテクストにしても、上記のひとびとの見解とほとんど同じである。ジョウアキムはテクストの序論において、自然的物体は第一質料および反対

（1）『気象論』第四巻第十章三八八a一四。
（2）あるいは漿液（ἰχώρ）。
（3）以上については『気象論』第四巻第十章三八八a一六以下、『動物の諸部分について』第二巻第二章六四七b一〇以下参照。
（4）これらについて、『気象論』第四巻第十章三八九a一三では同質体とされ、三八八a一九では異質体とされている。
（5）ウィリアムズ（p. 211）。
（6）ピロポノスは伝統的な意味で解された第一質料にしばしば言及している（pp. 10, 14, 63, 79, 80, 82, 84その他）。
（7）ロス（pp. 101, 103, 105）。

のものたち（形相と欠如）を構成要素としており（Intro. p. xxxi）また、四元素は形相と質料から成っていて、第一質料の顕在化したものだとしている（p. xxxii）。さらに、『生成と消滅について』の第一巻第一―五章（三一四a一―三二二a三三）では、第一質料は生成や消滅の基礎（ground）として前提されているとしている（p. xxxii）。

テクストの註釈部においても、ジョウアキムは絶えず第一質料に言及している。第一質料がいかなるものと解されているかは、その言及を通して明らかになるので、以下、箇条的に挙げてみる。

(a) 第一質料と始動因の概念は『自然学』で確立されている（p. 88）

(b) 第一質料に対しては「最近の質料（proximate ὕλη）」が対比される（pp. 92, 93）。

(c) 第一質料は抽象によって想定される基体である（p. 93）。したがって、生成においては、最近の質料が実在的な先件であるような仕方では、第一質料は生成の実在的な先件ではない。それは論理的に想定される究極的なもの（ultimate logical presupposition）である（pp. 94, 200）。

(d) 生成と消滅は、一方のものの生成であり、他方のものの消滅である。この二方向の過程は終極的な分析においては、永遠的な基体（＝第一質料）の転化過程なのである（p. 97）。

(e) 第一質料はあらゆる形相を採りうる。その意味において、無限定である（p. 98）。

(f) 第一質料は生成と消滅の、また、それらが絶え間なくあることの不可欠な条件である（p. 98）。

(g) 四元素は第一質料プラス熱と乾等々である（pp. 104, 189, 191）。

(h) 第一質料は元素よりは、時間的にではなくて論理的に先である（pp. 196, 200）。

(i) 第一質料はプラトンの言う「乳母（τιθήνη）」あるいは「受容者（ὑποδοχή）[1]」と類比的である（p. 196）。

(j) 第一質料はアナクシマンドロスの「無限定的なもの（τὸ ἄπειρον）」のように離存するものではない。第一質料は、それを限定する一対の性質とともにのみ存在する（p. 199）。

月下界における生成消滅が絶え間ないこととの質料因として、ミュグレル（Intro. p. x）も第一質料を挙げている。

アリストテレスは第一質料の存在を認めているという前提のもとに、トリコも訳本の註釈において何回となくそれに言及している。

ピロポノス以下、上記のひとびとによる、第一質料についてのいわゆる伝統的な見解に対して、キングおよびチャールタンによって、近年反論が提示された[2]。

これら二者のうち、チャールタンの見解を以下に見ておこう。彼はまず(I)伝統的な見解を斥ける理由を提示し、次に(II)伝統的な見解がいかに生じてきたかについての示唆を与えている。

(I)について

第一質料ということで、伝統的には「転化における究極的な基体」と解されている。「第一質料（πρώτη ὕλη）」

(1) プラトン『ティマイオス』四九A六。

(2) King, H. R., 'Aristotle without *prima materia*', *Journal of the History of Ideas*, 17 (1956), pp. 370–389; Charlton, W., *Aristotle's Physics*, I, II, Translated with Introduction and Notes, Appendix, Oxford, 1970.

という言葉はときとして、アリストテレスによって用いられている。『自然学』第二巻一九三a二九、『動物の発生について』第一巻七二九a三二、『形而上学』Δ巻一〇一四b三二、一〇一五a七―一〇、一〇一七a五―六、H巻一〇四四a二三、Θ巻一〇四九a二四―二七である。[1]

これらのうち、『自然学』第二巻一九三a二九、『形而上学』Δ巻一〇一四b三二、一〇一七a五―六での「第一質料」は明らかに、生成する事物にとっての「最近の質料（proximate matter）」を意味している。また、『動物の発生について』第一巻七二九a三二、『形而上学』H巻一〇四四a二三、Θ巻一〇四九a二四―二七における「第一質料」は、その意味が疑わしいか、あるいは「最近の質料」を意味している。『形而上学』Δ巻一〇一五a七―一〇は「第一質料」という言葉にとって最も重要な箇所であるが、『形而上学』Δ巻一〇二三a二六―二九や『自然学』第二巻一九五b二一―二七と照合してみるに、解釈を保留するとしても、いわゆる「第一質料」を指してはいない。以上、「第一質料」という言葉が用いられている箇所の考察を通して、その言葉は伝統的な意味での第一質料を指してはいないことが結論される。

また、『生成と消滅について』第一巻三一七b一三や第二巻三二九a二七はわれわれを『自然学』第一巻一九一a八―一二や一九二a二五―三四へ指し向けるが、『自然学』のこれらの箇所も第一質料を指しているとは考えられない。

『形而上学』H巻一〇四二a三二―b三でも、転化の「基にあるもの（underlying thing）」は terminus a quo である。この場合の転化の「基にあるもの」とは、われわれの捉えることのできるものであって、無限定で知覚されえない第一質料ではない。

また、第一質料についての支持者たちのよりどころとする箇所がある。(A)『生成と消滅について』第二巻三二九a二四—三五、(B)三三二a三四—b一、(C)『形而上学』Λ巻一〇七〇b一〇—一三である。チャールタンはこれらの箇所を検討するに当たり、そのための備えとして(イ)『天について』第三巻三〇五a二二—三二、および第四巻三一二b二〇以下を検討する。そして、あらかじめ考察されるこれらの箇所は、普遍的で無限定的な基体、すなわち第一質料の存在をわれわれに予期させないとしている。次に、(ロ)『生成と消滅について』第一巻三一七b二二—三三、三一八a二三—二七、第二巻三二九a八—一一に言及して、アリストテレスは、諸元素の上に一つの離存的な質料をおくひとびとを批判していることをチャールタンは指摘し、また、(ハ)アリストテレスはプラトンの『ティマイオス』の一部を挙げて、攻撃していること（『生成と消滅について』第二巻三二九a一三—二二）を指摘している。

これら(イ)—(ハ)の予備的考察に基づいて、(B)として挙げた箇所について、チャールタンは次のように言う。この箇所の直前でアリストテレスは、(a)すべてのものにとって、諸元素のうちの一つであるごとき質料が存在することを不可能だとしている。また、(b)空気と水との間にある中間的なものが、すべてのものの上に一つの質料としてあることを、アリストテレスは不可能だとしている。これらのことから、チャールタンは(B)として挙げられた箇所は、第一質料の存在を主張しているわけではないと結論する。彼は次に、(A)として挙げられた箇所を、四元素の相互転化の解明を約束するための文と解している。そして、続く三

（1）出典箇所について、チャールタンは章の記述を省いている。以下同様。

つの章（第二巻第二―四章）でその約束は果たされるとしている。したがって、(A)として挙げられた箇所は、第一質料の存在を主張しているというごとき伝統的な解釈は斥けられ、続く三つの章では無限定的な基体（第一質料）については何も述べられていないとする。また、(C)に挙げられた箇所も、第一質料を導入するのには相応しくない箇所だとされている。

また、アリストテレスが第一質料の存在に言質を与えていると一般に解されている、『形而上学』Z巻一〇二八b三六―一〇二九a三〇をチャールタンは検討している。この箇所のうち、一〇二九a一〇―二六の範囲では次のことが言われている。

一般に基体（ὑποκείμενον）は実体だとされている。ところで、基体には質料、形相、質料と形相の合成体という三つの意味がある。そこで、アリストテレスに対抗して、質料を実体だと主張する者は最終的に「それ自体ではとくに何であるとも、或る量のものとも、その他、存在するものがよってもって規定される述語諸形態のいずれとも言い表わされえないもの[1]」を実体であると言わざるをえなくなる。しかし、アリストテレスの立場からすればそれは不可能である。というのは、このものとして指示されうる限定されたものが実体だからである。

ところで、あるひとびとは上の鉤括弧の部分を指して、アリストテレスにおける第一質料の存在をそこに読み込もうとする。しかし、チャールタンはその読み込みに対して次のように論ずる。アリストテレスにおける第一質料の存在を鉤括弧の部分に読み込むことは不可能である。なぜならその部分は、質料は実体だとする見解の最終的に赴くところをアリストテレスが代弁しているだけであり、別に、アリストテレス自身の主張を表わしているわけではないからである。

チャールタンは最後に、『自然学』第四巻二一七a二一―b一一を検討し、この箇所も第一質料の存在を認めているものとは読みえないことを指摘している。

(II)について

第一質料についての伝統的な考え方がどうして生じるに至ったかをチャールタンは述べている。その質料について伝統的記述が用いる言葉はプラトンの『ティマイオス』に起源するとして、四九A三―四、五〇B八―C三、E四―五、五一A四―B二、五二A八―B三が挙げられ(2)、しかもこれらの箇所は、アリストテレスにおけるどこよりも、第一質料の存在を信じさせることの証拠として挙げられている。

プラトンの用語を、質料的な要素についてアリストテレスの用いる概念に結びつけることで、第一質料という考えが得られることになる。その場合、アリストテレスの主張する基体(質料)はプラトン説に適合すべく調整された。プラトンに対するアリストテレスの何がしかの批判(3)は、第一質料についての伝統的支持者によって無視され、アリストテレスの言う質料とプラトンの言う受容者は同一視されることになる。その結

---

(1)『形而上学』Z巻一〇二九a二〇―二一。
(2)つねに同一性を保つ諸イデアがそれに受容されて、現にある生成消滅する世界が生じてくるその「あらゆるものの受容者(πανδεχές)」に言及されている箇所である。その受容者は「とらえどころのない厄介な類いのもの」、「印刻を受ける素材(ἐκμαγεῖον)」、「生成物の母」、「生成するものにとっての座の提供者」などと記され、第一質料の不可知性、無限定性、受容性を連想せしめる。
(3)『自然学』第一巻一九一b三五―三六、『生成と消滅について』第二巻三二九a一三―一四。

果、プラトンとアリストテレスの記述がおよそ適合されうるものが、伝統的に第一質料とされているものである。

そのような第一質料がはじめて出現したのはストア派においてである。同派では第一質料は「οὐσία」だと解されている。それはプラトンもアリストテレスも主張しなかったことである。プラトンおよびアリストテレス的な観念の合成としての第一質料は、前一世紀および紀元後初期の、諸説混合主義の哲学の中で確立された。また、第一質料が西洋の思想に固く結びつくためには、もう一つの事柄、すなわち、キリスト教神学にとって受容可能なものとなることが必要であった。

このように述べたうえでチャールタンは、キリスト教神学が第一質料を受容した様子を描いている。

ウィリアムズ[1]はキングおよびチャールタン[2]によって提起された論争点に対して、アリストテレス全作品への言及をもって応じるわけではなく、ただ、彼らが『生成と消滅について』に関して論じている諸文章に関連してのみ、いくつかの指摘をしておきたいとしている[3]。

第一質料の存在に言質を与えていると思われる箇所を見ておくとして、ウィリアムズは以下⑴—⑾の項目を挙げている。

⑴ 第一巻第三章三一九a二九—b四　土と火とに共通する質料が「あらぬもの」として捉えられている。その「あらぬもの」をウィリアムズは、『形而上学』Z巻第三章一〇二九a二〇—二一でアリストテレスが「それ自体ではとくに何であるとも、或る量のものとも、その他、存在するものがよってもって規定される述語諸形態のいずれとも言い表わされえないもの」と言っているものと同一視し、それをアリストテレ

スにおける第一質料であるとする。[4]

(2) 第一巻第四章三二〇a二―五　この箇所において「生成と消滅を受け容れる基体」と言われているものは第一質料を指している。

(3) 第一巻第五章三二〇b一二―一四　成長のための質料は何かが問われている箇所。ここに言われている「数的には同じ一つのものとして分離されえないが、定義の上では一つではない」質料をば、第一巻第三章三一九b二―四を考慮することによって、第一質料を指すとウィリアムズは言う。

(4) 第一巻第六章三二二b一一―二一　相互的に作用し合うものは同一の質料をもっていなければならないとされているが、その一つの質料とは第一質料を指す。

(5) 第一巻第十章三二八a一九―二二　前項目に同じ。

---

(1) ウィリアムズ (Appendix, 'Prime Matter in *De Generatione et Corruptione*')。

(2) 二四七頁註（2）参照。

(3) キングの説は 'Aristotle and Prime Matter: A Reply to Hugh R. King', *Journal of the History of Ideas*, 19 (1958), pp. 243–252 においてソルムセンによって、また、チャールタンの説は 'Prime Matter in Aristotle', *Phronesis*, 19 (1974), pp. 168–188 においてロビンスンによって異議を唱えられた。ウィリアムズはこのように言ったうえで、両者ソルムセンとロビンスンは自分たちの考えを明示することにおいて成功していると言っている。したがって、ウィリアムズは第一質料に対する伝統的な解釈を擁護する立場を採るわけである。

(4) いま鉤括弧内で言われているものを第一質料と見なすことを、チャールタンは斥けていることはすでに述べられたとおりである。

(6) 第二巻第一章三二九a二四—三五　むずかしい箇所であるが、ここで言われている質料は第一質料。

(7) 第二巻第五章三三二a一七—二〇　火にも空気にも同じ質料があると言われているが、それは第一質料のことである。

(8) 第二巻第五章三三二a三五—b一　二つの反対的な性質の中間にあるものであり、感覚されえず、離存的なものではありえない質料とは、第一質料を指す。

(9) 第二巻第七章三三四a一五—二五　火から水が生じ、水から火が生じる場合、両者に共通の基体があると言われているが、その基体とは第一質料。

(10) 第二巻第七章三三四b二—七　ここの議論の根底には、第一質料が前提されていることをウィリアムズは指摘する。

(11) 第二巻第九章三三五a三二—b六　ここの箇所で、「あることもあらぬことも可能なもの」として言及されているものは第一質料。

第一質料の存在が想定されている箇所は以上であるが、しかしその反面、『生成と消滅について』では、それの存在を否定していると考えられる箇所がいくつかあるとしたうえで、ウィリアムズは以下の箇所を挙げる。第一巻第一章三一四a八—一一、b一—四、第三章三一七b二三—三三、第四章三一九b一〇—一一、三一九b三三—三二〇a二。

これらの箇所の検討を通して、アリストテレスにおいては、第一質料の存在ということを支えるための諸概念そのものに、さまざまな困難の含まれていることを、ウィリアムズは指摘する。したがって彼は、第一質料が存在するという考えはむしろ成立しえないとする。しかし、アリストテレスには、第一質料は存在するという考えが実際にあり、『生成と消滅について』は、事実としてその考えに拠っていることをウィリアムズは指摘している。

アリストテレスは第一質料の存在を認めているか否かという問題に答えるに当たり、アルグラ（pp. 92-121）は考察範囲を『生成と消滅について』の第一巻第三章にのみ限定している。そして、その章最終部の三一九a二九—b四を別にして、そこに至るまでの範囲では、「あらぬもの」としての質料は「最近の質料」を指していることを指摘する。しかしまた、第三章における「あらぬもの」はたとえ「最近の質料」を指しているとしても、そのことは、「元素的レベルでは第一質料は存在する」ということを排除しないとアルグラは言う。

その論は次のものである。「最近の質料」と「第一質料」という二つの質料概念は必ずしも両立しないものではなく、アリストテレスの作品の中に共存しているものである。生成は何らかの欠如をもつところの最近の質料からなされるという見解は、次の可能性を、すなわち、最も元素的なレベルでは、当の元素は第一質料と特定の形相（性質）から成るという可能性を排除しない。第一質料はそれ自らの権利では存在しえず、つねに、特定の実体的形相を与えられるものであり、したがって第一質料は、原理的には、最近の質料として現われるものである。

したがって、アルグラの立場は、『生成と消滅について』の第一巻第三章に限って言えば、そこでは第一質料抜きで論が展開されているというものである。

チャールズ（pp. 151–169）も第一質料について考察しているが、その論旨は以下のようである。『生成と消滅について』第一巻第三章の末尾三一九a三三―b四では次のように言われている。「さらにまた、それら（1）それぞれの質料は異なっているのか。それとも、［異なったものである場合には］相互からの、あるいは反対のものからの生成はありえないのか（なぜなら、火土水空気にはそれぞれ反対のものたちが帰属しているからである）。あるいはむしろ、質料はある意味では同じであるが、ある意味では異なるのか」。このように言われた後、*ὃ μὲν γάρ ποτε ὂν ὑπόκειται, τὸ αὐτό, τὸ δ' εἶναι οὐ τὸ αὐτό* という文章がくる。

上の鉤括弧内の最後の文である「あるいはむしろ……」に対する答えは *ὃ μὲν* …… 以下で与えられている。その答えには次の三点が含まれているとチャールズは解する。

(1) それが何であるにせよ、一つのもの、すなわち「基にあるもの」が存在する。

(2) 土の質料と火の質料とは、「基にあるものであること」においては同じものである。

(3)「基にあるもの」は、それにもかかわらず、あり方において（in being）異なる。

チャールズの論文は *ὃ μὲν* …… 以下の内容、すなわち(1)―(3)を手がかりにして、アリストテレスにおける第一質料の意味を解明しようとするものである。

ὃ μὲν …… 以下の文は次の内容のものであるとチャールズは言う。「質料は基にあるもの――それが何であれ――であるかぎりにおいて同じものであるが、しかし、そのあり方において異なる」。このように解したうえで、ではここで語られていることは何を意味するか、改めて問う。答えの手がかりを『自然学』第四巻第十一章二一九b一二―一五に求める。そこでは *ὃ μὲν* …… と同型の文章が、時間における「今（*τὸ νῦν*）」に

ついて語られていることのうちに見出されるからである。

「今」の場合、
(a) 時間あるいは運動を「前と後に分けるもの」としては、どの「今」も同じである。
(b) 過程の異なった段階（e.g. p.m. 1:01, 1:02 ……）に措かれたものとしては異なる。
チャールズはこのことから、(a) によって「いかなる今も、時間あるいは運動について、前と後とを分けるものである」を導出し、いかなる「今」についても、「前と後とを分けるもの」は論理（抽象）的存在 logical (abstract) entity であるとする。「今」についての (a) と (b) との違いを彼はもう一つ別の例で示す。たとえば、ブッシュ、クリントン等々というようにアメリカ大統領が続く場合、

(a′) 歴代の大統領は大統領（指揮官）としては同じであるが、

(b′) それぞれの大統領としては異なる。

これら「今」や大統領の例を土や火の質料に重ね、

(a″) すべて質料は「基にあるもの」であることにおいては同じであるが、

(b″) 転化のそれぞれの過程にあるものとしては異なる。

したがって、「今」における (a)、大統領における (a′) の場合と同様、質料も (a″)「基にあるもの」として捉えられた場合、つまり logical (abstract) entity として捉えられた場合、それがアリストテレスの意味する第一

（1） 土と火。

質料である。

なお、チャールズは第一質料についてこのように述べたうえで、この説に対して提出されるかも知れない批判を想定し、以後、補足的な論を展開している。

なお、ブランシュビック（pp. 41-42）も第一質料の存在を認める立場を採る。実体の生成において感覚されえないものとして存続する基体がそれであると解している。なお、ブランシュビックの見解については、五〇頁註（1）を参照されたい。

アリストテレスは第一質料の存在を認めていたかという問題については、以上に見たように、チャールタン以外他のすべてのひとは肯定的に答えている。訳者もそのように答える。その根拠は以下のことにある。

(i)『天について』第四巻第四章三一二a一七―二一で次のように言われている。(1)「したがって、重くもあり軽くもあるものの質料それ自体も、可能的に重いかぎり、重いものの質料であり、可能的に軽いかぎり、軽いものの質料である。それは同じ質料であるが、しかし、あり方は同じではない[1]」。ここに述べられていることを受ける形で、『天について』第四巻第五章三一二a三〇―三三では、絶対的に軽い物体（火）、絶対的に重い物体（土）、それらの中間にあるところの相対的に軽くも重くもある物体（空気と水）という四元素について次のように言われている。(2)「したがって、質料もまた、それらの物体と同じ数だけ、つまり、四つなければならない。しかし、四つというのは、それらの物体がとりわけ相互に生成し合うのであるかぎり、すべてに共通する一つの質料があるが、その一つの質料があり方において異なるという意味においてである[2]」。(1)で「可能的に存在する質料」とされているものは、(2)における、「相互に生成し合う四元素すべてに共通する一つの質料」である。同様の質料のことは、『生成と消滅について』第二巻第七章三三四a一六—一八でも語られている。この、「相互に生成し合う四元素すべてに共通する一つの質料」こそ、第一質料だと考えられる。

四元素の相互転化（あるいは生成）を考える場合、(イ)火（熱・乾）↑↓空気（熱・湿）↑↓水（冷・湿）↑↓土（冷・乾）↑↓火（熱・乾）というように、隣接するもの同士[3]の相互転化と解するか、(ロ)隣接しないもの同士の相互転化、たとえば、火（熱・乾）↑↓水（冷・湿）、空気（熱・湿）↑↓土（冷・乾）と解するかが問題である。(イ)の場合、転化し合う二元素間には共通する一つの質料がたしかにある。火↑↓空気のときには「熱いもの」、空気↑↓水の場合には「湿ったもの」、水↑↓土の場合には「冷たいもの」、土↑↓火のときには「乾いたもの」がそ

（1）「あり方」と訳した語は τὸ εἶναι. 同じ質料であるが、しかし、「重くなりうるものであること」と「軽くなりうるものであること」とは異なる。この区別はただ概念的にのみなされうる。したがって、そのような可能態の二つのあり方が別であればこそ、それらが現実化された場合、一方は重く、もう一方は軽い。

（2）上の(1)の引用文中で「それは同じ質料であるが、しかし、あり方は同じではない」と言われ、(2)の引用文中で「すべてに共通する一つの質料があるが……あり方において異なる」と言われている。ところで、これら双方の文で「……同じ質料であるが……あり方は同じではない」、「……一つの質料があるが……あり方において異なる」という捉え方は、『生成と消滅について』第一巻第三章末尾三一九b三—四での、質料についての捉え方と同じである。この三一九b三—四を手がかりにして、チャールズはアリストテレスにおける第一質料の存在を主張したことは上に述べたとおりである。

（3）相互に割符をもつもの同士。

れである。しかし、これらの相互転化の場合、「四元素すべてに共通する一つの質料」があるわけではない。(ロ)の場合には転化し合う元素間には(イ)の場合のごとき「熱いもの」、「湿ったもの」などの質的限定の付いた共通的なものは存在しない。転化し合うそれぞれには相反する性質が属しているからである。

したがって、相互に転化し合う「四元素すべてに共通する質料があるとすれば、(イ)の場合の「熱いもの」「湿ったもの」等々における「もの」であり、(ロ)の場合、転化の基体としての「もの」である。水と火とには共通の基体があると言われている[1]からである。そして、その「もの」こそアリストテレスにおける第一質料である。

(ii)可能的な存在であり、また、四元素の相互転化における基体としての第一質料は、『形而上学』Ｚ巻第三章一〇二九ａ二〇—二一では無限定的なものとして語られている。「それ自体ではとくに何であるとも、或る量のものとも、その他、存在するものがよってもって規定される述語諸形態のいずれとも言い表わされえないもの」である。すでに見たように、チャールタンはこの部分について、「質料を実体だと見なすひとびとの、究極的に赴くところをアリストテレスが代弁したまでであって、形相あるいは形相と質料の合成体を実体と見なすアリストテレス自身の考えを述べたものではない」と考えている。したがって彼は、第一質料に関する伝統的な説に与する者が、ここに、アリストテレスにおける第一質料の容認を読み込むことは間違いであると言う。

しかし、チャールタンの主張するところは間違いであろう。形相、あるいは、形相と質料との合成体を実体と見なすアリストテレスの立場からしても、質料因を究極的な要素次元で捉えるならば、上記の無限定的

なものに行き着く。それゆえにこそ、ウィリアムズもまた、その無限定的なものを第一質料と見なしているのである。(2)

(iii) すでに五〇頁註(1)に記したように、アリストテレスにおける、生成と質的転化との区別も、第一質料の存在を肯定していると考えられる。質的転化の場合には、「感覚されうる基体」が転化を通じて存続する。しかし、精液が全体として血液になるとか、水が全体として空気になるように、生成の場合には「基体は感覚されえないもの」として存続する。この、感覚されえないものとして存続する基体こそ第一質料である。

もし、そのような基体の存続を認めないとすると、基体に関して無からの生成を認めることになるが、しかしアリストテレスにおいては無からの生成は否定されている。たとえば、水から空気が生じる場合、この転化を通じて存続する基体がないならば、空気は無から生じたことになるが、アリストテレスはこれを認めない。そうかといって、水→空気の転化を通じて存続する基体は、両元素に共通の「湿ったもの」であることもできない。というのは、すでに上記(i)で述べられたように、それは「四元素すべてに共通する一つの質料」ではないからである。

したがって、すでに言われたように、生成において感覚されえないものとして存続する基体は第一質料で

(1) 第二巻第七章三三四a二三—二五。

(2) この解説(二五二頁)において、第一質料についてのウィリアムズの見解として挙げた(1)参照。

あり、これの存続如何が質的転化と生成とを分ける基準である。

(iv) 以上に述べられたように、第一質料は可能的なあり方をし、無限定的で感覚されえない基体として存在する。それは反対的性質や四元素を離れてあるものではありえない。このことは、第二巻第一章においてアナクシマンドロスの言う「無限定的なもの（τὸ ἄπειρον）」に対する批判、および、プラトンの言う「あらゆるものの受容者（τὸ πανδεχές）」への言及を通して、間接的に証明される。

(a) アナクシマンドロスを批判して次のように言われている。「しかし、あるひとびとは、すでに語られたもの[1]とは別に、なお一つの質料を立て、しかもそれを物体的なものであり、離れてあるものだとしているが、これは誤りである[2]」。つまり、アナクシマンドロスは「無限定的なもの」から四元素を導出しているが、それを四元素とは別に離れてあるものとしていることに批判が向けられている。また、(b) プラトンの言う「あらゆるものの受容者」へは、四元素を離れてあるものか否か不明だ、という仕方でアリストテレスは言及している[3]。この言及は、アリストテレス自身に、自らの想定している第一質料の離存性如何について、深い関心のあったことの表明である。第一質料は四元素から離れたものとしては存在しない。

(v) 物体を四元素へ還元し、四元素をさらに要素へと還元する場合、第一質料は論理的に想定されるものである。したがって、アリストテレスにおいては、第一質料は容認されていたとする立場を採るロスやジョウアキムによって言われているように、それは「論理的に識別可能な基体 logically distinguishable substratum[4]」であり、「論理的に想定される究極的なもの ultimate logical presupposition[5]」である。チャールズ（p. 154）の言う「論理的（抽象的）存在 logical (abstract) entity」もこれらと同様なものであろう。

翻訳に当たってさまざまな教えを受けたのは次の方々の訳、註解、著および論文である。心から深く感謝したい。なお、各書目で＝記号の後に記したものは、註、補註、解説、解説註で言及あるいは引用するときの略称である。

Burnet, J., *Early Greek Philosophy*, 4th ed., Adam & Charles Black, London, 1930.＝バーネット

Charlton, W., *Aristotle's Physics I, II*, translated with Introduction and Notes, Appendix, Oxford, 1970.＝チャールタン

Forster, E. S., *Aristotle, On Sophistical Refutations, On Coming-to-be and Passing-away*, William Heinemann, London, 1955.＝フォースター

de Haas, F., and Mansfeld, J., *Aristotle: On Generation and Corruption, Book I*, Symposium Aristotelicum, Oxford, 2004.

この書は『生成と消滅について』第一巻についての論文集である。各研究者がそれぞれの章を担当し寄稿している。

Brunschwig, J., I. 1: A False Start ?＝ブランシュビック

（1）火と土、空気、水を指す。

（2）第二巻第一章三二九 a 八―一〇。

（3）第二巻第一章三二九 a 一三以下。

（4）ロス（p. 105）。

（5）ジョウアキム（pp. 94, 200）。

Sedley, D., I. 2＝セドリ

Algra, K., I. 3: Substantial Change and the Problem of Not-Being.＝アルグラ

Broadie, S., I. 4: Distinguishing Alteration.＝ブローディ

Charles, D., Simple Genesis and Prime Matter.＝チャールズ

Code, A., I. 5＝コウド

Natali, C., I. 6＝ナタリ

Wildberg, C., I. 7: Aristotle on *poiein* and *paschein*.＝ワイルドバーグ

Hussey, E., I. 8＝ハシィ

Crubellier, M., I. 9

Frede, D., I. 10: On Mixture and Mixables.

Cooper, J. M., A Note on Aristotle on Mixture.＝クーパ

Joachim, H. H., *Aristotle, On Coming-to-be and Passing-away*, a revised text with introduction and commentary, Georg Olms Verlag, Hildesheim/ Zürich/ New York, 1982.＝ジョウアキム

Kupreeva, I., *Philoponus, On Aristotle's On Coming-to-Be and Perishing 2.5–11*, Translated by Inna Kupreeva, Cornell Univ. Press, Ithaca, New York, 2005.

Mugler, C., *Aristote, De la Génération et de la Corruption*, Société d' Édition "Les Belles Lettres", Paris, 1966.＝ミュグレル

Philoponus, J., *In Aristotelis Libros De Generatione et Corruptione Commentaria*, edidit Vitelli, H., G. Reimer, Berlin, 1897.＝ピロ

ポノス
Ross, W. D., *Aristotle*, Methuen & Co. Ltd., London, 1964.＝ロス
Tricot, J., *Aristote, De la Génération et de la Corruption*, Traduction nouvelles et Notes, J. Vrin, Paris, 1971.＝トリコ
Williams, C. J. F., *Aristotle's De Generatione et Corruptione*, Translated with Notes, Oxford, 1982.＝ウィリアムズ
———, *Philoponus, On Aristotle's On Coming-to-Be and Perishing 1.1–5*, Translated by C. J. F. Williams, Cornell Univ. Press, Ithaca, New York, 1999.
———, *Philoponus, On Aristotle's On Coming-to-Be and Perishing 1.6–2.4*, Translated by C. J. F. Williams, Cornell Univ. Press, Ithaca, New York, 1999.
戸塚七郎訳、アリストテレス『生成消滅論』、アリストテレス全集4、岩波書店、一九六八年。

索　引

14a—38b=314a—338b

ア　行

愛　φιλία　15a17, 33b12, 34a8
アイテール　αἰθήρ　33b2, 34a1
味　χυμός　23b34
熱くされる　θερμαίνεσθαι　22b16, 24a17, b2
熱くしうるもの　θερμαντικός　24b8
熱くする　θερμαίνειν　24a9, 27a4
熱さ　θερμότης　22b16, 26a7, 29a34, 30b26, 28
アナクサゴラス　Ἀναξαγόρας　14a12
　—は自分の言っていることをよく理解できなかった　14a13
　—は同質体を元素だとしている　14a19
　—の徒　14a25
油　ἔλαιον　30a6
甘さ　γλυκύτης　29b12
雨が降る　ὕειν　38b7
誤り　ψεῦδος　26b26, 27a10
誤る　ἁμαρτάνειν　29a10
争い　νεῖκος　15a7, 17, 33b12, 34a1, 6
あらぬ、あらぬもの、存在しないもの　μὴ ὄν　17b3, 18a14—19a32, 36a21
　端的に—　18b10
あらゆる種子　πανσπερμία　14a29
あらゆるものの受容者　πανδεχές　29a14
ある、あるもの、存在するもの　ὄν　15b26, 17b6, 18a16, b6, 19b32, 22b27, 25a3, 25, 26b29—28b16, 36a21
　可能的に—　17b17
　厳密な意味において—　25a29
　自然的に—　33b17
生きている　ζῆν　18b25
石　λίθος　34a28, b1
医者　ἰατρός　24a30, 35b21
萎縮　φθίσις　14b15, 27a23
萎縮する　φθίνειν　20a10, 29, 21a2, 22a24
萎縮するもの　φθῖνον　20a10, 19, 25
医術　ἰατρική　24a35, b3, 28a22
位置　θέσις　22b33, 23a5
一、ひとつのもの　τὸ ἕν　15a7, 25a26, 30b13
　真実に—　25a35
一年　ἐνιαυτός　36b14
一体化　ἕνωσις　28b22
移動　φορά　19b32, 36a15—31, b3, 37a7, 38b3
色　χρῶμα　23b34
色づけをする　χρωματίζειν　28b13
受け容れうるもの　δεκτικός　20a3, 28b11
受け容れる　δέχεσθαι　26b17
動かすもの　τὸ κινοῦν　14a17, 21b7, 26b3, 37a17
　連続的に動いているゆえに他のものを—　18a7
　—は二様の意味で語られる　24a26
　第一の—　24a30
　第一の—は不動である　24b12
　最初に—であり、運動の原因をなすもの　34a7
失うこと　ἀποβολή　35b15
宇宙　κόσμος　34a6
器　ἀγγεῖον　20b9
乳母　τιθήνη　29a23
運動　κίνησις　15a28, 23a18, 24a27—25a27, 33b22, 34a8, 35b17, 37a33, 38b2
　—のゆえに転化して　15a22
　—の始源　18a2, 21b6, 24a27, b14
　—についての議論の中　18a3
　第一の動者はその動かす—において不動であっても差し支えない　24a31
　通孔を通しての—　26b7
　自然的な—　33b32
　移動による—　36a15
永遠的な、永遠的なもの　ἀΐδιος　22b2, 38a1—18
栄養分　τροφή　21a32, 22a1, 28, 27b14,

35a10
—摂取と成長との区別　22a23 sqq.
エンペドクレス　Ἐμπεδοκλῆς　14a11, b7, 20, 24b33, 25b1, 29a3, b1, 30b20, 33a18, b1—15, 34a3, 5
—は物体としての元素は四つであるとし、動かすものたちを併せると六つであるとしている　14a16
—の徒　14a25
—は火、水、空気、土は四つの元素だとしている　14a26
—は諸々の現象に対しても、自分が自らに対しても反対のことを言っている　15a3
—は元素のどれ一つとして、一方から他方が生じるのではないとしている　15a4
—の通孔説　24b25—35, 25b1—11
—は自然について何一つ語っていない　33b18
大きさ　μέγεθος　15b27, 16a15, 24, b1, 20a14, 30, b23—21b16, 26b17, 27a8
—の点で転化　14b14
第一の不可分な—　15b27
不可分な—　16a12, b32, 17a1
別々に分けられている—　23a5
大きさのない、大きさのないもの　ἀμεγέθης　16a27, 20a31, b32
重い　βαρύς　29a12, b19
重さ　βαρύτης　26a7
重さ　βάρος　23a8
オリーブ　ἐλαία　33b9

カ　行

解除する、分解する　διαλύειν　15b22, 32
外来の　ἀλλότριος　30a17
角錘　πυραμίς　34a33
嵩　ὄγκος　21a11, 25a30, 26b20, 28b5
過剰　ὑπερβολή　30b25
数　ἀριθμός　20b14, 26b6, 29a1, 35a28, 36b11, 37a24, 38b13
風　πνεῦμα　18b29
硬、硬い、硬いもの　σκληρός　14b19, 25, 26a3, 13, 27a21, 29b19—30a11
硬さ　σκληρότης　26a8
形　μορφή　14a23, 20b17, 24b5, 35a16—30, b6, 35, 36a14
塊　μέγεθος　25b22
塊　ὄγκος　26a31, 27a21
傾き　ἔγκρισις　36b4
語られる　λέγεσθαι
両方の意味で—　17b17
多義的に—　22b30
多くの意味で—　30a12
角張った　γωνιοειδής　19b14
可燃物　τὸ καυστόν　22a11
可能的に　δυνάμει　16b12—22, 17b16—28, 18a21, 20a15, 30, b26, 22a6—30, 29a33, 34b9—22
神　θεός　33b21, 36b32
軽さ　κουφότης　23a9, 26a8
乾き　ξηρότης　32b18
乾、乾いた、乾いたもの　ξηρός　22a2, 29b19—31b33, 32b16, 34b29
—と湿、熱と冷は触覚に関わる第一の反対対立　29b19 sqq.
—の定義　29b31
完全に—　30a7
第一の意味での—　30a20
感覚　αἴσθησις　18b23, 27b35, 29b8, 31b24
感覚されうる、感覚されうるもの　αἰσθητός　16b19, 19a2, b11, 28b33, 32a26
感覚されえないもの　ἀναίσθητος　19b18, 32a35
喜劇　κωμῳδία　15b15
ぎざぎざした　τραχύ　29b20
技術　τέχνη　35b28—33
気息　πνεῦμα　21b9
基礎定立　ὑπόθεσις　14b9
基体　τὸ ὑποκείμενον　14b3, 15a1, 17a23, 18b9—20a2, 22b17, 29a16, 32, 34a24
規定される、区別される　διορίζεσθαι　14a6, 17a30, b14, 18b11, 19a5, 20b18, 22b9, 23a3, 24b23, 27a28, 29a27, 31a7, 36a14, 37a25
規定する、区別する　διορίζειν　14b22, 15b2, 18b1, 23a16, 24b32, 25a1, 27a6, b7
稀薄化　μάνωσις　30b10
球　σφαῖρα　20a22, 34a33
狂気　μανία　25a19
強制する議論　λόγοι ἀναγκαστικοί　15b21

共通する、共通的な　κοινός　20b23, 21a14, 28a31, 32a18, 34a24
議論　λόγος　15b21, 16a8, 13, 17b14, 18a4, 25b34, 27b7, 27, 37a25
金　χρυσός　29a17
空気　ἀήρ　17a29, 19b2, 20b8, 21a11, 27a4, 28b34, 29a2, 33a33, 35a4, 37a4, 38b6
　—は熱く湿っている　30b3
　—は熱によるよりも、むしろ湿で特徴づけられる　31a5
空気的なもの　ἀεροειδής　30b24
焼べる　ἐπιτιθέναι　22a15
雲　νέφος　38b7
黒、黒い　μέλας　14b19, 23b27, 32b21
黒さ　μελανία　29b12, 32b17
軽、軽い、軽いもの　κοῦφος　19a31, 29a11, b19, 21
経験不足　ἀπειρία　16a6
形相　εἶδος　21b21, 22a2, 28b11, 35a19
　分離されうる何らかの—　16b3
　熱は一種の—であるが、冷は欠如　18b17
　風や空気は土よりもいっそう—である　18b32
　質料のうちに—をもっているもの　21b21
　—の点では　21b23, 34
　—は質料に内在している一種の力　22a28
形相（プラトンにおけるイデアの意味での）　εἶδος　35b10—15
計量器、尺度　μέτρον　21b24, 33a27, 36b5
血液　αἷμα　19b16
結合　σύγκρισις　15b8, 20, 16b34, 17a13—31, 22b7, 29a7, 33b12
欠如　στέρησις　18b17, 32a23
煙　καπνός　31b25
研究　μέθοδος　27a31
限界、境界　ὅρος　29b31, 30b32, 35a20
健康　ὑγίεια　24a35, b15, 28a23, 35b21
現実的に　ἐντελεχείᾳ, ἐνεργείᾳ　16b21, 24, 17b17—26, 20a30, b26, 22a6, 13, 26b31, 27b23, 34b9, 13
元素　στοιχεῖον　14a15, b18, 15a25, 22b26, 25b23, 29a5, 15, b13, b23, 31a14, b27, 33a12, 34a10, b17
　アリストテレスの—論　28b26—34a15
減退　μείωσις　20b30
限定されえないもの　ἀόριστος　29b30
限定されにくいもの　δυσόριστος　29b32
硬、硬い、硬いもの　σκληρός　14b19, 26a3, 27a21, 29b19, 30a11
考察　θεωρία　34a15
合成、接合　σύνθεσις　15a23, 17a12, 27a18, 28a6, 34b6
肯定的なもの　κατηγορία　18b16
氷　κρύσταλλος　25a21, 30b26
コテュレー　κοτύλη　33a22
こなごなになる　διαπίπτειν　35a3
固有の　ἴδιος　20b29
混合　μίξις　14b8, 15b4, 21b1, 22b8, 33b14, 19, 34b19
　—の定義　28b22
　アリストテレスの—論　27a30—28b16
混合物　μῖγμα　21b2, 30b15, 17, 34a28
困難、窮地、問題点　ἀπορία　16a14, b19, 21b11, 34a21, b3

サ　行

差異、違い　διαφορά　14b18, 16a1, 18b15, 20a12, 28b30, 29a33—31a15
　場所の第一の—　23a7
差異のないもの　ἀδιάφορος　23b19
最近の、最近のもの、最後の、最後のもの　ἔσχατος　24a28—33, b4, 27, 25b19
細分化　θρύψις　16b30
酒　οἶνος　21a33—22a31, 24a30, 28a27
作用　ποίησις　22b13, 26, 24a32
　自然的な—　15b6
作用しうる、作用しうるもの、作用因　ποιητικός　23b5—23, 24a7, 10, b5—15
作用することと作用を受けること　ποιεῖν καὶ πάσχειν　22b7—23, 23a24, b1, 24a25, b22, 25a32, b11, 27a2, 5
　相互に—　23b7
　—はどのようにして起きるのか　24b25—27a29
作用するもの、作用者　τὸ ποιοῦν　23a15—24b16, 35b27

第一の— 24a33
第一の—は非受動である 24b13
最後の、そして最も適切な意味での— 24b27
—や作用を受けるもの 24b33
作用を受けうる、作用を受けうるもの παθητικός 23a9, b5, 24a7, b10, 26b3, 35, 28a19, b1, 6, 29b21, 26
三角形そのもの αὐτὸ τὸ τρίγωνον 16a12
産出しうるもの γεννητικός 36a18
至 τροπή 37b12
視覚 ὄψις 29b14
仕方 τρόπος 18b8, 34a27, 36b31
転化の— 20a16, 31a30, b3
あるものが作用し、あるものが作用を受ける— 25b12
これに類した他の— 34b16
すでに述べられたような— 34b19
仕事、働き、製品 ἔργον 18a6, 21b1, 29a17, 34a15
自然 φύσις 22b19, 35b17, 36b28
自然［界］ φύσις 18a10
自然的に φύσει 14a1, 28b32, 33b5—21, 35b28
自然的な、自然に従った、自然的に、自然に従って κατὰ φύσιν 28b27, 33b4—32, 36b10, 19
自然に反した、自然に反して παρὰ φύσιν 33b27, 33
自然学的に考察する σκοπεῖν φυσικῶς 16a11
湿、湿った、湿ったもの、液状のもの ὑγρός 14b19, 22a2, 27a17, 28b4, 29b19—31b33, 32b20, 34b29, 35a1
—が最も混合されやすい 28b3
—の定義 29b30
実在 φύσις 15a7
実体 οὐσία 14b14, 17b8—32, 18b15, 35, 19a13—18, 20a13, 21a34, 28b33, 35a6, 38b14
個々のものの— 33b14
個々のものの—を述べる陳述 35b7
質的転化 ἀλλοίωσις 14a3, 15b23, 17a19, 20a6, 27a16, 28b29, 29b2, 31a9, 32a8, 37a35
—の定義 19b10, 20a14
質的転化をさせるもの ἀλλοιοῦν 35b26
質的転化をしないもの ἀναλλοίωτος 37a20
質料 ὕλη 14a11, b27, 15a21, 18b14, 19a32, 20a2, b10, 21b1, 21, 22a29, 24a21, b4—18, 26b6, 28a20, b34, 29a9, 30b13, 32a18, 34b3, 35a15, 30, b16, 21
感覚されうる— 18b20
—としての原因 19a19, 35b5
—は離れたものであって、それ自体で存在しているのか 20a33
物体的実体を構成している— 20b22
大きさのない— 20b32
大きさの— 21a7
—は—であるかぎりにおいて作用を受けうるもの 24b18
第一— 29a23
感覚されうる物体の— 29a24
離れてあるものではなくて、しかも反対対立たちの基にある— 29a30
指定する、与える ἀποδιδόναι 26a4, 36a11
事物 πρᾶγμα 15a30, 18b26, 27b17, 29a5, 36a24, 37a29
湿り気 ὑγρότης 30a7—21, 32b19
受益する ἀπολαύειν 21b8
周期 περίοδος 36b13
十分 ἱκανός 18a13, 35b9
不— 33b22, 35a31
種的に εἴδει 23b32, 24a6, 38b13, 17
出発点 ἀρχή 15b24, 22b26, 25a1, 26b30, 38b11
受動的性質 πάθος 15a9, 15, 16a4, b3, 17a26, 19b8—33, 20a1, 14, b17, 23, 21a25, 23a18, 19, 26a2, b7, 27b16, 22, 31a10, 37a2
受動的性質 πάθημα 15b18, 26a21, 31a3
寿命 βίος 36b12
蒸気 ἀτμίς 30b4
賞讃する ἐπαινεῖν 33b20
生じさせる、生む γεννᾶν 14a9, 22b6, 25a34, 26b29, 27a26, 30b10, 34a22, 35a31—36b8
証明する δεικνύναι 32a31, b31
消滅 φθορά 14b2, 15b9, 16b33, 17a20,

b23, 18a10, 23—19a29, b28, 20a2, 24a8, 25a25, 27b8, 28b28, 29a8, 34b7, 35b4, 36a25, b1, 37a16
一方のものの—は別のものの生成 19a21
—はあらぬものの生成 19a29
消滅する、消滅的、消滅するもの φθαρτός 27b8, 35a24, b3, 37a16, 38b16
触覚 ἁφή 19b19, 29b8—18
食餌 σιτόν 24b3
知られえないもの τὸ ἄγνωστον 18b23
知られうるもの τὸ ἐπιστητόν 18b23
白、白い λευκόν 14b19, 23b27, 32b21
白さ λευκότης 23b25, 29b11, 32b17
真実 τἀληθές 15b9, 18b26
身体 σῶμα 19b12, 27b14
髄 μυελός 14a20, 34a25
錫 καττίτερος 28b8
脛 κνήμη 21a31
脆、脆い、脆いもの κραῦρος 29b20, 33, 30a6,
精液 γονή 19b16
生成 γένεσις 14a1, b2, 15b7, 16b33, 17a20, b4, 18a10, 19a29, b6, 20a1, 24a9, 25a24, 27b8, 28b28, 29a8, 31b2, 32a9, 33b4, 34a19, 35a24, b4, 36a20, b10, 37a6, b12, 38a3, b11
いわゆる端的な— 14a7
端的で完全な— 17a17
—と消滅についての考察 17a32—19b5 端的な— 17b35
部分的な— 17b35, 18b4, 18b10
相互からの— 19a4
一方のものの—は他方のものの消滅 19a20
—はあらぬものの消滅 19a28
—と質的転化の相違について 19b6—20a7
—はこのものからあのものへの転化 20a13
—は反対のものへである 24a12
元素の相互からの— 31a7—33a15
—は反対のものへ、また、反対のものからである 31a14
自然的な— 33b4
—は中心あたりの場所で起きる 35a24
—と消滅はあることもあらぬことも可能なものについて存在する 35b4
—が連続的にあることの必然性 36a16—37a33
生成するもの γενητός（γεννητός） 27b8, 35a24, 32, b3, 6, 37a16
成長、増大 αὔξησις 14a3, b15, 15a28, b1, 20a8—32, b26—34, 21a10—26, 22a8—25, 25b4, 28a25, 33a35
—や萎縮は大きさの点での転化 14b15, 20a14
—についての考察 20a8—22a33
—と生成や質的転化との区別 20a sqq., 22a4—16
—と栄養摂取との区別 22a20—28
成長を司るもの、成長を促すもの τὸ αὐξητικόν 22a12, 27
説 λόγος 14b9, 17a1, 23b2, 24a24, 25a1, 27a16, 36b17
接触 ἁφή 16b6, 22b22, 25b32, 26b22, 28b26
自然的な事物における— 23a34
—についての考察 22b29—23a34
接触しうるもの τὸ ἁπτικόν 22b27
説明 λόγος 21a18
線 γραμμή 23b26
全体、万有、すべて τὸ πᾶν 14a8, 15a19, 16a29, 18a18, 25a7, 26b9
総観する συνορᾶν 16a5
相互的なあり方をする、相互に転換可能な関係にある、逆の関係が成立する ἀντιστρέφειν 28a19, 37b24, 38a11
増進 ἐπίδοσις 20b30
属性 πάθος 19b27, 20b25, 21b3, 28b12, 29b15, 34a13
ソクラテス Σωκράτης 35b10
注ぐ ἐπιχεῖν 22a9
存続する ὑπομένειν 19b10—21b12, 32a8

タ 行

対立させられる ἀντικεῖσθαι 30a13
対立させる ἀντιτιθέναι 23a18, 30b21
太陽 ἥλιος 14a20, 15a10, 36b17, 38b3

絶え間のないもの　ἐνδελεχής　36b32
多義的に語られる　πολλαχῶς λέγεσθαι　22b30
戦う　μάχεσθαι　15a16
魂　ψυχή　34a10
探究　ζήτησις　21a1
端的な消滅　φθορὰ ἁπλή
　—の定義　18b10
　—は或るものの生成　18b34
近づく　προσιέναι　36b17
近づける　προσάγειν　36a17
力、能力　δύναμις　18b24
　質料に内在している一種の—　22a28
　それらの—は保持されている　27b31
　—において何らかの仕方で等しい　28a29
　—の尺度でもって　33a32
　—によってなされるもの　35b23
　道具めいた—　36a1
　受動的性質と—において相互に転化するかぎりの他のもの　37a2
知識　ἐπιστήμη　18b24, 27b18, 35b21
知識ある者、知者　ἐπιστήμων　18a35, 19a10, 35b22
父　πατήρ　38b10
中間、中間の、中間のもの　μέσον　30b17, 32a21, 35, 34b27
中心、中心の　μέσον
　—の点で分割されるならば　17a10
　—の方へ動くもの　30b33
　—あたりにある混合物　34b31
　—あたりの場所　35a25
陳述　λόγος　35b7
通孔　πόρος　24b26, 25b2, 26b7, b22
土　γῆ　14a26, 18b4, 19a16, 29a1, 30b3—32b28, 34b4, 35a3
　エンペドクレスは—を四元素のうちの一つとしていることについて　14a26—15a22
　—は冷たくて乾いたもの　30b5
　—は空気と反対のもの　31a2, 35a5
　—は冷によるよりも、むしろ、乾によって特徴づけられる　31a4
土のようなもの　γήϊνος　26a31
冷たくする　ψύχειν　24a10, 33a25
冷たさ　ψυχρότης　18b17, 22b17, 26a7, 29a34, 30b26
定義　λόγος　14a3, 17a24, 20b14, b24, 22a24, 28a9
ディオゲネス　Διογένης　22b13
『ティマイオス』　Τίμαιος　15b30, 25b24, 29a13, 32a29
定立　θέσις　25b14
哲学　φιλοσοφία　18a6
出て行く　ἐξιέναι　20b12
出て行く、消え去る、遠のく　ἀπέρχεσθαι　16b2, 18a14, 36b9
デモクリトス　Δημόκριτος　14a18, 21, 15a35, b6, 29, 16a1, 13, 23b10, 25a1, 26a9, 27a19
点　σημεῖον　16b11, 31, 17a11, 21b14
点　στιγμή　16a27, b4—7, 15, 27, 17a3—15, 20b15
転化　μεταβολή　15a2, 17a23, 18a25, b30, 19b7, 20a4, 29a8, 31a11, b3, 32b22, 33a10, 36a19, b2
　大きさの点での—　14b14
　合成されたもののさまざまな—　15b11
　連続体のうちにある—　17a19
　反対対立をなしているものの間の—　19b31
　このものからあのものへの—　20a12
　—は反対のものへ向けてなされる　32a7, b22
　生成あるいは質的—　37a35
転化しえないもの　ἀμετάβλητος　33a31
転化する　μεταβάλλειν　場所的に—のであろうと、成長や萎縮に即して、あるいは質に即して—するのであろうと　14b27
　受動的性質の点で—して　15a14
　運動のゆえに—して　15a22
　全体としてこのものからあのものへと—　17a21
　自然的に—もの　28b27
　受動的性質と能力において相互に—かぎり　37a2
転換する　μετακινεῖν　15b35
導管　αὐλός　22a28
凍結　πῆξις　30b27
遠ざける　ἀπάγειν　36a18

同質体　ὁμοιομερές　*14a19, 28, 21b18, 31, 22a19, 28a4, 10*
　―の定義　*14a20*
　―の生成についての考察　*34a15—b30*
動物　ζῷον　*22a17, 35b32, 38b8*
同名同義のもの　συνώνυμος　*14a20*
透明な、透明なもの　διαφανής　*19b23, 24b30, 32, 26b13*
同類のもの　ὁμογενής　*20b19, 23a30, 24a1, 29b26, 33a34*
同列のもの　σύστοιχος　*15a21*
説く、説明する　ἀποδιδόναι　*18a7, 33b4*
特定のこのもの　τόδε τι　*17b31, 18b1—32, 19a12*
土台　θεμέλιος　*37b15*
どっちつかずの振る舞いをする　ἐπαμποτερίζειν　*28b9*
留まる　μένειν　*14b3, 20a21, 21a25, 22a33, 32a27, b20*
　自らの固有の場所に―　*37a11*
　配されたどの場所にも―ことはできない　*37a14*
取り去られうるもの　ἀφαιρετός　*15a12*

ナ　行

名、名辞　ὄνομα　*14a6, 22b30*
内在する　ἐνυπάρχειν　*16b32, 20a34, 27a20, 31b4, 34b33, 35a4*
滑らかな　λεῖον　*29b20*
軟、軟らかい、軟らかいもの　μαλακός　*14b19, 24, 26a13, 29b19, 33, 30a10*
　―の定義　*30a8*
苦さ　πικρότης　*29b12*
肉　σάρξ　*14a19, 15a31, 21a20—22a28, 34a20, 25, b5, 25*
二重の　διπλοῦς　*37a13*
似た、似たもの　ὅμοιος　*15b3, 22a3, 23b4, 24a6, 30b24, 33a30*
似たものにする　ὁμοιοῦν　*24a10*
似ていない、似ていないもの　ἀνόμοιος　*22a4, 23b6, 24a4, 6*
人間、ひと　ἄνθρωπος　*19a25, 20b20, 22a17, 24a16, 33b7*
寝椅子　κλίνη　*35b33*
熱、熱い、熱いもの　θερμός　*14b18, 15a10, 18b16, 22b15, 23a20, 24a21, b18, 26a5, 29a12, b18, 30a26, b3, 31a5, b16, 32a14, 33a29, 34b4*
　―は冷の質料ではないし、冷も熱の質料ではない　*29a31*
　―の定義　*29b26*
　よりいっそうあるいはより少なく―あるいは冷たい　*34b8* sqq.
粘、粘るもの　γλίσχρος　*28b4, 29b20*
　―の定義　*30a5*
粘土　πηλός　*37b15*
延びる　διατείνειν　*26b35*

ハ　行

場　χώρα　*26b19, 35a1, 37a9*
配列　διατιγή　*15b35, 27a18*
配列、秩序　τάξις　*14a24, 15b9, 36b12*
計られる　μετρεῖσθαι　*33a21, 36b3*
計る　μετρεῖν　*21b24*
場所　τόπος　*14b27, 19b32, 20a20, 22, b1, 23a1, 30b31, 34b2, 32, 37a27*
　二つの物体が同じ―にあることは不可能　*21a8*
　中心あたりの―　*35a25*
離れ去る、立ち去る、遠のく　ἀπιέναι　*21a4, b3, 28b13, 36b4*
離れてある、離存する　χωριστός　*16b3, 17b10, 28, 33, 20a34—21a7, 24b19, 27b19, 21, 22, 28a35, 29a10, 25*
パルメニデス　Παρμενίδης　*18b6, 30b14*
範疇　κατηγορία　*17b6, 19a11*
火　πῦρ　*18b3, 19a15, 20b20, 22a10, 23b8, 24a9, 25a20, 27a14, b11, 28b35—29b27, 30b2—35a19, 36a7, 37a5*
　エンペドクレスにおける元素としての―　*14a26—15a22, 25b23, 33b1*
　パルメニデスにおける元素としての―　*18b7, 30b14*
　―は熱を質料のうちにもっている　*24b19*
　―は熱く乾いている　*30b3*
　―は熱の過剰　*30b25*
　―は水と反対のものである　*31a1, 35a5*
　―は乾によってよりも、むしろ熱に

よって特徴づけられる　*31a5*
—は形相の部類に入る　*35a19*
単純物体のうち—だけが養われる　*35a17*
—はそれ自体動かされたり、作用を受けたりするものである　*36a7*
—は道具よりも劣る　*36a12*
比較可能な　συμβλητός　*33a19—31*
挽き屑　ἔκπρισμα　*16a34*
悲劇　τραγῳδία　*15b14*
非受動である、作用を受けない　ἀπαθής　*24a33, b13, 26a1, 27a1*
非消滅的なもの　ἄφθαρτος　*23b23*
否定　ἀπόφασις　*17b11*
火的なもの　πυροειδής　*30b24*
必然、必然的な　ἀναγκαῖος　*35b1, 37b10, 29*
非同質体　ἀνομοιομερές　*21b17*
等しい　ἴσος　*16b10, 20a23, 26b20, 33a20—32, 35a28, 36a10*
非難する　ἐπιτιμᾶν　*35b11*
非物体、物体ならざるもの　ἀσώματος　*16b26, 20a30, 21a15, b16*
百姓　γεωργός　*35a14*
比喩　μεταφορά　*24b15*
病気である　κάμνειν　*17a34, 19b13*
表面　ἐπιπολή　*15a34, 30a17*
付加　πρόσθεσις　*27a24, 33b1*
不可分な、不可分なもの　ἀδιαίρετος　*16b20, 25b19, 26a18, 34b28*
不規則性　ἀνωμαλία　*36a30*
不合理　ἀλογία　*15b33*
物体　σῶμα　*16a15, b1, 20a30, b2—21b15, 23b33, 26b15—29b15, 31b28, 33a17, b27, 34a16, 35a22, 36a1, 37a8*
不可分な—　*14a21, 15b29*
感覚されうる—　*28b33, 29a25*
可能的に感覚されうる—　*29a33*
感覚されうる—の始源　*29b7*
触れられうる—　*29b15*
単純—　*30b2, 31a7, b3, 35a17, 37a3*
第一—　*29a28, 30b6*
円環的に動く—　*37a32*
物体的な、物体的なもの　σωματικός　*14a16, 20b22, 29a9, 34a14*
沸騰　ζέσις　*30b27, 29*
不等な　ἄνισος　*36b5*
不動なるもの、動かされえないもの　ἀκίνητος　*18a4, 23a14, 31, 25a15, 37a19*
部分　μόριον　*20a21, 21b20, 27b12, 28a1*
部分　μέρος　*14a20, 16b30, 21a3, b22, 23b18, 28a5, 34a31, b2*
—的な生成　*17b35*
プラトン　Πλάτων　*15a29, 25b25, 30b16, 32a29*
触れる　θιγγάνειν　*26a33, b2, 27a2*
触れる、接触する　ἅπτεσθαι
可燃物に—　*22a10*
—の定義　*23a22* sqq.
真相に—　*24a15*
全体が全体に—　*30a2*
触れられうる、触れられうるもの　ἁπτός　*18b31, 29b8, 15, 31a10*
分解　ἀνάλυσις　*29a23*
分割　διαίρεσις　*16a16—17a15, 27a17, 28a15*
—において可能的に無限　*18a21*
分割されうる、可分的、分割されうるもの　διαιρετός　*16b2, 17a10, 25b32, 26b4, 27a10, 28a4*
あらゆる点で—　*16a15—17a3, 25a8, 26b26, 27a7*
どの点においても—　*16b20*
中心の点で—　*17a10*
分割される　διαιρεῖσθαι　*16a18, b24, 28, 25a7, 27a10, 28a16, 36a10*
無数の部分へと無数回—　*16a22*
あらゆる点で—　*16b31*
何ものでもないものへと—　*17a6*
水はより小さい部分へ—　*17a28*
最小のものにまで—　*28a6*
分割する、規定する　διαιρεῖν　*16a23, b9, 18a6*
塀　τοῖχος　*34a20, b1*
凹むもの　ὑπεικτικός　*26a14*
隔たっている　ἀφίστασθαι　*36b31*
隔たり　διάστημα　*36b5*
包括するもの　τὸ περιέχον　*17b7, 32a25*
忘却　λήθη　*34a12*
骨　ὀστοῦν　*14a19, 15a31, 21b19, 22a19, 33b9, 34a21, b25, 30*
炎　φλόξ　*31b25*

本性　φύσις　14a5, 15a25, 23b29, 24a15, 26a17, 32, b2, 28a30, 29b16, 35b10

マ　行

守る　σῴζειν　21a17, 29, b12
見えない　ἀόρατος　16b33, 24b30, 25a30
水　ὕδωρ　19b2, 20b8—22a32, 26a33, 28a11, 29a2, 30b3, 31b4—33a25, 34a23, 35b32, 37a4, 38b17
　—は冷たく湿っている　30b5
　—は火と反対なもの　31a2, 35a5
　—は湿によるよりも、むしろ冷によって特徴づけられている　31a4
　単純物体のうち、水だけが容易に限定されうるもの　35a1
充たすのに適した　ἀναπληστικός　29b34, 30a1
蜜蝋　κηρός　27b14, 34a32
見る、観察する　ὁρᾶν　14b13, 16a10, 18a23, 24b28, 27a16, 36b17, 37a35
無限、無数の、無限な、無限のもの　ἄπειρος　14a18, 15b10, 20b10, 25a15, 32b14, 33a7, 37a9, b28
　現実的に—　18a21
　可能的に—　18a21
　転化の過程は—には進みえない　32b30
無限定的なもの　τὸ ἄπειρον　29a12, 32a25
無知なる者　ἀνεπιστήμων　19a17
空しいこと　μάταιος　26b26
面、平面　ἐπίπεδα　15b30, 16a2, 25b26, 29a22
　—にまで分解する　15b31, 29a22
　不可分な—　25b33
燃える　καίεσθαι　27b11, 31b26
木材　ξυλόν　16b10, 22a15, 35b33
文字　γράμμα　15b15
元となるもの、始源、はじめ、原理　ἀρχή　14b16, 15a19, 24a27, 26a35, 29a5, 13, 29, b7, 9, 30b6, 35a26, 37b28, 38a8
　運動の—　18a1, 21b6, 24b14
　不動なる—　18a5
基にある　ὑποκεῖσθαι　15a21, 19b3, 30b13
　—自然　22b19
　感覚されうる物体の—質料　28b34
　反対対立たちの—質料　29a30
元へ還る　ἀνακάμπτειν　37a6, 38a5, b5
模倣する　μιμεῖσθαι　37a3, 7
問題とする、難問とする　ἀπορεῖν　17b20, 19a22, 37a8

ヤ　行

養う　τρέφειν　22a23
養われる　τρέφεσθαι　22a24, 35a10
止むことがない　ἄπαυστος　18a25
軟らかさ　μαλακότης　26a8
融合　κρᾶσις　28a8
優勢なもの　τὸ κρατοῦν　28a26
容易に限定されうる、限定されやすい　εὐόριστος　28a35, b3, 29b31, 34b35
容易に分割されうる　εὐδιαίρετος　28a24, b17
要素、構成要素　στοιχεῖον　15a1, 23, 25b23
要素的性質　στοιχεῖον　30a3, 33
余分なこと　περίεργον　26b8

ラ　行

欄　συστοιχία　19a15
理、理屈　λόγος　14b25, 16b2, 24a14, 25a14, 18, 32a19
類　γένος　14b4, 23b32, 24a6, b7, 35a29
　反対のものはすべて同じ—のうちにある　24a2
類比的に比較されるもの　ἀναλογίᾳ συμβλητά　33a31
冷、冷たい、冷たいもの　ψυχρός　14b19, 19b23, 24a10, 26a3, 29a12—32a17, 34b4, 36a4
レウキッポス　Λεύκιππος　14a12, 18, 15b6, 25a1, 23, b6, 25
煉瓦　πλίνθος　34a20, b1
連続的な　συνεχής　25a6, 26a10, 27b32, 36a24—37a32
　—通孔　25b7
　—脈　27a1
　時間は—運動の数　37a24
論証する　ἀποδεῖξαι　33b25

ワ　行

分け有つこと　μετάληψις　*35b14*
分ける　διακρίνειν　*33b20, 21, 34a1*
割合　λόγος　*33a34, b11, 34b15*
割符　σύμβολον　*31a24, b4, 32a32, b29*

訳者略歴

池田康男（いけだ　やすお）

高知大学名誉教授

一九三八年　長野県生まれ
一九七〇年　京都大学大学院文学研究科博士課程退学
一九七一年　清泉女子大学文学部講師
一九八一年　高知大学教授を経て
二〇〇二年　退職

主な著訳書

『アリストテレスの第一哲学』（創文社）
アリストテレス『天について』（京都大学学術出版会）
アリストテレス『トピカ』（京都大学学術出版会）

生成《せいせい》と消滅《しょうめつ》について　西洋古典叢書　2012　第5回配本

二〇一二年十一月二十日　初版第一刷発行

訳　者　池《いけ》田《だ》康《やす》男《お》
発行者　檜山爲次郎
発行所　京都大学学術出版会
606-8315 京都市左京区吉田近衛町六九 京都大学吉田南構内
電　話　〇七五-七六一-六一八二
ＦＡＸ　〇七五-七六一-六一九〇
http://www.kyoto-up.or.jp/
印刷／製本・亜細亜印刷株式会社

ISBN978-4-87698-199-1

アリストテレス　政治学　牛田徳子訳　４４１０円
アリストテレス　トピカ　池田康男訳　３９９０円
アルクマン他　ギリシア合唱抒情詩集　丹下和彦訳　４７２５円
アルビノス他　プラトン哲学入門　中畑正志訳　４３０５円
アンティポン／アンドキデス　弁論集　高畠純夫訳　３８８５円
イアンブリコス　ピタゴラス的生き方　水地宗明訳　３７８０円
イソクラテス　弁論集　１　小池澄夫訳　３３６０円
イソクラテス　弁論集　２　小池澄夫訳　３７８０円
エウセビオス　コンスタンティヌスの生涯　秦　剛平訳　３８８５円
ガレノス　自然の機能について　種山恭子訳　３１５０円
ガレノス　ヒッポクラテスとプラトンの学説　１　内山勝利・木原志乃訳　３３６０円
ガレノス　解剖学論集　坂井建雄・池田黎太郎・澤井　直訳　３２５５円
クセノポン　ギリシア史　１　根本英世訳　２９４０円
クセノポン　ギリシア史　２　根本英世訳　３１５０円
クセノポン　小品集　松本仁助訳　３３６０円

クセノポン　キュロスの教育　松本仁助訳　３７８０円
クセノポン　ソクラテス言行録　１　内山勝利訳　３３６０円
セクストス・エンペイリコス　ピュロン主義哲学の概要　金山弥平・金山万里子訳　３９９０円
セクストス・エンペイリコス　学者たちへの論駁　１　金山弥平・金山万里子訳　３７８０円
セクストス・エンペイリコス　学者たちへの論駁　２　金山弥平・金山万里子訳　４６２０円
セクストス・エンペイリコス　学者たちへの論駁　３　金山弥平・金山万里子訳　４８３０円
ゼノン他　初期ストア派断片集　１　中川純男訳　３７８０円
クリュシッポス　初期ストア派断片集　２　水落健治・山口義久訳　５０４０円
クリュシッポス　初期ストア派断片集　３　山口義久訳　４４１０円
クリュシッポス　初期ストア派断片集　４　中川純男・山口義久訳　３６７５円
クリュシッポス他　初期ストア派断片集　５　中川純男・山口義久訳　３６７５円
テオクリトス　牧歌　古澤ゆう子訳　３１５０円
テオプラストス　植物誌　１　小川洋子訳　４９３５円
ディオニュシオス／デメトリオス　修辞学論集　木曾明子・戸高和弘・渡辺浩司訳　４８３０円
ディオン・クリュソストモス　トロイア陥落せず――弁論集　２　内田次信訳　３４６５円

デモステネス　弁論集　1　加来彰俊・北嶋美雪・杉山晃太郎・田中美知太郎・北野雅弘訳　5250円
デモステネス　弁論集　2　木曾明子訳　4725円
デモステネス　弁論集　3　北嶋美雪・木曾明子・杉山晃太郎訳　3780円
デモステネス　弁論集　4　木曾明子・杉山晃太郎訳　3780円
トゥキュディデス　歴史　1　藤縄謙三訳　4410円
トゥキュディデス　歴史　2　城江良和訳　4620円
ピロストラトス／エウナピオス　哲学者・ソフィスト列伝　戸塚七郎・金子佳司訳　3885円
ピロストラトス　テュアナのアポロニオス伝　1　秦　剛平訳　3885円
ピンダロス　祝勝歌集／断片選　内田次信訳　4620円
フィロン　フラックスへの反論／ガイウスへの使節　秦　剛平訳　3360円
プラトン　ピレボス　山田道夫訳　3360円
プラトン　饗宴／パイドン　朴　一功訳　4515円
プルタルコス　モラリア　1　瀬口昌久訳　3570円
プルタルコス　モラリア　2　瀬口昌久訳　3465円
プルタルコス　モラリア　5　丸橋　裕訳　3885円

プルタルコス　モラリア　6　戸塚七郎訳　3570円
プルタルコス　モラリア　7　田中龍山訳　3885円
プルタルコス　モラリア　9　伊藤照夫訳　3570円
プルタルコス　モラリア　11　三浦　要訳　2940円
プルタルコス　モラリア　13　戸塚七郎訳　3570円
プルタルコス　モラリア　14　戸塚七郎訳　3150円
プルタルコス　英雄伝　1　柳沼重剛訳　4095円
プルタルコス　英雄伝　2　柳沼重剛訳　3990円
プルタルコス　英雄伝　3　柳沼重剛訳　4095円
ポリュビオス　歴史　1　城江良和訳　3885円
ポリュビオス　歴史　2　城江良和訳　4095円
ポリュビオス　歴史　3　城江良和訳　4935円
マルクス・アウレリウス　自省録　水地宗明訳　3360円
リュシアス　弁論集　細井敦子・桜井万里子・安部素子訳　4410円

【ローマ古典篇】

ウェルギリウス　アエネーイス　岡 道男・高橋宏幸訳　5145円
ウェルギリウス　牧歌／農耕詩　小川正廣訳　2940円
ウェレイユス・パテルクルス　ローマ世界の歴史　西田卓生・高橋宏幸訳　2940円
オウィディウス　悲しみの歌／黒海からの手紙　木村健治訳　3990円
クインティリアヌス　弁論家の教育 1　森谷宇一・戸高和弘・渡辺浩司・伊達立晶訳　2940円
クインティリアヌス　弁論家の教育 2　森谷宇一・戸高和弘・渡辺浩司・伊達立晶訳　3675円
クルティウス・ルフス　アレクサンドロス大王伝　谷栄一郎・上村健二訳　4410円
スパルティアヌス他　ローマ皇帝群像 1　南川高志訳　3150円
スパルティアヌス他　ローマ皇帝群像 2　桑山由文・井上文則・南川高志訳　3570円
スパルティアヌス他　ローマ皇帝群像 3　桑山由文・井上文則訳　3675円
セネカ　悲劇集 1　小川正廣・高橋宏幸・大西英文・小林 標訳　3990円
セネカ　悲劇集 2　岩崎 務・大西英文・宮城徳也・竹中康雄・木村健治訳　4200円
トログス／ユスティヌス抄録　地中海世界史　合阪 學訳　4200円
プラウトゥス　ローマ喜劇集 1　木村健治・宮城徳也・五之治昌比呂・小川正廣・竹中康雄訳　4725円

プラウトゥス　ローマ喜劇集　2　山下太郎・岩谷　智・小川正廣・五之治昌比呂・岩崎　務訳　4410円
プラウトゥス　ローマ喜劇集　3　木村健治・岩谷　智・竹中康雄・山澤孝至訳　4935円
プラウトゥス　ローマ喜劇集　4　高橋宏幸・小林　標・上村健二・宮城徳也・藤谷道夫訳　4935円
テレンティウス　ローマ喜劇集　5　木村健治・城江良和・谷栄一郎・高橋宏幸・上村健二・山下太郎訳　5145円
リウィウス　ローマ建国以来の歴史　1　岩谷　智訳　3255円
リウィウス　ローマ建国以来の歴史　3　毛利　晶訳　3255円